广西高校工商管理博士点建设经费资助

员工的积极行为强化与消极行为抑制机制研究

马 璐 著

Yuangong De Jiji Xingwei Qianghua Yu
Xiaoji Xingwei Yizhi Jizhi Yanjiu

中国社会科学出版社

图书在版编目(CIP)数据

员工的积极行为强化与消极行为抑制机制研究 / 马璐著. —北京：中国社会科学出版社，2020.5
ISBN 978 – 7 – 5203 – 2716 – 9

Ⅰ.①员… Ⅱ.①马… Ⅲ.①企业—职工—行为分析 Ⅳ.①F272.92

中国版本图书馆 CIP 数据核字（2018）第 131135 号

出 版 人	赵剑英	
责任编辑	刘　艳	
责任校对	陈　晨	
责任印制	戴　宽	

出　　版	中国社会科学出版社	
社　　址	北京鼓楼西大街甲 158 号	
邮　　编	100720	
网　　址	http://www.csspw.cn	
发 行 部	010 – 84083685	
门 市 部	010 – 84029450	
经　　销	新华书店及其他书店	
印　　刷	北京明恒达印务有限公司	
装　　订	廊坊市广阳区广增装订厂	
版　　次	2020 年 5 月第 1 版	
印　　次	2020 年 5 月第 1 次印刷	
开　　本	710×1000　1/16	
印　　张	22.75	
插　　页	2	
字　　数	328 千字	
定　　价	118.00 元	

凡购买中国社会科学出版社图书，如有质量问题请与本社营销中心联系调换
电话：010 – 84083683
版权所有　侵权必究

序　言

　　企业组织的文化、气氛、价值观、目标、规范等与员工个体的人格、价值观、目标、态度等基本特征相关联。员工的个体经历、个性、认知的主观因素和企业的客观因素的不同决定了员工个体行为的不同。企业员工个体行为和企业组织行为之间相互影响，共同作用，产生了积极和消极的行为模式。企业期望使员工的消极行为转化为积极行为，员工也期望得到组织的积极行为。这种行为的转化过程是双向的、多层面的组合，是动态的、有机的结合。这里用整合的观点来说明和分析这种互动的行为转化和结合过程。研究企业员工个体行为和企业组织行为的整合问题，可以观察和分析企业与员工之间的匹配效果如何，有无背离，背离程度大小以及怎样进行有效整合等，对企业人力资源的管理和发展有着极其深远的意义。

　　国外管理伦理学界在20世纪60年代开始重视员工个体行为对组织绩效和组织目标的影响作用。Katz（1964）首次明确提出，员工两种基本行为对组织影响作用效应最为突出，即员工以自身相应的身份和能力完成组织规定的任务和超出组织规定外员工自发行为对组织目标作用行为。此后，学者也开始重视员工行为对组织的影响，但多集中在前者，即员工行为对组织产生的积极作用研究上，并把这种效应归因于员工的人性善上，即认为员工所有出发点都是积极向上的，员工与组织的利益和目标都是绝对一致的，故学者们多忽略了员工消极行为所产生的不良影响。由此管理伦理学界对员工自发、积极、创造性地完成组织目标的组织公民行为的研究成为热点课题，而与其相反的旷工、懈怠等员工反伦理行为却长期受到学者们的冷落。

其实，员工反伦理行为是相对组织公民行为而言的另一行为集，是员工违反组织规定或以消极工作方式对组织和其他成员造成隐性或显性损失的一种行为。国外的一些早期调查数据表明：30%—70%的员工曾有意或无意损毁组织的公共财物，六成以上受访者表示自己曾为晋职或加薪等原因刻意夸大自身业绩，有近七成员工表示自己曾把公司一些财产据为己有，过半受访者表示自己曾有过故意拖延工作时长来谋取加班费。由此可见，员工的这些消极行为并非个例，对组织的稳定健康发展构成了很大风险。

本书共包括十三章。第一章"领导风格对员工创新行为的作用机制研究"，从员工创新的视角进行模型分析。第二章"组织认同与关系冲突视角下不当督导对员工创新行为的影响研究"，从关系冲突的角度找到提升企业员工创新能力的研究策略。第三章"知识型员工的挑战性—阻碍性压力源对OCB的影响研究"详细地介绍了员工消极行为的产生与发展。第四章"团队中成员相对地位与组织公民行为的关系研究"，找到企业文化和组织公民行为的关系是本章的重点。第五章"员工反伦理行为模型与影响因素评述"重点研究了员工反伦理行为的发展状况并提出了可行的建议。第六章关注"组织伦理氛围与员工反伦理行为关系的实证研究"，找出员工反伦理行为的原因。第七章与第六章同样关注员工反伦理行为的发展，其中，第七章着重研究绩效考核目的与员工反伦理行为的关系。第八章和第九章研究了领导—成员交换关系对员工行为的影响研究。第十章"企业营销人员胜任力与绩效关系研究"，找出了销售人员未来发展的对策与建议。第十一章"企业员工工作投入与其绩效的关系研究"，运用案例分析的方法找出其影响因素。第十二章"民营企业员工心理契约与离职倾向的关系研究"，着重研究了影响民营企业员工离职的因素。第十三章"基于社会网络视角的员工流动影响研究"，以社会网络为视角深入研究了员工流动的前因后果。

本书在对员工行为整体进行深入剖析的基础上，分析了管理者对企业运行与公司发展的重要意义，然后重点研究了组织行为的内在驱动机制。对处于不同产业的不同价值链环节的企业来讲，其组织能力的构成与组合会有所不同，这导致企业具有不同的组织伦理氛围。因而，研究员工积极与消极的问题，最重要的是从企业管理制度的角度去考察。这样，我们就会建立一种动态的、系统的思维方式和分析框架，从而认识到企业的组织氛围内生于企业内部，在外部市场难以买到，必须通过持续的积累来建立。这样一种企业价值观，主要包括以下几个内容：学习和积累的观念，企业组织氛围建设的过程是一个"干中学"的过程。无论是企业管理能力的提高，还是功能性能力的加强、技术性能力的获得，都必须在市场竞争中边干边学。主体和主动的观念，企业文化建设的途径是在市场竞争中不断学习，这种学习必须有明确的目的和强烈的激励。对此，本书构建了多个模型进行研究分析。本书的重点在于企业员工的积极行为强化与消极行为抑制机制研究。

目 录

前　言 ……………………………………………………………… (1)

第一章　领导风格对员工创新行为的作用机制研究 ……………… (1)
　　第一节　引言 …………………………………………………… (1)
　　第二节　理论基础与假设提出 ………………………………… (3)
　　第三节　实证设计与研究结果 ………………………………… (10)
　　第四节　讨论及未来研究展望 ………………………………… (20)
　　第五节　结语 …………………………………………………… (21)

第二章　组织认同与关系冲突视角下不当督导对员工创新
　　　　行为的影响研究 ………………………………………… (22)
　　第一节　引言 …………………………………………………… (22)
　　第二节　理论与假设 …………………………………………… (23)
　　第三节　研究方法 ……………………………………………… (27)
　　第四节　研究结果 ……………………………………………… (28)
　　第五节　结语 …………………………………………………… (30)

第三章　知识型员工的挑战性—阻碍性压力源对 OCB 的
　　　　影响研究 ………………………………………………… (33)
　　第一节　问题提出 ……………………………………………… (33)
　　第二节　理论基础 ……………………………………………… (35)
　　第三节　假设提出及研究模型构建 …………………………… (42)

第四节　实证分析……………………………………………（49）
　　第五节　研究结论及未来研究展望 …………………………（68）
　　第六节　结语…………………………………………………（72）

第四章　团队中成员相对地位与组织公民行为的关系研究 ……（75）
　　第一节　引言…………………………………………………（75）
　　第二节　理论与假设 …………………………………………（76）
　　第三节　研究方法……………………………………………（80）
　　第四节　研究结果……………………………………………（81）
　　第五节　分析与讨论…………………………………………（87）

第五章　员工反伦理行为模型与影响因素评述 ………………（89）
　　第一节　引言…………………………………………………（89）
　　第二节　员工反伦理行为概念研究 …………………………（89）
　　第三节　员工反伦理行为的理论模型分析 …………………（90）
　　第四节　员工反伦理行为影响因素 …………………………（96）
　　第五节　研究展望……………………………………………（99）

第六章　组织伦理氛围与员工反伦理行为关系的实证研究……（102）
　　第一节　引言 ………………………………………………（102）
　　第二节　概念界定与理论假设 ………………………………（102）
　　第三节　实证分析 …………………………………………（106）
　　第四节　结论与展望 ………………………………………（110）

第七章　绩效考核目的对员工反伦理行为的影响机制研究……（112）
　　第一节　引言 ………………………………………………（112）
　　第二节　相关理论基础 ……………………………………（113）
　　第三节　员工反伦理行为的影响机制模型构建 ……………（116）
　　第四节　研究方法 …………………………………………（122）
　　第五节　研究结果 …………………………………………（131）

第六节　讨论与未来研究展望 ………………………………… (132)
第七节　结语 …………………………………………………… (134)

第八章　领导—成员交换关系对员工反生产行为的影响研究 ……………………………………………………… (136)
第一节　引言 …………………………………………………… (136)
第二节　理论基础及研究假设 ………………………………… (138)
第三节　实证设计与研究结果 ………………………………… (146)
第四节　结论与讨论 …………………………………………… (162)
第五节　管理启示及未来研究展望 …………………………… (166)
第六节　结语 …………………………………………………… (168)

第九章　相对领导—成员交换关系对员工工作态度与行为的影响研究 ………………………………………………… (170)
第一节　问题提出 ……………………………………………… (170)
第二节　相关文献综述 ………………………………………… (172)
第三节　理论基础与研究模型构建 …………………………… (179)
第四节　研究方法 ……………………………………………… (183)
第五节　研究结果 ……………………………………………… (192)
第六节　讨论与未来研究展望 ………………………………… (209)
第七节　结语 …………………………………………………… (213)

第十章　企业营销人员胜任力与绩效关系研究 ……………… (216)
第一节　引言 …………………………………………………… (216)
第二节　理论基础与研究模型构建 …………………………… (217)
第三节　实证研究 ……………………………………………… (227)
第四节　讨论与未来研究展望 ………………………………… (231)
第五节　结语 …………………………………………………… (234)

第十一章　企业员工工作投入与其绩效的关系研究 ………… (235)
第一节　问题提出 ……………………………………………… (235)

第二节　相关文献综述 ………………………………… (237)
　　第三节　实证研究设计 ………………………………… (243)
　　第四节　实证分析 ……………………………………… (247)
　　第五节　结论、管理启示及未来研究展望 …………… (254)

第十二章　民营企业员工心理契约与离职倾向的关系研究 …… (259)
　　第一节　问题提出 ……………………………………… (259)
　　第二节　相关文献综述 ………………………………… (261)
　　第三节　民营企业员工心理契约与离职倾向的关系
　　　　　　模型构建 ……………………………………… (266)
　　第四节　实证分析 ……………………………………… (269)
　　第五节　讨论与未来研究展望 ………………………… (279)
　　第六节　结语 …………………………………………… (283)

第十三章　基于社会网络视角的员工流动影响研究 ………… (285)
　　第一节　问题提出 ……………………………………… (285)
　　第二节　理论基础 ……………………………………… (286)
　　第三节　基于社会网络视角的员工流动关系理论分析 … (294)
　　第四节　实证研究 ……………………………………… (302)
　　第五节　结论及未来研究展望 ………………………… (324)

参考文献 …………………………………………………… (329)

后　记 ……………………………………………………… (351)

前　言

全球化进程更加全面和深入，企业间的竞争日益激烈，组织的外部环境快速地发生着变化，组织内部的工作界限逐渐变得模糊。在这种现实情况下，仅仅依靠组织对员工明确工作要求和各种正式制度无法满足组织的生存和发展需要，员工自发的积极的主动的行为对于组织而言比以往任何时候都更为重要，组织需要激发员工的积极行为以促进创新和变革。组织社会化策略对于员工的态度和行为具有重要影响，是塑造员工和获得组织期待的行为的重要手段和策略之一。因此，如何使用组织社会化策略塑造员工的积极态度和获得对组织有益的积极行为成为非常值得关注和深入研究的重要问题，不仅具有很强的理论意义更重要的是符合现实需求并可以应用于组织的管理实践。所以企业管理的一个重要目标就是要促进员工积极行为增加，并尽力避免员工消极行为出现。员工创新行为、组织公民行为等有益于企业可持续成长的积极行为可能受到领导风格、关系状况、个体压力体验以及社会地位等的综合影响；而员工反伦理行为、反生产行为等也可能同样受到组织管理制度以及关系状况的影响。此外，员工的绩效工作行为和流动行为同样受到同种因素的影响。

为此，综合理解影响员工行为的多层面要素，对于企业管理者促进员工积极行为增加，同时控制消极行为出现有着极强的现实意义。本书在此即关注这一主题，探讨企业员工积极行为的强化路径以及消极行为的抑制策略，以实现企业发展与员工成长的双赢目标。

第一章 领导风格对员工创新行为的作用机制研究

第一节 引言

当前,科学技术更新速度非常快。一个知识经济的时代已经来临,社会经济将呈现全球化和信息化发展的模式,企业的经营也将呈现多元化发展模式。这虽然为企业的发展提供了机会,但是随之而来的风险也超过了任何一个时代,企业唯有不断推行创新,才能在新的时代中找到发展之路。

1912年,著名的经济学家熊彼特就发表了著名的《经济发展理论》,在著作中他首次提出了创新理论。当前,创新已经成为推动社会发展的一个重要因素,成为学术界关注的热点。随着研究的不断深入,学术界认为创新不仅体现在组织层面,更体现在个体层面。员工是创新行为形成的主体,员工在工作中的热情和创造性决定着企业的生产经营状况,也是实现组织层面创新的基础,只有发挥员工的创新热情,才能提高企业的整体创新能力,才能推动企业整体绩效提升。所以如何激发员工的潜能,提高员工的创造性,推动企业创新能力发展,是当前学术界研究的重点。

目前学术界对员工的创新行为研究非常关注,很多专家学者都致力于对其前因变量展开研究,学术界试图找到对员工创新能力有影响的各种因素,以便更好地激发员工的潜能,提高员工的创新能力,从而提高并改善企业的生产经营效率和经营状况。通过对文献知识的梳理,我们发现影响员工创新行为的因素主要有两个,首先是员工的个人性格特点，其次是组织环境特征。员工的个人性格特征是无法改变的，也是不可控制的，但是组织环境具有可控性，所以研究组织环境特征对员工创新行为的影响将具有非常关键的意义。在研究中，我们发现"领导"是激发员工创新行为的决定因素之一。领导者通过自身的特质，形成特定的风格，进而影响员工的创新行为。因此，领导风格对于激发员工创新行为，提升企业创新绩效方面的作用不容忽视。

有学者指出，对于中国企业来说，其面临的最大挑战并不是缺乏资金，也不是缺乏管理创新的人才或者创新的点子，而是来自企业现有的文化氛围及其领导人的风格。当前中国企业领导缺乏优异的领导风格，不仅没有对员工的创新能力起到提高作用，甚至起到了反作用。因此，本书在中国企业发展的背景下来探讨领导风格对员工创新行为的作用机理是具有很强烈的现实意义的。

当前学术界在领导理论研究方面，研究热点主要是变革型领导与交易型领导。自从学者 Bass 提出变革型领导是在交易型领导基础上建立起来的之后，很多专家将研究重点都放在变革型领导理论的研究上。学术界在研究领导风格对员工创新行为的影响方面，也主要集中在变革型领导风格上，虽然有很多理论著作出现，但是研究结论仍没有系统性，除此之外，国内有关交易型领导是如何对员工创新行为产生影响的研究更是少之又少，即使在这些少数研究中得出的也是不一致的研究结论。

分析以往研究结论不一致的原因，本书主要从以下两方面考虑：第一，以往的研究常常把员工创新行为作为一维变量进行考察或以过程观的角度进行分类，这种笼统的研究设计很可能导致某些研究只考察了高水平的创新行为，而另外一些则恰恰相反。其实员工创新行为按照类型学还可划分为探索式创新与利用式创新，不同类型的创新行为侧重点是不同的，因而形成机制可能各有不同，所以造成了以往研究结论差异性存在。第二，有关交易型领导是如何对员工创新行为产生影响的研究本来就不多，其中也只是将交易型领导作为一维来考察，缺乏从不同的维度对交易型领导风格进行全面的探讨，这可能是差异化形成的另一方面原因。

因此,本书首先对创新行为的类型进行了划分,分别探讨了交易型和变革型领导对两类创新行为的影响,同时从权变奖励型和例外管理型领导两个维度,对交易型领导风格进行了全面的剖析,分别探讨了其对员工创新行为的作用机理,找出现有结论差异化的原因,并进行了深度分析。在此基础上讨论了变革型领导对交易型领导是否存在调节作用,以期能进一步丰富这一领域的研究成果。

第二节 理论基础与假设提出

一 社会交换理论

社会交换理论产生于20世纪30年代末,是由学者Barnard首次提出的,Homans结合强化理论和经济学理论,改进与完善了该概念,他将一切人类社会行为均视为某种商品的交换,其中所说的商品包括物质商品和社会名誉等非物质商品。

之后,Blau等(1964)研究者研究交换行为后,认为它主要包含了社会交换以及经济交换两个主要方面。顾名思义,经济交换行为确定了交换的时间、交换物品、涉及数目等方面的内容,并以契约的形式固定下来,形成一定的协议;与经济交换行为不同,社会交换行为则是在自发自愿的基础上开展的,彼此间的信任是其交换产生的基础,人们旨在通过交换行为为自己获得某些特定的回报。Blau(1964)认为社会吸引导致了社会交换,而经济动机则是产生这种社会吸引的诱发因素,人们首先会比较某行为的收益和成本再决定是否进行该行为,如果获得的收益会大于付出的成本,那么人们会更愿意认为该行为是有意义的。

社会交换中有以下4个关键因素:交换主体、交换内容、交换过程和交换方式。交换主体既可以是组织,也可以是个人,社会交换不单单可以发生在个体之间,还可以发生在个体与组织之间;交换内容既可以是有形的又可以是无形的;交换过程是指交换主体之间进行某种资源交换行为的长期过程,交换主体是根据交换行为的投入回报比来决定是否进行该行为；社会交换的交换方式主要分为以下三种：（1）直接型交换，即两个交换主体之间直接进行资源交换；（2）一般型交换，即多个交换主体以非直接方式进行资源交换；（3）合作型交换。在该种交换方式下，交换主体是通过相互合作来实现共赢的。

经过近80年的发展，社会交换理论已然发展成为一套系统的理论体系，并被推广应用于多个研究领域。社会交换理论作为交易型领导领域研究的理论基础，该理论认为企业领导与下属之间是互相依存的，双方都旨在损失最小和利益最大化的双重原则下，追求共同的目标，领导行为的产生是企业员工与领导人员彼此间作用的动态过程，领导期待员工为了组织共同的目标而付出努力，作为员工则期望付出努力做好工作后可以得到精神或者物质层次的慰藉。换言之，在员工开始感知依据领导的意愿指示完成工作或者任务时，可以为自己带来特殊的利益，即领导开始影响到员工的行为。领导手中拥有员工需要的资源，所以可以通过分配与操控该资源，以激励或者促使员工为企业目标而努力，进而使自己得到精神或者物质层次的满足。

领导—成员交换理论产生于20世纪70年代中期，其主要创始人是Graen。该理论表示组织中只有特定限量的资源，领导不可能将资源均一地分配给各位员工，并且在实际工作中，往往有某一部分员工的业绩、能力、办事效率更为突出，领导者为了肯定与鼓励这部分员工的辛勤努力与付出，一定会给予他们更多关怀与酬赏，如此将会以领导人员为中心，构成某种组织团体，该团体的成员间或者与领导间即存在超出一般工作关系的情况。领导者会提供给这部分员工更多的机会，赋予他们更大的权利，这样便鼓励该部分员工为实现更高组织目标而努力，若是普通的员工，领导则分配给其更为普通、繁杂的工作任务，同时还提出更多的限制要求来进行约束。Yammarino在其调查中发现，交易型领导注重与企业员工的交换关系，并且由于交换关系所涉及利益不同，又包含了高品质、低品质的交换；高品质的交换通常表示组织成员同领导间的交换不以物质为主体，交换内容主要涉及工作中的权利、信任、忠诚等；而低品质的交换更多的是表现在物质方面，例如员工在完成了领导指定的目标或者要求时可以加薪、提升岗位等。

二 认知评价理论

Ryan 与 Deci 两位心理学家在 20 世纪 80 年代提出了认知评价理论，其中这样描述，外在奖励不仅具有信息性，同时也表现出控制性。若员工将奖励视作信息性的示意时，可以帮助员工产生创新行为，相反，如果员工将奖励视为控制性的示意时，将在一定程度上抑制员工开展创新行为。认知评价理论认为，通常情况下，奖励具有相互矛盾的效应，因而在考察奖励的效应时，需要考虑所奖励的对象对奖励的评价与认知。

经过了 30 多年的发展，认知评价理论已然成为组织行为研究领域的主流理论，该理论能够合理地解释众多组织中的现象和行为。该理论从内、外归因的角度对某些传统领导风格不起作用的原因进行了解释，并对某些领导风格（如交易型领导）的作用机制进行解释。根据认知评价理论，当员工感知到自己在较强的监督和控制下时，会认为自己的行为是在他人的控制下，而不是出于自愿，从而降低了员工在工作中的自主性和创新性，进而降低了创新绩效以及企业绩效。相反，在自由度较高的组织情境中，员工会感知到自己的行为是出于自愿的，这样才能真正地让员工的创新性与自主性提升，激发员工产生更高水平的创新行为。本研究基于认知评价等相关理论，进而探究交易型领导和变革型领导是如何对员工创新行为产生影响的。

三 激励理论

随着科学管理的出现，对如何调动下属工作积极性这一类问题的研究也有了长足的发展，在此基础上形成了激励理论。20 世纪初，Frederick Taylor 提出"经济人假设"，即用金钱等物质条件去刺激下属，以提高其工作积极性。基于该假设，学者对激励理论进行了进一步探究，并将追求"经济收入最大化"改为追求"效用最大化"。

在霍桑工厂，Elton Mayo 主持的有关心理学的研究否定了 Frederick Taylor 提出的"经济人假设"。由此，追随者摒弃了先前 Frederick Taylor 提出的"经济人假设"，转而开始对人的本性展开研究，这样便形成了"内容型激励理论"和"过程型激励理论"。

内容型激励理论的出发点是研究"人到底追求什么"，旨在找出促使员工积极工作的关键因素。其中普遍接受的四种内容型理论分别是需要层次理论、ERG 理论、激励—保健理论和学习需要理论。过程型激励理论的关键在于研究行为产生的方向或渠道，这为进一步研究如何激励下属提供了新的视角。目前比较流行的是期望理论和公平理论。

1964 年，维克托·弗鲁姆提出了期望理论，他认为："某项活动对人的激励作用大小取决于他对该活动的预期结果价值与达成该预期结果的概率的乘积。员工会为组织工作并实现组织目标，是因为他们认为当完成这些工作或组织目标时会使员工自己某方面的需求得到满足。因此，管理者应根据员工需求，合理的分配工作任务并设定预期目标，切实地让企业员工体会到工作的确可以带给他们个人需求的满足，只要员工努力工作就能提高工作绩效，进而达到自己的目标。"

公平理论是由心理学家亚当斯于 1962 年提出的，该理论认为："员工和其所选的参照对象，在所得预期报酬和前期工作投入比例上的主观比较感受，决定了该员工的被激励程度。当员工付出努力后，他关心的不光是所取得的报酬的绝对量，还有报酬的相对量，这种比较的合理性与否的结果将直接影响其今后的积极性和努力程度。"

Bass（1985）研究认为，变革型领导能通过激励员工，进而使他们产生的工作绩效超出既定目标。Atkinson（1957）指出，员工成功时所获得的激励强度部分决定着他在完成任务时心甘情愿付出多大的努力。对于一个团队而言，通过对团队成员的激励，从而激发出团队成员在工作中的积极性与创造性，对于增强团队凝聚力和营造整个团队的气氛具有不可估量的实际价值。科学的激励，可以激发企业员工更强烈的工作热情，管理者需擅长运用各种激励措施，比如发放奖金或者升职，都是为了增强企业员工的工作满意度和归属感，提升他们在工作中的创新意识，进而顺利完成企业目标并且使企业获得长足发展。

四 假设提出

权变奖励是一种存在于员工与领导间的积极主动的交换，它基于明确的任务要求与角色定位，结合员工完成既定任务的情况，通过对其提供相应的奖励，以激励员工为完成企业目标而付出努力。

社会交换理论认为，企业员工与领导是互相依存的，双方都旨在损失最小化和利益最大化的双重原则下，追求双方的共同目标，实质上企业领导与员工间的关系即为某种交换关系，领导给予员工奖励，员工则在工作时表现得更加主动与积极。

权变奖励型领导通过与企业员工构建起获取与给予的关系，领导者用他们认为恰当的劳动报酬来交换员工在工作中的积极表现，当员工实现了之前所设定的目标后便可以得到该奖励。此类型领导为企业员工建立了一种为企业实现预期目标与获得既定报酬之间的交换关系，从而通过这种外部动机的激励促使员工努力工作，进而可能会促进员工产生创新行为，以往研究证实既定的创新目标和奖励条件能够提高员工的创新绩效。

不过在此条件下会在一定程度上制约员工的自主性，他们通常着眼于领导给出的指示，意在快速达成工作目标以获得领导提供的物质回报。在这种情况下，员工所表现出来的创新行为常常是在原有基础和现有技术水平上的改进，而对于工作之外的突破性实验与结果未知的冒险则不予考虑，基于以上分析，本研究提出：

H1：权变奖励型领导风格将负向作用于员工探索式创新；

H2：权变奖励型领导风格将正向作用于员工利用式创新。

五 例外管理交易型领导与员工创新行为

例外管理交易型领导是根据领导与成员间交换的结果来采取修正行动的。换而言之，该类型领导通过对企业员工所表现出的行为与工作绩效进行监控，当员工的行为不合乎既定标准时，领导者将对其表现出来的行为加以纠正，并对员工予以处罚，以确保员工能顺利达成目标。例外管理交易型领导强调员工对企业现有规章和秩序的服从，却并不鼓励员工为创造新的产品或服务而努力。

根据认知评价理论可知，当员工能够感觉到自己受到较强的监督时，员工感知的形成过程以外部归因为主，此时会认为自己的行为受到了外部控制和监督，而非出于员工自愿，从而在很大程度上降低了自主性和创新性，进而降低了创新绩效以及企业绩效。

该类型领导者会使得员工感知到他们的一言一行都处在领导的监督下，因而降低了员工工作时所表现出的积极性和能动性，更不用说创新了。例外管理会对企业员工的满意度和工作绩效产生负面的影响，特别是在领导不采取任何行动，消极地等候问题出现时，负面影响更大。研究结论表明，具有极强控制特性的领导者对员工的内在工作动机和表现出的创新行为均会有所损害。基于以上分析，本研究提出：

H3：例外管理型领导将负向作用于员工探索式创新；

H4：例外管理型领导将负向作用于员工利用式创新。

六 变革型领导与员工创新行为

变革型领导通过鼓舞性激励与愿景沟通来强化员工的动机水平，激励员工产生高层次的需求，使得员工发觉到完成工作的重要性，让员工能够为满足组织利益而作出让步，该领导风格所得结果通常大于其原有的期望。

经过大量研究调查发现，变革型领导对员工创新行为的产生具有较大程度的正向影响。Bass（1987）强调，变革型领导的一个重要特质是善于创造鼓励创新的氛围，他们能激励员工不断挑战与超越自我；Zhou 和 Shin（2003）选取了韩国公司作为研究对象，其课题研究发现，员工创新行为与变革型领导呈显著正相关；吴文华和赵行斌（2010）通过探究变革型领导是否对知识型员工创新行为的产生具有影响，研究发现变革型领导可以通过构建由组织承诺、员工满意度和创新型文化等组成的有机整体，激发知识型员工的创新行为。

激励理论认为，员工获得成功的激励强度直接影响着他在完成任务时心甘情愿付出多大的努力。Bass（1985）研究认为，变革型领导能通过激励员工，进而使他们产生的工作绩效超出既定目标。变革型领导可以使得员工高层次的需求得到满足，一方面激励员工沿着现有的技术轨道开展研究，同时又避免员工受到过多约束与束缚，鼓励其开发新方法，提出新思路。此外，变革型领导鼓励、支持和理解员工，使其不用过于担心由于与标准不符而被处罚，这样会使员工乐于尝试、敢于冒险，从而提升了员工的创新意识，进而有助于员工创新行为产生。所以，不管对于员工探索式创新还是利用式创新，变革型领导风格都可以起到正向强化作用。因而，本研究提出：

H5：变革型领导将正向作用于员工探索式创新；

H6：变革型领导将正向作用于员工利用式创新。

Bass（1985）提出企业中最出色的领导者应同时运用变革型领导与交易型领导两种风格，变革型领导风格并不是孤立于其他类型的领导风格而单独存在的，该领导风格是在交易型领导风格基础之上建立的，变革型领导可以增强交易型领导对员工创新行为的影响程度，与此相适应的是，以往的研究多考察的是在交易型领导对某个结果变量有正向影响的基础上，变革型领导是否对其具有增强扩大的作用。基于此，本研究提出，变革型领导风格能够增强权变奖励型领导风格对员工利用式创新的正向影响作用，能够削弱权变奖励型领导风格对员工探索式创新的负向影响作用，并可以削弱例外管理型领导对员工创新行为的负向影响。在以上理论分析的基础上，本研究提出：

H7：变革型领导可增强权变奖励型领导对员工利用式创新的正向影响；

H8：变革型领导可弱化权变奖励型领导对员工探索式创新的负向影响；

H9：变革型领导可弱化例外管理型领导对员工利用式创新的负向影响；

H10：变革型领导可弱化例外管理型领导对员工探索式创新的负向影响。

第三节　实证设计与研究结果

一　测量工具与研究样本

在本研究中，广泛参考与采纳了中外学者的文献，选取了适宜的量表，并且使用了李克特五级评分方法。以 Bass 编订的多要素领导行为问卷 MLQ 为依据，选取了其中测量交易型和变革型领导风格的部分，变革型领导量表包含以下四个维度：个性化关怀维度、动机感召维度、魅力行为影响维度和智力激发维度，共包含 12 个测量条目；交易型领导量表包含例外管理维度与权变奖励维度，共包含 8 个测量条目。在测量利用式与探索式创新方面，过去的研究中已得到了具有较高参考使用价值的测量量表，同时在中国现有国情下此量表已经得到检验。

本研究中涉及的调查对象来自广西、黑龙江、上海、北京等区域的多家企业，向其发放本研究所需问卷，问卷中所涉及的内容有个人信息部分、领导风格部分和员工创新行为部分。填写问卷通过匿名的方式，问卷的发放主要有 E-mail、纸质等方式，共发放问卷 320 份，回收有效问卷 262 份，有效问卷比例达到 81.9%。

在参考以往研究的基础上，本研究选择了工作年限、年龄、性别、受教育水平作为该问卷的控制变量。表 1－1 描述了该研究样本的数据分布，这当中女性与男性的比例分别为 52.3% 和 47.7%；年龄在 25 岁以下、25—30 岁、31—40 岁、40 岁以上者分别占比 30.2%、29.8%、27.9%、12.2%；受教育程度在大专及以下、本科、硕士及以上者分别占比 52.3%、36.3%、11.5%；关于工作年限，1—2 年、3—5 年、6—10 年、10 年以上者分别占比 17.2%、37.4%、36.3%、9.2%。

表1-1 调查样本的数据分布情况

特征变量		人数	比例（%）
性别	男	125	47.7
	女	137	52.3
	总计	262	100.0
年龄	25岁以下	79	30.2
	25—30岁	78	29.8
	31—40岁	73	27.9
	40岁以上	32	12.2
	总计	262	100.0
受教育程度	大专及以下	137	52.3
	本科	95	36.3
	硕士及以上	30	11.5
	总计	262	100.0
工作年限	1—2年	45	17.2
	3—5年	98	37.4
	6—10年	95	36.3
	10年以上	24	9.2
	总计	262	100.0

二 量表信度和效度分析

该问卷共包含三个部分，即自变量变革型、交易型领导，因变量利用式、探索式创新，还有控制变量。通过李克特五点法开展量表评价。

在使用问卷前，应当分析问卷的信度，以保证其具有相当的稳定性与可靠性。我们在做数据收集时，使用的是同一张量表，所获得的结果可能存在相似性，而信度检验就是对问卷相似性的检验。在评价问卷信度时，人们通常以 α 系数（即 Cronbach's 系数）作为参考的标准，该指标越大，即表示其信度越高，其具有更高的稳定性与可信性。随着研究的深入，学者对问卷信度的要求越来越高，早期的研究中将 α 系数高于 0.5 的问卷定为信度可接受的问卷，将 α 系数大于

0.7 的问卷定为信度优异的问卷。

本研究采用 SPSS 23.0 对各量表的信度进行分析,为表述方便,变革型领导下面的 12 个题目用 C1—C12 表示,交易型领导下面 8 个题目用 A1—A8,员工创新行为下面的 8 个题目用 B1—B8 表示。

通过表 1-2 能够发现,变革型领导量表、交易型领导量表、例外管理交易型领导量表、权变奖励交易型领导量表、领导风格量表的系数分别是 0.923、0.726、0.833、0.821、0.873,皆大于 0.7,从中可以看出上述五个量表在信度表现上优异。

表 1-2　　　　　　　　领导风格量表的信度检验结果

研究变量		题目代码	题目内容	分量表的 α 值	总量表的 α 值
变革型领导		C1	变革型领导 1	0.923	0.873
		C2	变革型领导 2		
		C3	变革型领导 3		
		C4	变革型领导 4		
		C5	变革型领导 5		
		C6	变革型领导 6		
		C7	变革型领导 7		
		C8	变革型领导 8		
		C9	变革型领导 9		
		C10	变革型领导 10		
		C11	变革型领导 11		
		C12	变革型领导 12		
交易型领导	例外管理交易型领导	A1	交易型领导 1	0.833	0.726
		A2	交易型领导 2		
		A3	交易型领导 3		
		A4	交易型领导 4		
	权变奖励交易型领导	A5	交易型领导 5	0.821	
		A6	交易型领导 6		
		A7	交易型领导 7		
		A8	交易型领导 8		

第一章 领导风格对员工创新行为的作用机制研究

表1-3　　　　　　　员工创新行为量表的信度检验结果

研究变量	题目代码	题目内容	分量表的α值	总量表的α值
探索式创新	B1	员工创新行为1	0.853	0.723
	B2	员工创新行为2		
	B3	员工创新行为3		
	B4	员工创新行为4		
利用式创新	B5	员工创新行为5	0.753	
	B6	员工创新行为6		
	B7	员工创新行为7		
	B8	员工创新行为8		

通过表1-3能够发现，员工创新行为总量表、利用式创新量表、探索式创新量表的信度系数分别为0.723、0.753和0.853，皆大于0.7，可以看出总量表与分量表在信度表现上优异。

在信度水平达标的情况下，为了保证问卷题目的设置能真实有效地反映我们变量的含义，我们还需要对问卷的效度进行测量，效度的大小是反映问卷有效性的重要指标。本研究采用的均是经国内外学者普遍认可且经常使用的成熟量表，其因子结果已经清晰，因此本研究中不再对量表进行探索性因子分析，直接利用AMOS 22.0软件对变量进行验证性因子分析。

（一）领导风格量表的效度分析

本研究对领导风格量表3个维度的分析模型和拟合指数表分别如图1-1和表1-4所示。从图1-1可以看出，领导风格在3个维度模型下，每一个题目在所对应的维度中的标准化估计系数都大于0.5，表明模型拟合良好。从表1-4可以看出，CMIN/DF之比大于1而小于3，各拟合系数GFI、IFI、CFI、NFI、TLI均超过0.9，RMR为0.049，小于0.05，RMSEA为0.079，小于0.08，这些拟合指标都满足临界值，模型通过验证性因子分析。

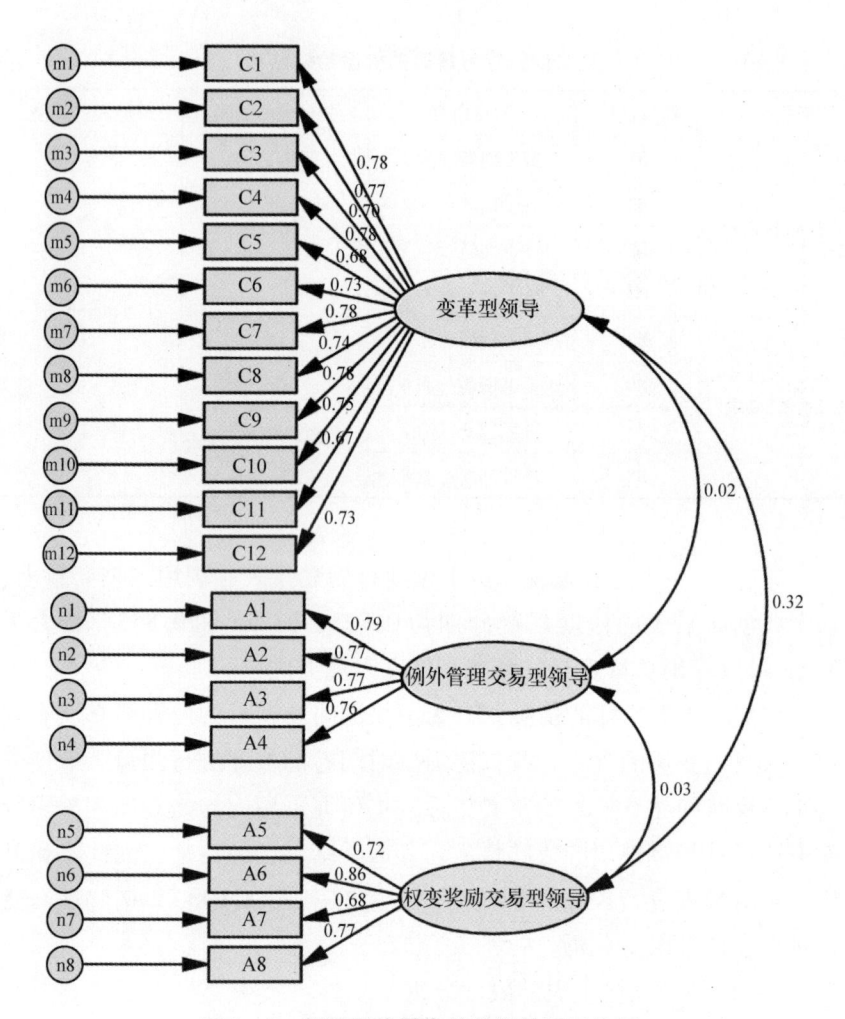

员工的积极行为强化与消极行为抑制机制研究

图 1−1 领导风格量表的验证性因子分析

表 1−4　　　　　　　　领导风格量表的拟合指数

指标	CMIN/DF	GFI	IFI	CFI	NFI	TLI	RMR	RMSEA
临界值	≤3	≥0.9	≥0.9	≥0.9	≥0.9	≥0.9	≤0.05	≤0.08
结果	2.092	0.942	0.959	0.958	0.913	0.921	0.049	0.079

(二) 员工创新行为量表的效度分析

本研究对员工创新行为量表 2 个维度的分析模型和拟合指数表分

别如图1-2和表1-5所示。从图1-2可以看出，员工创新行为在2个维度模型下，每一个题目在所对应的维度中的标准化估计系数都大于0.5，表明模型拟合良好。从表2-5可以看出，CMIN/DF之比大于1而小于3，各拟合系数GFI、IFI、CFI、NFI、TLI均超过0.9，RMR为0.048，小于0.05，RMSEA为0.075，小于0.08，这些拟合指标都满足临界值，模型通过验证性因子分析。

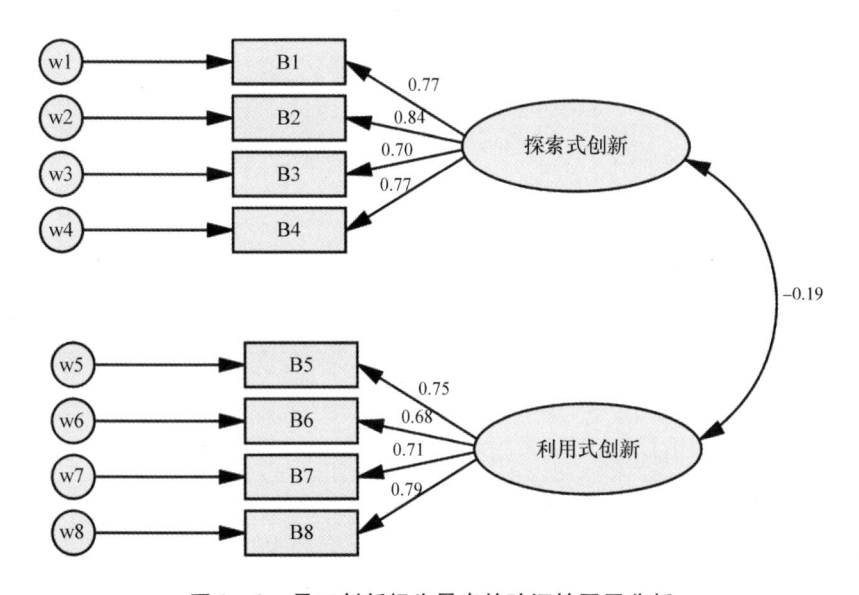

图1-2 员工创新行为量表的验证性因子分析

表1-5　　　　　员工创新行为量表的拟合指数

指标	CMIN/DF	GFI	IFI	CFI	NFI	TLI	RMR	RMSEA
临界值	≤3	≥0.9	≥0.9	≥0.9	≥0.9	≥0.9	≤0.05	≤0.08
结果	2.483	0.957	0.961	0.961	0.937	0.942	0.048	0.075

三　领导风格与员工创新行为相关性分析

表1-6中显示领导风格与员工创新行为的相关性分析结果，本研究将领导风格分为变革型领导、例外管理交易型领导和权变奖励交易型领导，将员工创新行为分为员工探索式创新与员工利用式创新。

这三种领导风格和员工探索式创新行为的关联系数是 0.188、−0.178、−0.192，相应的 p 值低于 0.05，在统计学上有着明显的意义，表明三种领导风格和员工探索式创新行为都存在明显的关联性。这当中变革型领导和员工探索式创新成正比，另两个领导风格和员工探索式创新则成反比。

三种领导风格和员工利用式创新的关联系数分别为 0.412、−0.172、0.240，相应的 p 值低于 0.05，在统计学上有着明显的意义，这表明这三种领导风格和员工利用式创新都存在着明显的关联。这当中变革型领导、权变奖励交易型领导和员工利用式创新成正比，例外管理交易型领导和员工利用式创新成反比。

表 1−6　　　　　　　　　相关分析结果

		变革型领导	例外管理交易型领导	权变奖励交易型领导	探索式创新	利用式创新
变革型领导	皮尔逊相关性	1	0.035	0.275**	0.188**	0.412**
	显著性（双尾）		0.575	0.000	0.002	0.000
	个案数	262	262	262	262	262
例外管理交易型领导	皮尔逊相关性	0.035	1	0.044	−0.178**	−0.172**
	显著性（双尾）	0.575		0.483	0.004	0.005
	个案数	262	262	262	262	262
权变奖励交易型领导	皮尔逊相关性	0.275**	0.044	1	−0.192**	0.240**
	显著性（双尾）	0.000	0.483		0.002	0.000
	个案数	262	262	262	262	262
探索式创新	皮尔逊相关性	0.188**	−0.178**	−0.192**	1	−0.153*
	显著性（双尾）	0.002	0.004	0.002		0.013
	个案数	262	262	262	262	262
利用式创新	皮尔逊相关性	0.412**	−0.172**	0.240**	−0.153*	1
	显著性（双尾）	0.000	0.005	0.000	0.013	
	个案数	262	262	262	262	262

注：*表示 $p<0.05$，**表示 $p<0.01$，***表示 $p<0.001$，下同。

四 领导风格与员工创新行为回归分析

进一步采用层级回归方法分析变革型领导、例外管理交易型领导、权变奖励交易型领导对员工探索式创新、利用式创新的影响作用，层级回归分析结果如表1-7所示。

表1-7　　　　　　　层级回归分析结果

因变量	探索式创新			利用式创新		
	模型1	模型2	模型3	模型4	模型5	模型6
控制变量						
性别	-0.064	-0.089	-0.085	0.035	0.017	0.015
年龄	-0.073	-0.092	-0.104	0.188**	0.155**	0.180**
教育程度	-0.075	-0.029	-0.037	0.005	-0.029	-0.011
工作年限	-0.052	-0.070	-0.071	0.100	0.130*	0.120*
自变量						
变革型领导		0.280**	0.300**		6.563**	0.303**
例外管理交易型领导		-0.174**	-0.178**		-3.351**	-0.143**
权变奖励交易型领导		-0.266**	-0.248**		2.919**	0.162**
调节效应						
变革型领导×例外管理交易型领导			-0.085			0.132*
变革型领导×权变奖励交易型领导			0.061			0.187**
统计量						
R^2	0.017	0.152	0.162	0.048	0.268	0.296
调整R^2	0.001	0.129	0.132	0.033	0.247	0.271
F值	1.086	6.511**	5.406**	3.223*	13.262**	11.772**
D-W值	1.889	1.778	1.758	1.545	1.629	1.637

注：*表示$p<0.05$，**表示$p<0.01$，***表示$p<0.001$，下同。

使用探索式创新作为因变量，由模型1能够得知，控制变量和探索式创新之间并不存在明显的回归关联；模型3是以模型2为前提的，并增加调节效应所得，能够看到模型 3 的 F 值是 5.406，p 值低于 0.01，达到显著水平，这说明模型 3 的拟合度可以接受，R^2 为 0.162，调整 R^2 为 0.132，这就表明模型能够对探索式创新的 13.2% 给予充分说明，D-W 值是 1.758，很靠近 2，这就表明模型 3 中的自变量不存在自相关的情况，可以对数据直接进行回归分析。变革型领导的标准化回归系数是 0.300，p 值低于 0.01，具有较高的水平，这表明变革型领导和探索式创新之间成正比。假设 5：确定变革型领导和探索式创新成正比；例外管理交易型领导的标准化回归系数是 -0.178，p 值低于 0.01，具有较高的水平，这表明例外管理交易型领导和探索式创新之间成反比。假设 3：确定例外管理交易型领导和探索式创新之间成反比；权变奖励交易型领导的标准化回归系数是 -0.248，p 值低于 0.01，具有较高水平，这表明权变奖励交易型领导和探索式创新之间成反比。假设 1：确定权变奖励交易型领导和探索式创新之间成反比；变革型领导×例外管理交易型领导的标准化回归系数是 -0.085，变革型领导×权变奖励交易型领导的标准化回归系数是 0.061，p 值都大于 0.05，结果不显著，说明不存在调节作用。假设 10：变革型领导对例外管理交易型领导和探索式创新之间的反比关系产生削弱影响的观点不正确。假设 8：变革型领导对权变奖励交易型领导和探索式创新之间的反比关系产生削弱影响的观点不正确。

然后将利用式创新作为因变量，由模型 4 可知，控制变量和利用式创新之间存在着明显的回归关联，当中年龄的标准化回归系数是 0.188，这就表明年龄和利用式创新之间成正比；模型 6 是在模型 5 的基础上加上调节效应，可以看出模型 6 的 F 值为 11.772，p 值小于 0.01，达到显著水平，说明模型 6 的拟合度可以接受，R^2 为 0.296，调整 R^2 为 0.271，这表明模型能够对利用式创新的 27.1% 做出说明阐释，D-W 值是 1.637，很靠近 2，这表明模型 6 中的自变量不存在自相关性，可以对数据直接进行回归分析。变革型领导的标准化回归系数是 0.303，p 值低于 0.01，具有较高的水平，这表明变革型领导和利用式创新之间成正比。假设 6：确定变革型领导和利用式创新成正比；例外管理交易型领导的标准化回归系数是 -0.143，p 值低于 0.01，具有较高的水平，这表明例外管理交易型领导和利用式创新之间成反比。假设4：确定例外管理交易型领导和利用式创新之间成反比；权变奖励交易型领导的标准化回归系数是 0.162，p 值低于 0.01，具有较高的水平，这表明权变奖励交易型领导和利用式创新之间成正比。假设2：确定权变奖励交易型领导和利用式创新之间成正比；调节效应变革型领导×例外管理交易型领导的标准化回归系数是 0.132，p 值低于 0.05，具有较高水平，这表明具有调节效应，其调节交叉项系数为正，因此表明变革型领导能够对例外管理交易型领导和利用式创新反比关系产生削弱影响。假设9：确定变革型领导能够对例外管理交易型领导和利用式创新反比关系产生削弱影响；调节效应变革型领导×权变奖励交易型领导的标准化回归系数是 0.187，p 值低于 0.01，具有较高的水平，这表明具有调节效应，其调节交叉项系数为正，因此表明变革型领导对权变奖励交易型领导和利用式创新正比关系产生积极影响。假设7：确定变革型领导对权变奖励交易型领导和利用式创新正比关系产生积极影响。

五 研究假设结果

依据文中的实证分析，本研究得出以下研究结论。

变革型领导对于员工探索式与利用式两类创新行为都具备正向的影响。目前的理论研究达成了统一的认识，即变革型领导方式同员工的创新行为之间存在着正相关联系，而本研究所做的实证研究同样证实了上述论断，这一结论是对先前研究的验证与补充。正如上文的阐述一样，变革型领导方式可以适应员工的比较高层次的需要，一方面激励员工不断在目前的技术轨道中进行探讨，另一方面指引员工突破理念约束，激励员工勇于拓展新的思路，使用新的方法，它对于员工的理解与激励同样推动员工勇敢地进行尝试、探索，如此不但能够推动员工探索式创新行为诞生，而且能够推动员工的利用式创新行为不断进步。另外，回归分析结果也表明，同权变奖励交易型领导相比，变革型领导对利用式创新行为的影响更加明显。

权变奖励与例外管理两类交易型领导方式对于探索式创新行为存在负向作用；而前者对于利用式创新行为存在正向作用，后者对于利用式创新行为存在负向作用。本研究把交易型领导划分为两大维度：即将权变奖励与例外管理两类交易型领导对于创新行为之作用进行区分研究，实证研究表明两类交易型领导对于员工探索式创新行为都存在着负面作用，而前者对于员工利用式创新行为存在正面作用，后者对于员工利用式创新行为存在负面作用。处于权变奖励交易型领导风格之中，员工工作积极性将遭受重大的制约，员工会把领导者的指令当作自己行为的目标，希望尽快完成任务以交换领导者给予他们的物质奖励，在这种情况下所表现出来的创新行为往往是在原有基础和技术水平上的改进，对于任务以外其他的创新性实验以及结论未知的尝试则毫无兴趣，所以这种领导风格对于员工利用式创新具有正向影响，对于员工探索式创新具有负向影响；在例外管理交易型领导风格下，员工会时常感觉到被监督，一旦工作不符合要求就会被惩罚。在这种氛围下，员工的注意力主要集中在按标准完成任务方面，降低了员工自主创新的积极性，所以，该种领导风格对于两类创新行为都具有负面作用。

变革型领导于权变奖励交易型领导对利用式创新行为的正向作用方面具备了正强化效用；变革型领导于例外管理交易型领导对利用式创新行为之负向作用方面具备了弱化效用。变革型领导并非独立于其他领导风格而孤立存在，Bass（1985）曾经提出"增量效果"假设用以阐述交易型领导与变革型领导彼此的相互联系，该理论指出高效的领导者应当使用变革型领导来对交易型领导所表现出的不足进行补充，以强化后者对于员工绩效之作用。本研究实证分析指出，变革型领导不但能够正向调控权变奖励型领导对于员工利用式创新的效用，而且能够削弱例外管理型领导对于此类创新行为之消极效用。

第四节　讨论及未来研究展望

本章先是就国内外领导风格与员工创新行为有关理论成果进行分

析，重点分析研究权变奖励交易型、例外管理交易型以及变革型三类领导风格同员工探索式与利用式两类创新行为彼此间的联系和三类领导风格对上述创新行为的影响，以及对于它们的影响方面，变革型领导对权变奖励交易型、例外管理交易型领导的调节作用。

本研究使用的领导风格量表以及创新行为量表都具有很好的可靠性和科学性，适用于中国情境下企业的实证研究。通过使用SPSS 23.0软件进行统计分析，发现变革型领导风格对员工探索式创新、利用式创新都具有正向影响；权变奖励型领导风格、例外管理型领导风格对员工探索式创新有负向影响；权变奖励型领导风格对员工利用式创新具有正向影响，例外管理型领导风格对员工利用式创新具有负向影响。同时，变革型领导会减弱例外管理型领导对员工利用式创新的负向作用，并加强权变奖励型领导对员工利用式创新的正向作用。

根据研究结论，本章提出以下对策建议：领导者需要对工作中所表现出来的领导风格适时进行调整；企业需要依据每个阶段的创新战略重点不同，选择适合的领导风格。

第五节 结语

本章的实证研究结果，不仅丰富了现有关于员工创新行为领域的研究，也为我国管理者的管理实践提供了有价值的参考建议。但本研究存在以下几点不足：首先，样本数据大多源于京、沪、黑、桂这几个区域的国有和民营企业，以后研究可在更广泛的领域来检验其结果是否存在差异；其次，本研究的研究方法采用的是横截面研究，通过问卷调查测得的是截面数据，未来应多采用纵向研究来探讨这些变量间的因果关系；最后，本章主要探讨了两种领导风格对于员工探索式创新与利用式创新的影响，然而其他组织层面或员工个体层面的变量是否对其产生中介或调节作用还待日后的深入研究。

第二章 组织认同与关系冲突视角下不当督导对员工创新行为的影响研究

第一节 引言

在互联网空前发展的当今时代，不确定性成为最大的变化。企业要在这种不确定的环境中立于不败之地，只有不断进行创新。在"万众创新""人人创客"等理念的撞击下，人们更深刻地认识到组织和社会的发展都离不开个人的创意和知识，而员工的创新也得到了学术界和实践者的格外重视。

关于如何促进员工创新的研究大致分为三种思路：（1）个体方面多分析员工的个性、认知及知识多样性等对员工创新的影响，对员工心理感知因素的探究相对较少。创新自我效能感、创新支持感是研究得较深入的感知变量，至于还有哪些心理感知会影响员工的创新表现是进一步探讨的方向。（2）情境方面的研究从领导、团队、组织等多个层面挖掘了对员工创新行为产生影响的因素。其中，领导行为的作用十分关键，但以往研究多从积极方面着手。而近年来的研究表明，领导不当行为对员工创新的影响更值得被关注。姚艳虹和王丽平等发现不当督导抑制员工的创新表现，并探讨了其中的边界条件。至于不当督导通过何种机制影响员工创新行为的研究则较少，姚艳虹呼吁挖掘两者间可能存在的中介变量。（3）交互视角是近年来的研究热点，学者多从情境与个体特征的交互着手。如 Zhou 等在研究社会网络对员工创新的影响时，发现个体的一致价值观发挥调节作用。但

第二章　组织认同与关系冲突视角下不当督导对员工创新行为的影响研究

值得注意的是，个体的特质难以改变，并且员工创新作为一种自发行为，更可能受到其自身特质和心理感知的直接影响，外在情境更可能通过间接方式发挥作用，因此分析心理感知对创新行为的直接影响并探究情境因素的调节作用可能更具价值。

基于以上分析，本章试图深入探究不当督导对员工创新行为的影响。由于领导是组织的象征，其不当行为可能导致组织价值观不能正常传递，影响员工组织认同感形成，而员工内心对组织的认同程度可能进而决定员工的创新表现。另外，员工创新行为在一定程度上得益于友好而宽松的环境。那么，在员工关系不友好的组织中，高组织认同员工是否有差异化的创新表现，这值得进一步探讨。因此，本章在构建不当督导影响员工创新行为的模型时，从员工心理角度引入组织认同变量，探讨其发挥的中介作用；并试图从人—境互动的视角，分析组织认同与关系冲突的交互作用如何影响员工创新行为，旨在丰富创新领域的相关研究。

第二节　理论与假设

一　不当督导与员工创新行为

员工创新行为包括员工从现有处境中识别问题、产生解决问题的创意想法以及将创意用于实践等多个环节。研究表明，领导是决定员工是否产生创新行为的因素之一，并且消极因素往往比积极因素更能影响个体，因此可预测：不当督导对员工创新行为的影响比合理行为对员工的影响更显著。

不当督导是指员工对领导敌意行为的感知，其表现形式包括领导当面责怪、取笑或者辱骂员工、贬低员工的能力、无视员工以及不履行承诺等。首先，领导的冷嘲热讽可能会使员工倍感压力。内心承受负担的员工可能会产生焦虑、厌恶等情绪，而这些消极情绪不利于信息的编码和创新思维的产生。其次，不当督导导致员工自我否定并产生不公平感。当员工的努力换来的是领导的无视甚至反感时，员工可能因得不到领导的认可而质疑自己的能力，从而丧失创新的意愿。与此同时，由于员工的付出与所得无法相匹配，感知不公平的员工可能会通过减少自己的创新行为作为发泄；另外，不当督导抑制了信息反馈与讨论交流的作用。不当督导加大了员工进行反馈寻求的代价，导致员工降低寻求反馈的频率，这不利于员工获得有价值的信息；在不被领导信任的情况下，员工容易感到脆弱和不安，因而也会减少彼此间信息的交流，这些都将导致员工创新行为减少。综上，不当督导不仅从心理上给予员工压力、不公平感和不信任感，还从行为上减少了员工获取有效信息的机会，因而可能导致员工创新行为减少。此外，就实证方面而言，姚艳虹和王丽平发现了不当督导对员工创新行为存在直接的负向影响。由此做出假设：

H1：不当督导与员工创新行为负相关。

二 组织认同的中介作用

组织认同是个体在特定组织中定义自己的一种心理倾向，也是员工与组织间的情感纽带。在员工组织认同的影响因素中，领导不当督导的作用不容忽视。

首先，不当督导阻碍和谐关系的建立。当领导的不当行为被员工感知时，将导致员工的低融入感，使上下级之间形成紧张、不和谐的关系，而领导又在组织—员工之间发挥桥梁的作用，因此，上下级不兼容的关系会阻隔员工同组织之间建立密切的联系。另外，不当督导影响信息传递的一致性。在遭受不当对待后，员工会产生反抗、厌恶的情绪，甚至出现偏差行为。这致使通过领导传达的组织观念、文化以及目标等都难以准确地被员工接收，员工的行为不能与组织发展的理念和行动方向保持一致。当然，在目睹了同事被领导不公平对待后，员工也会对他人的处境感同身受，并担心自己成为下一个受害者。这些消极信号将降低员工对组织的情感认同。近期研究表明，员工还会"自恋地"将自己的身份和地位融入对组织的定义中。因而，受到领导不当对待的员工可能会将自己所处的境遇视为组织的本来面貌，认为整个组织中都充斥着不公平，进而对组织保持很低的认可程度。由此本研究提出假设：

第二章 组织认同与关系冲突视角下不当督导对员工创新行为的影响研究

H2：不当督导与员工组织认同负相关。

一般而言，员工对组织的情感依托程度与其对组织的态度及其自身在组织中的行为表现正相关。本研究预期员工的组织认同会使员工创新行为发生变化。

首先，高组织认同员工通常站在组织的立场去思考问题，因此会乐于提出自己的新颖观点，也习惯表现出对组织有利的行为。其次，高组织认同意味着员工在组织中获得强烈的归属感，这种"家"的融入感会促使员工尽可能地去满足组织发展的需要，开发出有利于组织发展的创新方案。最后，当个体对所在组织产生了认同后，会形成去个人化，即将组织的命运与自己的命运视为一体，因而会将组织目标作为自己的行动指南，并表现出更多创意行为。路琳等的实证也表明，组织认同可以通过促使员工进行知识共享，进而表现更多的创新行为；张伶等在研究家庭亲善政策和创新行为关系时，也发现组织认同与创新行为正相关。因此提出假设：

H3：组织认同与员工创新行为正相关。

综上所述，当员工的付出得不到肯定，甚至还遭受辱骂时，可能被员工视为一种不被尊重、不被关心的信号，从而降低员工对组织的情感认同。而员工认同组织的程度又决定了其为组织努力的程度以及是否表现积极的态度和行为。当员工的组织认同较低时，对组织价值内化的程度较低，其在创新方面表现也不甚理想，即领导的不当督导可能会通过降低员工组织认同进而减少员工的创新行为。因此可提出假设：

H4：组织认同在不当督导与员工创新行为之间起中介作用。

三 关系冲突的调节作用

关系冲突指由个体差异导致的人际关系压力，与个体行为密切相关。研究显示，关系冲突对工作满意度、绩效、员工行为等均产生消极影响。

虽然员工创新行为可能伴随组织认同的提升而增加，但此时主要关注了员工的内在心理，而员工的行为可能还依赖员工所处的环境。

本研究认为，关系冲突作为一种情境，可能在组织认同与员工创新行为之间发挥调节作用。

首先，关系冲突不利于员工对组织目标的落实，在一定程度上抵消了组织认同的积极作用。关系冲突意味着不兼容的观念和态度，员工不愿意接受冲突对立方的观点和建议，各自视自己的利益为最重要的因素；其中不同的意见还可能被视为他人对自己的否定，因此高组织认同员工也可能在彼此厌恶的人际关系中收敛自己的创新想法。其次，关系冲突导致的不确定性及低归属感可能抑制员工的创新行为。研究表明，组织认同减少员工的不确定性，而人际关系方面的问题却不断地强化员工意见不合的现象，备受压力的高组织认同员工可能对自己的能力和观点产生怀疑，不利于其创新发挥；并且，不融洽的关系导致员工的低归属感，可能进而降低员工的创新意愿。此外，关系冲突限制了员工处理信息的能力。即便是高组织认同员工，当有限的时间及精力被转移到解决人际关系问题中时，其对目标任务的集中程度便会有所分散，这制约了员工的思维连贯性，将导致创新性下降。

总的来说，良好的人际关系是员工创新的基础。关系融洽既有助于员工对所在组织的肯定，也有助于员工为实现组织价值而不断创新；而在关系冲突严重的组织中，由于受到不兼容意见及不和谐人际关系的影响，员工组织认同对创新行为的积极作用可能被削减。因此可提出假设：

H5：关系冲突在组织认同与员工创新行为之间发挥负向调节作用。

本研究理论模型如图 2-1 所示。

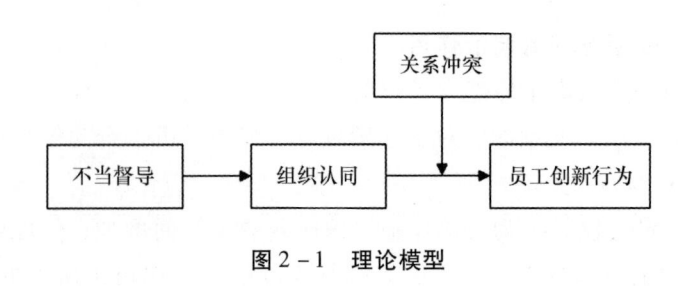

图 2-1 理论模型

第二章　组织认同与关系冲突视角下不当督导对员工创新行为的影响研究

第三节　研究方法

一　研究样本

本研究采用方便抽样对京、沪、湘、粤、桂等地多家企业的员工进行调查。由于不当督导属于敏感话题，为了尽可能消除调查对象的顾虑，故采用不记名的方式进行。调查对象根据自身情况，可选择网页填写（利用问卷星ID：4675165在线答题）或纸质文本填写其中一种形式进行答题，本研究共获有效问卷270份，其中网页版和纸质版问卷分别为209份和61份。研究样本中，男性占44.80%，女性占55.20%；年龄在25岁以下、26—35岁、36—45岁及46—55岁的分别占45.60%、46.70%、7.00%和0.70%；其中工作1—3年的最多，占36.30%，工作3—5年、1年以下、5—10年、10年以上的依次占23.00%、15.60%、13.30%和11.90%；关于工作部门，生产、研发、销售、行政和其他各占16.30%、4.80%、12.60%、25.60%和40.70%。

二　测量工具

（1）不当督导采用Tepper开发的量表，共15个题项。（2）组织认同采用Mael和Ashforth开发的量表，包括6个题项。（3）关系冲突选自Jehn的群体冲突量表，其中4个题项测量关系冲突。（4）员工创新行为采用Zhou和George的量表，共13个项目。四个量表在本研究中的内部一致性系数依次为0.925、0.793、0.784和0.933。其中组织认同为Likert六点计分，其余变量均采用Likert五点量表。由以往研究可知，性别、年龄、工作年限以及工作部门的性质对员工创新行为均会产生一定影响，因此本研究将以上四个变量作为控制变量。

效度检验结果显示，四因子模型（不当督导、组织认同、关系冲突、员工创新行为）的拟合指标最好，卡方与自由度之比远小于4，RMSEA不到0.08，且IFI、CFI、NFI的值介于0.88与0.92之间，接近0.90，说明所测四个变量具有较好的区分效度。此外，采用

Harman 单因子分析得出未经旋转的首因子解释了 28.49% 的变异，不足总变异解释量（65.15%）的一半，这意味着同源偏差并不严重。

第四节 研究结果

一 描述性统计分析

描述性统计如表 2-1 所示。不当督导与员工创新行为、组织认同均显著负相关（$r = -0.33, -0.36; p < 0.01$）；组织认同与员工创新行为显著正相关（$r = 0.34; p < 0.01$）。

表 2-1　　　　　　　描述性统计（$N = 270$）

变量	M	SD	1	2	3	4
1 不当督导	2.10	0.67	—			
2 组织认同	4.88	1.10	-0.36**	—		
3 关系冲突	3.22	0.75	0.26**	0.01		
4 创新行为	3.33	0.68	-0.33**	0.34**	-0.06	—

注：*表示 $p < 0.05$，**表示 $p < 0.01$，***表示 $p < 0.001$，下同。

二 假设检验

本研究采用层级回归的方法检验假设，分析结果见表 2-2。

表 2-2　　　　　　　层级回归分析（$N = 270$）

	OI	员工创新行为					
		M_1	M_2	M_3	M_4	M_5	M_6
Age	0.024	0.168*	0.113	0.107	0.141	0.147*	0.171*
Gender	0.022	-0.066	-0.107	-0.112*	-0.087	-0.083	-0.082
YW	0.039	0.033	0.055	0.046	0.029	0.033	0.027
JD	-0.044	-0.167**	-0.111	-0.100	-0.133*	-0.142*	-0.143*
AS	-0.351***		-0.309***	-0.226***			
OI				0.237***	0.314***	0.313***	0.307***

28

第二章 组织认同与关系冲突视角下不当督导对员工创新行为的影响研究

续表

	OI	员工创新行为					
		M_1	M_2	M_3	M_4	M_5	M_6
RC						-0.093	-0.062
OI × RC							-0.189**
R^2	0.137	0.073	0.163	0.212	0.170	0.178	0.212
△F	35.620***	5.238***	28.417***	16.209***	30.620***	2.716	11.416**

注：YW——工作年限，JD——工作部门，AS——不当督导，OI——组织认同，RC——关系冲突。

为了检验主效应，本研究分控制变量和自变量两个层次进行检验。结果显示，不当督导与员工创新行为显著负相关（M_2，$\beta = -0.309$；$p < 0.001$）。由此，H1 得到支持。

接着检验中介效应。以组织认同为因变量对不当督导进行回归分析可知，不当督导对组织认同有显著负向影响（$\beta = -0.351$；$p < 0.001$），H2 得到支持。以组织认同为自变量、员工创新行为为因变量进行回归分析，发现组织认同与员工创新行为显著正相关（$\beta = 0.314$；$p < 0.001$），H3 得到支持。最后，在主效应回归分析中加入组织认同后，由 M_3 可知，不当督导对员工创新行为的影响系数从 -0.309 变为 -0.226，影响作用仍然在 $p < 0.001$ 水平上显著，即组织认同在不当督导与员工创新行为之间起部分中介作用，H4 得到支持。

在检验调节效应前对变量进行中心化处理，并分析得出所有变量的 VIF 值都小于 2，意味着变量间不存在严重的共线性问题。由表 2 中 M_6 可知，组织认同与关系冲突的交互项对员工创新行为有显著负向影响（$\beta = -0.189$；$p < 0.01$）。

为了进一步检验关系冲突的调节作用，采用 Aiken 等的方法绘出调节图，由图 2-2 可知，在关系冲突的调节下，员工组织认同对创新行为的正向影响变为负向影响，并且相对于低关系冲突的调节作用，高关系冲突的调节作用更加显著。综上，H5 得到支持。

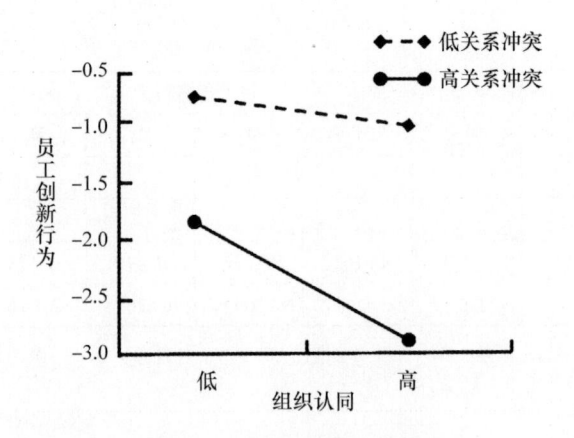

图 2-2　关系冲突的调节图

通过检验可知，关系冲突在组织认同与员工创新行为之间发挥调节作用，而不当督导通过组织认同的中介作用影响员工创新行为，这意味着在不当督导、组织认同、关系冲突与员工创新行为的关系中，组织认同可能发挥着有调节的中介效应。

根据温忠麟等提出的检验方法，首先做员工创新行为对不当督导和关系冲突的回归，发现不当督导的回归系数显著（$\beta = -0.307$；$p < 0.001$）；然后做组织认同对不当督导和关系冲突的回归，发现不当督导的回归系数也显著（$\beta = -0.383$；$p < 0.001$）；接着做员工创新行为对不当督导、关系冲突和组织认同的回归，组织认同的回归系数显著（$\beta = 0.241$；$p < 0.001$）；最后，做员工创新行为对不当督导、组织认同、关系冲突以及关系冲突与组织认同乘积的回归，结果显示，关系冲突与组织认同乘积的标准化系数显著（$\beta = -0.206$；$p < 0.001$），这意味着经过组织认同的中介效应受到了关系冲突的负向影响，即有调节的中介效应显著。

第五节　结语

一　研究结论

（一）不当督导会对员工创新行为产生显著负向影响。领导作为

第二章 组织认同与关系冲突视角下不当督导对员工创新行为的影响研究

组织的重要代表，他们所表现出来的嘲笑、辱骂、忽视等不当行为被员工视为一种不尊重，导致员工创新行为减少。这与以往研究结论一致，既验证了不当督导的消极作用，同时也凸显了消减不当督导负面效应的必要性。

（二）组织认同在不当督导与员工创新行为之间发挥着部分中介作用。研究表明，在考虑组织认同中介作用的前提下，虽然不当督导对员工创新行为的影响仍然存在，但是这种直接作用变得较弱。这意味着，领导的不当督导会通过降低员工的组织认同进而阻碍员工的创新表现。这一结论响应了姚艳虹等的号召，探讨了不当督导与员工创新行为之间的中介机制，丰富了相关研究。

（三）关系冲突不仅反向调节组织认同对员工创新行为的影响，而且弱化了组织认同在不当督导与员工创新行为之间的中介效应。研究表明，在关系冲突严重的情况下，组织认同与员工创新行为之间的正向关系变弱，此时不当督导通过影响员工组织认同进而影响员工创新行为这一途径的效应也被减弱。而当关系冲突不严重时，领导不当督导则更可能通过降低员工的组织认同进而减少员工的创新表现。

本研究构建的将个人心理感知及环境因素整合的综合模型，不仅揭示了不当督导如何影响员工创新行为，还探究了在什么情况下这种影响会变得更强或更弱，这对相关后续研究有一定的推动作用。

二 管理启示

（一）鉴于不当督导会对员工创新行为产生消极作用，管理实践中应采取措施尽可能规避该类现象。例如，修订企业的相关制度对领导者的行为举止加以规范，要求领导时刻审视自己的行为是否符合伦理道德，并通过提供"发泄房""交流室"等设备和条件使领导者的压力和不满得以释放，从而避免领导将负面情绪带入工作中；此外，可以通过培训帮助员工维持健康积极的心理状态，在一定程度上降低不当督导对员工的负面影响。

（二）应重视并发挥组织认同对员工创新行为的积极作用。如在成立项目小组或跨职能团队时，可以将组织认同作为团队成员的选聘指标之一，在一定程度上保证团队的创新能力；企业人力资源管理实践中也应将组织认同作为培训与开发的重点，全面推崇员工创新行为的普及。由本研究的结论可知，提升员工组织认同感还可以从领导出发，通过减少敌意行为、提升伦理道德及关怀理念，使员工感受到领导的认可和支持，从而提高员工的组织认同感和创新行为。

（三）鉴于关系冲突的消极影响，管理者应控制好组织中的不和谐关系。虽然关系冲突不可能完全消除，但培养中庸思想可促使员工从多方面思考并接受差异观点，有助于减少员工间的关系冲突。此外，管理者还可以在组织中营造和谐互助的氛围，提供良好的沟通平台，创造相互了解的机会等，这些都将有效缓解关系冲突现象。

三 不足及展望

首先，在探讨不当督导对员工创新行为的影响时，仅研究了组织认同的中介作用，未来研究可同时分析多种心理变量的差异化影响，更全面地探究二者之间的中介机制。其次，关系冲突与不当督导同属于人际关系范畴，因此涉及的领域过窄，后续研究可分析其他领域情境因素的影响。最后，横截面数据具有一定局限性。由于一种现象从影响员工心理到反映到个人行为中具有一定时间效应，因此若采用纵向调查可能更有助于了解变量间的因果关系。

第三章 知识型员工的挑战性—阻碍性压力源对 OCB 的影响研究

第一节 问题提出

日益加剧的竞争现实使企业管理者意识到,现代企业竞争的核心价值是人才的竞争。21 世纪管理工作的核心便是加强对知识型员工行为的管理,提高对知识的运作,进而促进企业的绩效水平。简言之,加强对知识型员工现代化的队伍建设是保持企业核心竞争力的关键所在。

对现代企业中的知识型员工而言,激烈的竞争环境赋予了他们较快的工作节奏,复杂的工作任务,庞大的工作量,以及人际关系、工作责任、工作安全感等多种因素带来的压力问题。而工作压力作为个人与外界环境作用的产物,存在一定特征,且不同的工作压力对个人的工作行为以及组织绩效也存在不同程度的影响。近年来,由于过度的工作压力导致员工"过劳死"事件也屡见不鲜,且呈现出逐年严重的趋态,这类现象大多突发于高管群体、白领阶层、IT 员工等知识型员工的群体中。究其原因,主要是工作任务沉重、工作超时、运动量少、电脑辐射等因素所导致。作为当代亚健康的源头,对知识型员工的压力管理工作已迫在眉睫。

以往关于压力的研究,大多仅探讨其消极的一面。现代学者才逐渐关注起如责任与挑战性任务等方面的压力可能带来的积极影响,已有学者据此二维结构,提出了挑战性—阻碍性压力源的概念,并已得到广泛认可。从知识型员工的角度来看,他们的工作任务通常涉及一定的技术性和专业知识的要求,并于其所在的职位被赋予了较多的责任,所以导致他们对于压力情境具有更高的敏锐度及更为强烈的反应。以高管这类典型的知识型员工群体为例,高报酬也意味着高付出,其所在职位赋予了他们强大的责任压力。从出于对报酬的追求而主动去接受这份工作压力的角度来看,此类压力具有一定积极性的意义。若公司因自身业务发展或规模方面的限制,不能为员工带来职业生涯长远的发展,则会在一定程度上影响到他们的工作激情。因此,从二维压力源的性质分类来看,它们对知识型员工的影响路径确实可能存有差异,这也可能是当前为我国学者们所忽略的一个领域。

关于组织公民行为(OCB)的研究在近些年也成为备受关注的热点话题。已有很多学者发现,员工的一些角色外的利他行为对组织绩效及个人的满意感存在积极显著性影响。同时注意到,现有工作情境使很多有难度的工作难以单独进行,员工之间须团结、配合与沟通才能完成任务,现代企业制度对员工的这种要求会促使员工OCB的产生,这意味着工作压力在一定路径上可促进员工OCB的形成。OCB又是影响当代企业绩效及员工满意感的重要因素,加之现有学者关于此方面的研究相对较少,所以针对此二维结构压力与员工OCB之间的直接或间接影响进行研究存在必要性。

动机是影响当下员工工作积极性的主要因素,其中的成就动机更是侧重于对工作价值实现的追求,使个体对自认为重要的、有价值的事乐意去做。根据知识型员工的角色特性,他们主要体现在具有较高的知识素养,注重工作所带来的成就感,渴望得到他人认同及实现自身价值。从这方面来看,知识型员工自身已呈现出一定程度的成就动机水平。而根据动机理论,个体动机水平的高低往往受到外部环境及内部心理因素的影响,并导致有不同外部行为的表现。本章便是根据现代企业以及员工所体现出的这类基本特性进行的探讨。

本章是探讨知识型员工的挑战性—阻碍性压力源对其OCB的影响,以员工的成就动机为中介变量,其主要研究意义表现如下。

首先,从理论上来看,目前国内关于挑战性—阻碍性压力源的研究大多仅针对绩效、离职倾向等结果变量,与OCB相关的研究较少。

第三章 知识型员工的挑战性—阻碍性压力源对 OCB 的影响研究

其次，以往关于挑战性—阻碍性压力源的研究对象仅针对一般型员工或研发人员、教师等范围较窄的专业性角色的探讨，即使有少数学者对知识型员工的压力源进行研究，但都未从压力的二维结构层面出发，大多只是分析其角色压力方面的影响，因此本章可谓是突破性地将二者进行了综合。最后，本章基于资源保存理论、认知交互理论等理论，结合知识型员工的角色特征，提出了不同于以往的中介变量成就动机，既从通俗的观点上给予很好的解释，又存在众多的文献的支撑，还将从实证角度给予论证。

从实践意义上来看，针对知识型员工的 OCB 研究对现有的大多数企业具有现实性意义。由于知识型员工属于当代企业的关键资源，激烈的竞争现状，赋予了他们较大的工作压力，使得针对该群体心理层面的研究显得尤为重要。俗话说，压力是把双刃剑，控制不好会给企业带来严重损失，而管理得当，即可变压力为动力，不仅能带来绩效的提升，还会形成一种善于管理压力的文化氛围，甚者可发展成为一种特殊的企业核心竞争力资源。一旦本章的研究假设得到证实，在一定程度上可为企业管理者提供参考，并对其日后针对知识型员工的压力管理问题及其 OCB 的培养提供实质性的指导。

第二节 理论基础

一 资源保存理论

资源保存理论是由 Hobfoll（1989）提出的，它主要是描述资源在个人及社会之间交互作用的过程。由此提出基础假设：人们在现实中总是积极、努力地维持、保护和构建所拥有的一些宝贵资源，当该资源在可能遭受损失时会对他们形成一种潜在的威胁。根据 Hobfoll（1989）在研究中对资源概念的界定，即指"个体特征、能量或条件等被个体知觉为存在价值的东西或是获取它们的途径"。这些资源对个体而言不仅满足了他的需求，同时有助于精确地进行自我识别及社会定位。其中，资源又被分成四类：一是物质性资源，主要与个体的社会经济地位相关，也是决定个体抗压能力的主要因素，例如住房、汽车等；二是人格特质，它是影响个体内在的抗压能力的关键因素，例如自尊、自我效能感等；三是条件性资源，它为个体获得关键性资源创造了条件，同时也是影响个体或群体抗压潜能的主要因素，例如朋友或权力；四是能源性资源，主要发挥了协助个体获得其他三类资源的作用，例如时间、金钱或知识。综合看来，比如工作发展机会、社会支持、社会关系、自主性及回报等都可能作为有价值的资源。

　　基于 COR 理论观点，个体所拥有的资源越多，便越不受资源损失的攻击，反之亦然，并据此提出了资源的两个螺旋效应：丧失螺旋与增值螺旋。其中丧失螺旋主要指个体在缺乏资源的状况下，不仅要承受因资源损失所赋予的压力，该压力的产生又会对那些防止资源损失的其他资源产生不良影响，便更加速了资源的损失速度；增值螺旋主要指当人们所拥有的珍稀资源越充足时，会越加速他们对其他资源的获取，进而产生更大的资源增量。由于通常情况下，资源获取螺旋的形成速度比不上资源丧失螺旋，所以个体在缺乏资源的情境下，更容易陷入资源丧失的螺旋中。Hobfoll（1989）由此提出了三大基本推论：（一）资源保护的首要性。即资源越珍贵，对其损耗就越明显，当面临资源损失时，个体会首先采取行动防止资源继续遭受损失。（二）资源获取的次要性。由于多余资源对于人们的重要性比不上对珍贵资源的维持或保护，而且当人们所拥有的资源越多，其可能遭受损失的风险会越低，同时也越有可能创造其他的珍贵资源，所以在通常情况下，人们会努力发掘并积攒资源，以此培育其资源增值螺旋。（三）创造资源盈余。人们会利用空余时间积攒多余资源，可用来抵御因资源损失所产生的影响。现实中人们为了增加资源的存量，在避免丧失螺旋的同时，还要努力培育增值螺旋，这便导致人们更愿意将资源投入那些回报率较高且风险较小的角色行为中。所以通常个体需事先进行认知性评估，以此决定对角色行为的选择。由此可见，COR 理论揭示了有关个人对资源的保存、获取和利用方面的心理动机，主要表现在个体对不同资源处理的动机对其心理及行为等因素会产生影响。换言之，基于资源的损益视角，COR 理论对压力的内容及其影响进行了阐释。

第三章 知识型员工的挑战性—阻碍性压力源对 OCB 的影响研究

基于资源保存理论模型，Hobfoll 从资源损益视角来对压力的产生及耗竭过程进行阐释，并认为个体通过努力可以获得所珍惜的资源。在投入了大量的固定资源，而在工作过程中，面临资源可能遭受损失时，如工作要求或预期回报无法充分得到实现，便会产生工作倦怠或压力感等消极结果，Hobfoll 认为压力的产生是由于个体对工作要求需要付出与精力共同作用下的结果。当然，资源也有助于个体获取防卫性的应付手段，并以此增强其抵御压力的自我效能感。COR 理论起初主要用来对压力进行研究分析，现阶段已延伸至组织行为的研究领域中，成为心理学的新型领域研究的基础理论之一，表现出较高的理论指导力。基于资源的投入与产出不平衡视角，COR 理论对压力相关问题的形成机制进行了解释，使抽象的压力概念定量化。在关于压力不同维度的划分上，提出如工作职责等工作要求因其具有潜在收益，由此可弥补所遭受的资源损失，人们便视此类工作要求为挑战性压力源；而如组织内的官僚程序等工作要求在消耗个体资源的同时，便难以得到相应的补偿，人们便视此类工作要求为阻碍性压力源。资源保存理论对该二维压力源与 OCB 的影响关系进行了合理阐释。譬如面临阻碍性压力源时，根据资源损失的首要性原则，员工自然会出于资源保存动机，从而表现出较少的 OCB；而在挑战性压力源下，亦根据资源获取的重要性原则，为能获得较多资源而主动表现出较多的 OCB。

在 COR 理论中，通常用来预测个人行为及态度的指标是工作需求与工作资源。其中，工作需求的相关因素是导致情绪耗竭等消极情绪产生的主要原因，而工作资源的相关因素发挥了保障个人价值的作用，进而缓解因消极情绪所带来的压力，现有很多学者也是基于该视角来对员工的工作行为或态度等相关问题进行阐释。如李凤莲（2014）在研究时间压力对科研人员创新行为的关系上，基于 COR 理论得出，在研发人员心理资本水平比较高或者在积极的组织创新氛围下，时间压力对研发人员创新行为具有正向影响，相反，则具有负向影响。同样，袁凌等（2012）对员工工作投入的研究也是基于 COR 理论视角，认为工作投入取决于个体工作资源保存行为，并将工作投人资源分为关系资源和个体资源两类，得出工作资源和工作要求通过影响员工的心理状态，进而影响其个体层和组织层的资源投入。工作投入是通过个体层和组织层资源收益促进员工关系资源与个体资源增长，带来资源的螺旋效应。吴昊（2010）基于COR理论视角对社会惰化的动因进行研究，将惰性归结于个体虽然会储存精力来应对突发事件，却无法将组织所需要的精力投入其中，个体的资源保存意识也成为社会惰化难以彻底消除的原因之一。类似的研究还有很多，不一一列举，总之，COR理论是基于资源流动视角对压力的形成过程进行分析，它不仅解释了个体行为的动机，而且对有限资源下的员工行为或决策存在预测作用，有效揭示了员工行为及工作结果的作用机制。

二 认知交互理论

Lazarus和Folkman（1984）的认知交互作用理论已成为当代影响面较广的压力理论之一。基于该理论观点，压力既非个体的特征反应，也非环境刺激的结果，而是环境要求同个体处理该要求间的相互关系，两者间的不均衡是产生压力的主要因素，即将压力的产生归结为环境与个体共同作用的结果。同时，指出该过程是动态循环的，涉及因素有个人、环境、认知评价能力、应对压力的反应结果。具体而言，个体同环境的交互过程是产生压力的基础，其中个体在该过程中所进行的认知评价分析发挥了关键作用。当个体感知到了压力的存在时，便会采取相应的应对策略，进而导致各类压力结果产生。与此同时，该压力结果会返过来再次受到认知评价的影响，如此循环，相互影响、相互制约，具体模型如图3-1所示。

认知交互理论强调了个体的认知评价对于压力形成过程中所发挥的重要作用，并认为压力体验主要来自个体对外界刺激所做出的评价性结果，而非仅仅来自该刺激的影响。Lazarus和Folkman（1984）将个体的认知评价进行区分，具体分为了初级评价、二级评价及再评价三个过程。在初级评价中，个体要判别其所处环境是否同个人的信念、价值观存在重要关系，由此可能引发三种不同评价：首先，

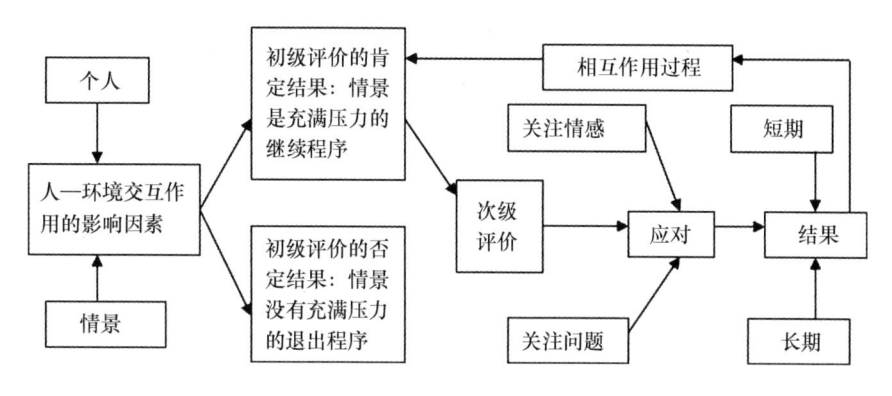

第三章 知识型员工的挑战性—阻碍性压力源对 OCB 的影响研究

图 3-1 认知交互模型

资料来源：引自韶华等（2012）。

若情境对自己有利，便作出有利性评价；其次，若情境同自己不存在重要关系，便作出无关性评价；最后，若情境对自己不利却又存在重要关系时，便作出压力性评价。同时，对该压力性评价的性质层面进行了有害性、威胁性及挑战性三类划分。其中，有害评价一般产生于在已遭受了损害的情境中，而威胁性评价产生于可能受到损害但损害还未出现的情境中，这两类评价都容易导致个体产生不良的情绪反应。相反，挑战性评价通常产生于情境的要求较高，同时被个体知觉为能力应对范围之内的情境中，这类评价将促使个体充满激情地去面对该情境下的挑战，以使日后更加适应压力挑战。对评价的这些分类与挑战性—阻碍性压力源模型的观点基本一致。初级评价后，个体便会进行二级评价，主要是对所拥有的应对资源和可能的应对策略进行分析，分析策略的有效性及自我解决该问题的能力。在此过程中，如果个体感觉到自我能力无法满足情境的需要，便会产生压力结果，如导致其离职率、缺勤率上升及个人满意度下降等负面性组织行为出现。相反，则会产生有利的组织行为表现。由此可见，基于认知交互理论模型，个体的认知评价会对二维压力情境下个体的组织行为产生影响。同时需要注意的是，Lazarus 和 Folkman（1984）提出初级评价与二级评价具有动态性，压力结果或情境信息会引发个体再评价，即进行新一轮的初级评价与二级评价，进而构成一个动态循环的压力系统。

认知交互理论对压力相关性的研究领域具有较大的影响，但也有学者在对该理论的发展进行梳理和分析时，对认知交互理论提出了质疑，指出该理论一味关注个体，却忽视了组织的影响。例如 Woodman 和 Hardy（2001）于研究中指出，若仅仅是关注员工的内部心理过程，而忽略了多数人对压力情境的感受以及所提出的改善意见，则意味着组织心理学家没有尽到他们的社会责任。认知交互理论的关键在于个体的认知评价能力的发挥，而学者从事压力研究的主要目的是为了寻找能够有效缓解压力的方法。因此，如果仅仅是关注个体的心理层面，想通过改变个体使其适应组织压力，即把组织压力问题降到个体层面，将不利于组织进行个体压力的管理工作。尽管如此，该理论仍是当下解释压力相关影响研究的重要理论之一。

三 工作要求—控制模型

工作要求—控制模型（JDC）是由 Karasek（1979）提出来的，主要关注工作中两个至关重要的内容，即工作要求和工作控制，认为这两个维度共同决定了工作压力。其中，工作要求亦指工作负担，如时间压力等因素，会激发个体的工作动机，并使其进入紧张状态。而工作控制又称为决策维度，指个体控制自己工作活动能力的程度，包括有个体决策权（工作情境控制）与技能的判断（运用自身技术和能力的可能性），有助于解决问题策略的形成及压力的释放。作为工作中的两大关键因素：要求会提高个人的紧张感，同时有助于学习能力的提升；控制可缓解该紧张感，同时增加了学习的机会。JDC 模型由于其关注个体与环境间交互作用，故而被学者看成"交互"理论中的一种。

JDC 具体模型如图 3-2 所示，根据工作要求与工作控制两个维度下的组合，可形成四种工作类型：（一）高要求—低控制会导致个体高紧张地工作，引发其较高的压力水平，并且涉及一系列的生理或心理问题。需要注意，与高紧张工作对应的是焦虑、抑郁等消极情绪反应，它们也都是测量幸福感的常用指标。（二）高要求—高控制会

第三章　知识型员工的挑战性—阻碍性压力源对OCB的影响研究

导致个体积极地工作，此时工作动机增强，有利于提高员工工作绩效及满足感，并常伴随着新技能、新行为的学习，以及个人的成长。此时的高要求可视为"有益的压力"。（三）低要求—高控制会导致个体低紧张地工作。（四）低要求—低控制会导致个体消极地工作。如图3-2所示，根据JDC模型显示：沿着那条虚线对角线，即随着要求的增加和控制的减少，低紧张的工作将逐渐转换为高紧张的工作。究其原因，当环境中充满过多挑战，个体会努力保持原有机体的平衡状态，进而会增加机体能量的消耗。此时，自主性水平较低的个体，难以促进能量的恢复，以及有效策略的应用和协调能力的发挥，使紧张状态越发难以得到缓解，因而会引发一系列的心理或生理方面的健康问题。可见该模型对不同压力情境下个体的行为表现进行了合理阐述。

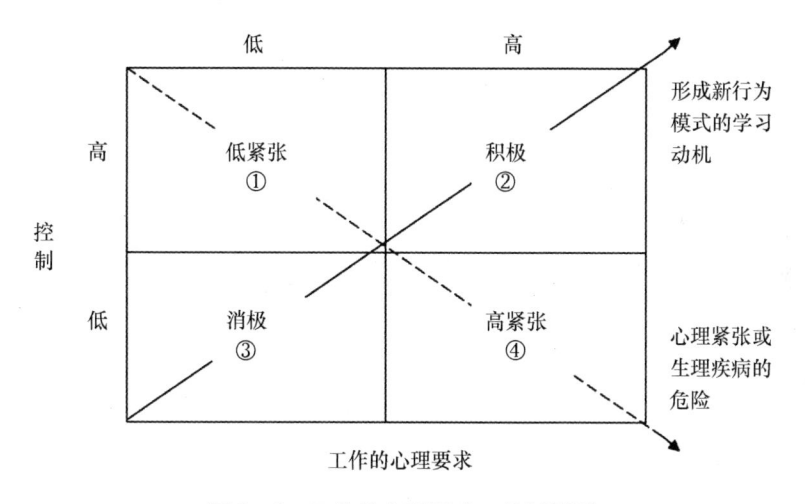

图3-2　工作的心理要求—控制模型

同时根据JDC模型，个体成就动机的特征在个体的机会—威胁认知特征中反映出来，不同动机趋向下的个体会对压力情境产生不同认识，并导致不同的工作态度，进而影响各种利他行为的产生。因此根据该模型的认识，成就动机对OCB亦具有影响。

JDC模型还存在一个重要假设，即控制对要求所引起的负面影响存在缓冲效应，该假设具有重要意义。绝大多数学者都将研究目标放在了要求与控制对其他结果变量的交互效应的分析上，而根据Karasek（1989）的观点，JDC模型的关键并非强调控制的缓冲作用，学者们应当更多地去关注该模型的实践意义，即要求和控制是如何影响紧张和学习效应的。此外，上述模型中所展示的4种工作类型，并非两个变量简单的叠加效应或交互影响所能描述的。关于要求和控制是如何动态变化的，又是如何共同影响其他因变量的，还有待深入探讨。虽然还存在种种不完善之处，但我们不可否认JDC模型所作出的贡献。Karasek通过此模型为我们后续针对工作压力问题的研究提供了一个有效的理论框架，从工作特征角度出发对工作压力做出了独具特色的解释，为企业基于工作再设计层面所进行的压力管理工作提供了理论依据，从工作或职务本身的特征出发研究工作压力问题值得我们进行更深入的思考。

第三节 假设提出及研究模型构建

一 挑战性—阻碍性压力源与OCB的关系

现有的关于压力与OCB关系的研究，所得出的结论还存在较大分歧，既有正向，也有反向，甚至有认为是呈U型的。观点各不一致，归根结底，在于研究者将其关注的重点放在了压力的强度对OCB的影响上。而事实上，在该影响机制中，除了压力强度的作用，压力源的性质也发挥着重要作用，并据此提出了挑战性压力源与阻碍性压力源的概念。以往众多的研究表明，基于压力的本质特性，这两类压力都会使得个体产生紧张、焦虑与压迫感等生理反应，而它们对于员工工作态度或工作行为的影响，也有不少学者进行了相关的探讨。例如，针对该二维压力源对工作满意度、组织承诺、离职倾向、工作投入、情绪枯竭等因素的影响分析中，发现基于挑战性压力源与阻碍性压力源性质不同，它们对员工的心理及行为的影响也存在较大差异。据此，有理由认为这两类压力源对员工的OCB影响也是不同的。

第三章 知识型员工的挑战性—阻碍性压力源对 OCB 的影响研究

具体来看，挑战性压力源作为积极的压力，虽也会对身体机能产生一定的紧张情绪感，但从认知交互理论角度考虑，由于面对挑战性压力源时，员工考虑到未来理想的收益，是有助于自身发展的。于是面对这类压力源时，员工倾向于问题解决导向的应对策略，如调整工作态度或增强自身努力程度，自主地对自身工作产生积极性的评价，进而激发其工作积极性。在努力完成任务，提高工作绩效的同时，会不自觉地表现出种种制度之外的有利行为，如协助同事，工作的主动性增强，责任心提高，忠诚度增加，以及更多服从和参与倾向的表现。介于此，有充足理由认为挑战性压力源会正向影响员工的 OCB。而阻碍性压力源，根据其性质，是对存在于工作中种种不良因素带来的压力的真实反映，如角色冲突、工作的不安全感、角色模糊、官僚程序等负向影响员工工作情绪的行为。可是以往的研究关于阻碍性压力源对 OCB 的影响，很多学者的结论都不一致。有些学者提出来，适当的角色模糊会导致员工为了不被其他成员排斥，也会努力克制自己并表现出合乎要求的 OCB。近些年也有很多学者基于"印象动机"视角所进行的研究，得出在当今激烈的竞争环境下，即使面对再大的工作压力，而成员为了不致被"裁员"，除了做好本职工作以外，也会有目的地向领导与组织展现其 OCB。基于这类观点，阻碍性压力源也可能会表现出一定的正向推动性的影响。综上所述，本研究基于资源保存理论的观点，当面临阻碍性压力源时，根据资源损失的首要性原则，员工自然会出于资源保存动机，从而表现出较少的 OCB；面临挑战性压力源时，员工会基于资源获取的重要性原则，进而主动表现出较多 OCB。基于以上的种种分析，本研究提出以下假设：

H1：挑战性—阻碍性压力对 OCB 有影响作用；

H1a：挑战性压力源对 OCB 有显著的正向作用，即知识型员工感知到的挑战性压力越大，表现出的 OCB 越多；

H1b：阻碍性压力源对 OCB 有显著的负向作用，即知识型员工感知到的阻碍性压力越大，表现出的 OCB 越少。

二 挑战性—阻碍性压力源与成就动机的关系

成就动机作为个体自身所具有的一种相对稳定的特质,主要表现为个体对其所认为较为重要或存在价值的事物努力追求,并以高标准要求自己以获得成功的一种内在驱动力。而根据上述对两类不同压力源的详细区分发现,挑战性压力源虽然会引起一些不良心理反应,可是它又会让员工感知到,压力背后的收益能弥补其所造成的损失,是有助于个体的成长与发展的。通过对以往关于该二维压力源与一些结果变量的机理研究进行的汇总中发现,有不少学者是从个人动机层面展开分析的。如在二维压力与学习的关系研究中,基于认知交互理论,人们一般将挑战性压力源视为积极、可挑战的,因此会投入较多精力,提高学习动力,以此克服压力并取得期望的结果;相反人们将阻碍性压力源视为消极、难以克服的,因此不愿投入过多精力,降低学习动力,进而导致不良行为表现。该结论普适于当前的高校教师群体,基于压力源与工作绩效的元分析,挑战性压力源主要通过增强个体的工作动机来对其工作绩效产生积极影响,相反,阻碍性压力源则会降低该工作动机。显然,高校内从事科研工作的高级知识分子,完全符合本研究知识型员工的角色特征。并经实证证实,人们从事科研工作的动机主要是来自他们的成就动机。可见不同的压力情境对科研人员的成就动机确实存在对应关系。

从成就动机作为个体自身的一种相对稳定的特质的角度来看,个体的成就动机水平越高,便越倾向于从事具有挑战性的工作,且为自己设置高目标,追求工作完成后所带来的成就感。而低成就动机的个体由于害怕失败带来自身资源的损失,为了避免威胁带给自己的风险,即使面临挑战性的工作情境,也会选择回避策略。阻碍性的压力情境导致个体的不安感更加强烈,所以会愈加强化其对工作的不自信,并努力逃避。

就挑战性压力源性质来看,它通常涉及较高目标与较大工作任务量,时间压力大,但任务完成后通常可获得期望性收益作为回报,因此会激发员工不断奋斗的源动力,强化他们的工作成就,进而投入较

第三章 知识型员工的挑战性—阻碍性压力源对 OCB 的影响研究

多精力去完成工作。相反，阻碍性压力源由于对员工的正常工作体验或职业成长存在威胁，消耗个体工作精力的同时，也难以带来理想的回报性收益。例如，工作中资源的匮乏带来工作中的诸多不便，多方努力仍无所获，便会激发其不满情绪，这不仅会削弱个体的工作动力，使其散失信心，甚至会引发不满的情绪状态，可见阻碍性压力源在一定程度上对员工的成就动机存在不良影响。也有研究指出，挑战性工作会提高员工的工作活力，阻碍性工作会降低该活力，其中活力主要指旺盛的工作精力或毅力。虽然分析问题的角度不同，但结论的指向基本一致：挑战性压力源由于会影响个体主动寻求对困难的解决，进而提高其成就动机水平；而阻碍性压力源可能会导致个体消极的工作状态，进而降低其成就动机水平。根据以上分析，提出如下假设：

H2：挑战性—阻碍性压力源对成就动机有影响作用；

H2a：挑战性压力对成就动机有显著的正向作用；

H2b：阻碍性压力对成就动机有显著的负向作用。

三 成就动机与 OCB 的关系

成就动机主要表现为个体努力从事那些自认为较为重要的或具有价值的工作或事物，并追求完美的内部动力。其中追求成功与避免失败作为它的两个维度，是衡量动机水平高低的主要标准。追求成功倾向较为强烈的个体，通常也更渴望获得能够锻炼自我的机会，意向从中获得工作价值、成就感等有利因素，也会更主动完成一些薪酬体系中明确规定的行为。而为了获得更大的影响力或更高的地位，还要突破制度规定以内的行为，即在规定之外下功夫，通过自身努力工作，积极向他人展现自己的种种利他行为，并期望以此获得组织或领导的认可。

基于工作要求—控制模型，个体成就动机的特征会在个体的机会—威胁认知特征中反映出来。对于具有较强意愿取得成功的个体，即使是在处于损失的情境中，依然能够看到机会；相反，处于较强回避失败特征的个体，即使是在可获得收益情况下，依然只会看到其中威胁的因素。换言之，高成就动机组是以较强的获取成功倾向，从而导致对机会的积极认知，低成就动机组是以其对失败规避的驱力，进而强化了个体对威胁的认知。结合 Atkinson（1957）从个人特质层面的分析，追求成功倾向较高员工，多会选择挑战性工作，并且会尽自己最大努力，认真对待工作；即使失败，也不气馁，不轻言放弃；与其他员工之间，存在较多的沟通与请教，所以也更容易获得成功；同事之间，乐于互相帮助，所以会有较多的利他行为表现。而避免失败趋向的员工，对新任务会不选择或仅选择低挑战性的；对拿手的工作熟稔于心之后，又会慢慢失去兴趣；面临失败，又总是将其归因于运气不佳或自我能力不足，进而导致出现玩世不恭的工作态度，也更难以表现出诸如对组织的忠诚、顺从、参与或主动性等利他行为。基于上述分析，提出以下假设：

H3：成就动机对 OCB 有显著的影响作用，且为正向的促进作用。

四 成就动机的中介作用

通过对相关资料的分析可以看出，已有研究表明挑战性—阻碍性压力源与 OCB 之间存在一定的影响关系。又有资料表明挑战性—阻碍性压力源与成就动机之间存在着影响关系，且成就动机又是 OCB 的重要前因变量，因此本文预测挑战性—阻碍性压力源、成就动机和 OCB 三者之间存在着相互影响关系，并进一步推测成就动机在挑战性—阻碍性压力源与 OCB 之间具有中介作用。成就动机作为存在于个体自身的一种特质，体现其对取得成功、获得价值的欲望程度。而根据前述的分析可知，在挑战性—阻碍性压力源对 OCB 存在影响的效应下，该二维压力源对成就动机的两个维度存在不同影响，具体表现为挑战性压力源对追求成功维度具有正向预测作用，对避免失败维度具有负向预测作用，而追求成功与避免失败这两个维度的线性关系体现了个体的成就动机水平，因此得出挑战性压力源对成就动机具有正向影响关系，阻碍性压力源则表现出负向关系。同时，成就动机的追求成功维度对 OCB 可能存在正向预测作用，避免失败维度对 OCB 可能存在负向预测作用，同理得出成就动机对 OCB 的预测方向相同。

第三章 知识型员工的挑战性—阻碍性压力源对OCB的影响研究

结合上述分析,本研究提出成就动机在挑战性—阻碍性压力源与OCB的影响关系中可能存在部分或完全中介效应。又由于阻碍性压力源与挑战性压力源对OCB的影响关系并不相同,因此成就动机的中介效应也可能存在差异。

基于资源保存理论的分析,相对拥有的资源较多的个体来讲,挑战性的压力属于一种激励机制,可提高工作动机,促进满意度,降低离职倾向,而对拥有资源相对较少的员工来说情况是相反的。即面临高水平的挑战性压力源时,成就动机水平高的员工,工作积极性反而得到提高,为努力追求成功,进而以积极的心态及行动处理工作上的事物,带来诸如提高工作满意度、降低离职倾向等一系列OCB表现。相反,即使在相同情况下,成就动机水平较低的员工,通常是由于自信心缺乏,加之恶劣的工作压力情境等原因,自然会造成工作满意度降低、离职倾向加剧、工作自主性下降等低水平的OCB现象产生,基于这些分析,又提出以下假设:

H4:成就动机在挑战性—阻碍性压力源与OCB的关系中有中介作用。

H4a:成就动机在挑战性压力源与OCB的关系中有中介作用。即知识型员工的成就动机越强,其挑战性压力水平就越高,OCB就越容易被激发。

H4b:成就动机在阻碍性压力源与OCB的关系中有中介作用。即知识型员工的成就动机越强,其阻碍性压力水平就越高,OCB就越不容易被激发。

通过上述对各变量间逻辑关系的分析,现将本章对研究假设的汇总展现如表3-1所示。

表3-1 研究假设汇总表

序号	假设关系
H1	挑战性—阻碍性压力源对OCB有影响作用
H1a	挑战性压力源对OCB有显著的正向作用
H1b	阻碍性压力源对OCB有显著的负向作用

续表

序号	假设关系
H2	挑战性—阻碍性压力源对成就动机有影响作用
H2a	挑战性压力源对成就动机有显著的正向作用
H2b	阻碍性压力源对成就动机有显著的负向作用
H3	成就动机对OCB有显著的正向影响作用
H4	成就动机在挑战性—阻碍性压力源与OCB的关系中有中介作用
H4a	成就动机在挑战性压力源与知识型员工OCB的关系中有中介作用
H4b	成就动机在阻碍性压力源与知识型员工OCB的关系中有中介作用

五 概念模型的构建

基于已有研究发现，挑战性—阻碍性压力源作为压力不同性质的划分，对员工的心理及行为具有深远影响。基于认知交互理论的观点，压力的影响过程受到个体认知评价的影响，对压力情境的主观认知一定程度上会影响其动机水平。结合研究对象知识型员工的角色特征，该群体的动机水平更多表现为成就动机层面。同时，根据成就目标理论，个体对目标任务认识上的差异，会影响其动机水平，进而对其行为表现也会产生影响。其中OCB是反映现代员工积极工作的重要指标，对员工的行为表现具有较强预测价值。因此本章引入了成就动机变量，并试图探讨它在挑战性—阻碍性压力源与OCB之间的中介效应。根据上述的研究分析与假设，构建本章的理论模型如图3-3所示。

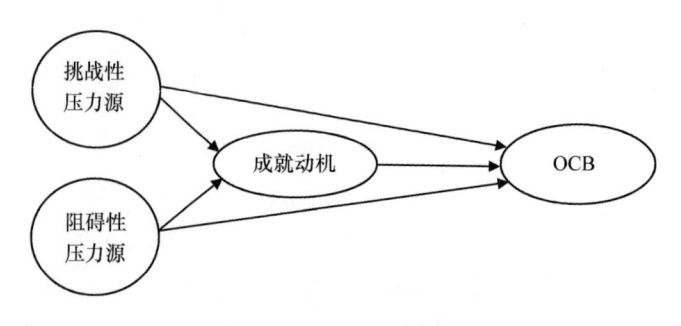

图3-3 概念模型构建图

第三章　知识型员工的挑战性—阻碍性压力源对 OCB 的影响研究

第四节　实证分析

一　问卷设计

为了能够进一步检验假设及修正模型，本研究将通过问卷调查的形式来收集相关数据并进行实证分析。科学合理的问卷是作为检验、完善研究假设的基础，是本研究中的重要环节。因此，根据研究的目的以及研究的需要，在梳理大量国内外相关文献的基础上，选择那些经过实证检验，并被证明具有良好信效度的国内外成熟量表，我们据此设计出符合本研究需要的调查问卷。本次问卷分成了两大块，包括被调查者的个人背景资料和具体要测量的各变量的量表。

本研究的个人背景统计变量包括了年龄、性别、教育程度、工作年限、职务及所属公司性质，共 6 个题项。为了能够科学地测出各类知识型员工在压力源、成就动机与 OCB 方面的真实情况，在参考相关专家的建议后，对调查对象的个人统计变量进行了划分，如表 3-2 所示。

表 3-2　　　　　　　　个人背景资料统计表

统计变量	属性类别
性别	（1）男；（2）女
年龄	（1）25 岁以下；（2）26—30；（3）31—35；（4）36—40；（5）40 以上
教育程度	（1）高中及以下；（2）大专；（3）本科；（4）硕士及以上
职务	（1）一般员工；（2）一般行政人员；（3）专业技术人员；（4）中高层管理；（5）其他
本单位工作年限	（1）1 年以下；（2）2—5 年；（3）6—10 年；（4）10 年以上
所在公司性质	（1）民营企业；（2）国有企业；（3）外资或合资企业；（4）其他

（一）挑战性—阻碍性压力源量表

由于本研究采用的是 Cavanaug（2000）关于挑战性—阻碍性压力

源研究中的观点,其在提出了压力源存在二维维度的同时,也开发了相应的结构量表,并广泛为后来研究者所使用,且在众多的研究中表现出了较好的信效度。如刘得格曾对该量表进行了翻译与研究,得出该挑战性压力源的同质信度系数为0.918,阻碍性压力源为0.824。故而本研究借鉴了Cavanaug(2000)的初始量表,共包含11个指标,其中有6个挑战性压力指标,例如"限定的时间内需完成的工作总量",以及5个阻碍性压力指标,例如"工作缺乏安全感"。量表采用Likert五点计分法,其中,不会带来很大压力为1分,不会带来压力为2分,不确定为3分,会带来压力为4分,会带来很大压力为5分。

(二)成就动机量表

本研究所使用的成就动机量表是由挪威心理学家Nygrd和Gjesme(1970)编制的,并由我国研究者叶仁敏及挪威研究者Tegtvet于1998年根据大学生及中学生样本进行修订而来。本量表共包含30道题项,根据阿特金森的研究结论,由于成就动机的追求成功与避免失败的两种特性同时存在于个体之中,且在任务情境下同时起着作用,其相互间的强弱将决定个体对任务的不同选择。故本研究量表亦对追求成功与避免失败部分分别进行测定,每部分含有15道题项。量表采用Likert五点计分法进行测定,其中,完全不符合为1分,完全符合为5分,分别测定追求成功动机的得分与避免失败的得分,成就动机的最终得分即为前者减去后者。其具体结果可分为三类:若相减后得分结果大于零,则代表成就动机较强;若结果等于零,则代表成就动机呈中等水平;若结果小于零,则意味着成就动机水平较弱。综合来看,本量表是将个人的成就动机水平与该得分结果联系在一起,即相减后所得结果的得分越高即代表成就动机越强。

(三)OCB量表

本研究采用的OCB量表是由樊景立(1997)针对我国文化背景下员工的行为进行研究时所编制的。樊景立教授通过对不同领域内的管理者进行测试,从中得出了OCB的五个维度模型,即认同组织、

第三章 知识型员工的挑战性—阻碍性压力源对 OCB 的影响研究

协助同事、不生事争利、保护公司资源及敬业精神,其条项分布分别为 4、4、4、3、5,共包括了 20 项。其五个维度的内部一致性系数(Cronbach's)依次为:0.87、0.87、0.82、0.86 和 0.81。本量表采用 Likert 五点计分法,其中,非常不同意为 1 分、不同意为 2 分、不确定为 3 分、同意为 4 分、非常同意为 5 分。对涉及的反向题项,采用反向计分方式进行处理。

二 样本的选取与特征分布

根据研究进度的安排,本研究于 2015 年 8 月和 9 月两个月的时间进行了问卷的发放与收集工作。本次调研形式采取的是电子版和纸质版两种同时进行的形式。本次调研对象主要针对笔者熟知并经估测大致符合知识型员工特征要求的群体进行,主要包括一些同学、亲朋好友,以及当地的一些企事业单位(经过初步分析,这些资源大多数是本科以上学历,工作于各类企事业单位,基本上都符合知识型员工角色特征的要求)。关于电子版问卷发放的形式,主要通过微信、QQ、微博向好友发送链接的形式进行,并辅以朋友圈、QQ 空间、微博分享的形式对有意向参与填写问卷的好友进行推广。纸质版发放的形式主要是面向安徽当地的一些企业单位,比如银行、保险公司、学校、规划建筑设计院等多家单位,通过朋友引荐的方式在空闲时间向单位员工进行问卷发放与回收。先后发放问卷 321 份,其中电子版 253 份、纸质版 68 份,根据作者主观感觉,认为电子档中答题时间少于 150s 则超出常规答题速度,故而将电子档中 18 份显示答题时间少于 150s 的问卷视为无效问卷。最后得到符合要求的问卷总数 302 份,有效问卷占比为 94.1%,这样搜集来的研究样本基本符合本研究的需要。从数据收集的来源来看,主要通过微信和直接访问的方式,收集问卷总数 321 份,其中有效网络问卷 235 份,占填写问卷的百分比为 73.2%;直接访问填写问卷数为 67 份,占填写问卷的百分比为 20.9%。从表 3-3 可以看出受调查者的整体分布情况:

表3-3 受调查者样本统计

样本统计变量	具体类别	样本数（人）	百分比（%）
性别	男	147	48.7
	女	155	51.3
年龄	25岁以下	81	26.8
	26—30	156	51.7
	31—35	33	10.9
	36—40	19	6.3
	40岁以上	13	4.3
受教育程度	高中及以下	6	2.0
	大专	65	21.5
	本科	158	52.3
	硕士	73	24.2
职务	一般员工	117	38.7
	一般行政人员	49	16.2
	专业技术人员	53	17.5
	中高层管理人员	34	11.3
	其他	49	16.2
本单位工作年限	1年及以下	91	30.1
	1—5年	171	56.6
	6—10年	22	7.3
	10年以上	18	6.0
所在公司性质	民营/私营企业	124	41.1
	国有企业	85	28.1
	外资/中外合资企业	39	12.9
	其他	54	17.9

从统计结果来看，女性比例略高，达到了51.3%，男性为48.7%。在受教育程度中，本科学历占了主要比例，达到52.3%，其次是硕士和大专人数，比例分别达到了24.2%和21.5%。调查对象的职务分布较为广泛，其中比例最高的为一般员工，达到38.7%，

第三章 知识型员工的挑战性—阻碍性压力源对 OCB 的影响研究

其他四个职务种类较为平均，均为 15% 左右。本单位工作年限在 1—5 年之间的人群分布较多，达到了 56.6%，其次为 1 年及以下，比例达到 30.1%，剩下 6—10 年及 10 年以上人群较少。所在公司的性质中，民营企业工作人群所占比重较大，达到了 41.1%，其次为国有企业，达到了 28.1%，外资及其他企业受调查对象分布较少。综上可见，这些调查信息与知识型员工的角色特征较为符合，也由此推测出，本次调研所得到的数据在一定程度上是有效的。

三 量表的信度和效度检验

信度，即指量表的可靠性程度，是通过对量表中某一构念的多次测量反映其结果的无偏差或一致性的程度。该测量指标主要由 Cronbach's α 系数来反映。通常，Cronbach's α 指标值越高，表明所检测的内容稳定性越好，依据有关测量要求，一般认为 α 值在 0.6 以上是可以接受的，小于 0.6 则认为该测量结果的可靠性较低。

表 3-4　　　　　　　　　　信度检验

因子	Cronbach's α	项数
挑战性压力源	0.764	6
阻碍性压力源	0.708	5
成就动机	0.615	30
OCB	0.662	20

从表 3-4 的测量结果中，可以看出各量表的信度都在 0.6 以上，说明各量表均具有一定的可信度，因此可对这些量表做进一步分析。

效度，即指量表的有效性程度，是反映所选测量工具对预测目标进行测量的准确程度。该测量过程通常采用因子分析法来进行验证，具体又分为探索性因子分析与验证性因子分析两步。其中探索性因子分析主要是对所测变量进行降维处理，以及得到所提取因子对变量的解释度，这主要通过对调查数据进行 KMO 和 Bartlett 检验，一般要求 KMO 值大于 0.5，Bartlett 检验的显著性水平小于 0.05。其次，在满足上述条件的基础上还需进行验证性因子分析，根据其拟合度的检验参数进行评估。一般要求χ^2/df的值小于5，RMSEA的数值小于0.1，NFI、CFI、IFI值大于0.9即可，并据此来判断量表的拟合程度。由于探索性因子分析与验证性因子分析需分别进行调研，而通常于现实中，我们的数据是一次性收集完成的，所以本研究将所获取的数据进行编号，运用SPSS 18.0对该编号为奇数项下的各量表中的数据进行统计性分析与探索性因子分析，另外用AMOS 21.0对编号为偶数项的量表数据做进一步的验证性因子分析，来检验其各项拟合指标情况。

表3-5　　　　　　　　OCB验证性因子分析结果

拟合指标	χ^2/df	RMSEA	CFI	NFI	IFI
结果	3.667	0.092	0.974	0.951	0.911

四　数据分析

本研究通过对挑战性—阻碍性压力源、成就动机、OCB的变量进行描述性统计，了解变量总体概况，从而能够更好地对各量表进行分析，我们主要从变量的均值、标准差、最大值和最小值等方面进行观察。

根据调研得到的挑战性压力源、阻碍性压力源、成就动机以及OCB所作出的统计描述如表3-6所示。

表3-6　　　　　　　　　　统计描述

变量	最小值	最大值	均值	标准差
挑战性压力源	1.00	5.00	3.3013	0.80045
阻碍性压力源	1.00	5.00	2.8974	0.84157
成就动机预测题项	-2.80	4.00	0.3554	1.00290
追求成功	1.27	5.00	3.3614	0.59031
避免失败	1.00	4.47	3.0060	0.57583
OCB	2.25	4.10	3.3295	0.27910

第三章 知识型员工的挑战性—阻碍性压力源对 OCB 的影响研究

本次各变量的量表均采用李克特 5 点计分法来评价各指标。从统计描述来看，挑战性压力源和阻碍性压力源均值分别为 3.3013 和 2.8974，说明大部分知识型员工普遍都存在于较高的压力情境下，尤其是挑战性压力水平更为突出。同时，由于成就动机包含有追求成功的动机与避免失败的动机两个维度，本次描述性统计过程中分别对其进行了测量，得出追求成功的动机均值为 3.3614，避免失败的动机均值为 3.0060，最终的成就动机水平的均值为 0.3554，根据 Ms - Maf > 0 即意味着成就动机强的定义，可见本次调研的知识型员工普遍存在有一定的成就动机水平。最后，我们得到 OCB 均值为 3.3295，其相对总体水平较高。所以，从本次调研的总体上来看，知识型员工的挑战性压力源和 OCB 认同程度较高。

由于不同的性别、年龄、受教育程度、单位性质、本单位工作年限、职位可能会影响个人的 OCB 表现，为了进一步明确不同个人特征对于员工 OCB 的影响，本研究进行了差异性检验。

独立样本 t 检验一般用来反映可被分为两组的控制变量于不同分组下对因变量产生影响的差异性检验，其中，单因素方差分析则是用来反映可被分为三组或三组以上的控制变量的情形。因此，本研究对于性别采用独立样本的 t 检验，而对年龄、受教育程度、单位性质、本单位工作年限、职位采用单因素方差分析。具体如下：

（一）基于性别差异的独立样本 t 检验

如表 3 - 7 所示，本研究通过对不同性别的员工进行独立样本 t 检验，得到，Sig. 值为 0.6560，说明不同性别员工之间不存在显著差异。

表 3 - 7　　　　　　　　基于不同性别的差异性检验

性别	均值	标准差	t 值	Sig.
男	3.3221	0.30012	-0.4457	0.6560
女	3.3365	0.25839		

(二）基于年龄差异的单因素方差分析

表3-8　　　　　　基于不同年龄的差异性检验

年龄（岁）	年龄（岁）	均值差（I-J）
≤25	26—30	0.06423
	31—35	0.05645
	36—40	-0.06611
	≥41	-0.22583*
26—30	≤25	-0.06423
	31—35	-0.00778
	36—40	-0.13035
	≥41	-0.29006*
31—35	≤25	-0.05645
	26—30	0.00778
	36—40	-0.12257
	≥41	-0.28228*
36—40	≤25	0.06611
	26—30	0.13035
	31—35	0.12257
	≥41	-0.15972
≥41	≤25	0.22583*
	26—30	0.29006*
	31—35	0.28228*
	36—40	0.15972

注：*表示$p<0.05$。

从表3-8中的统计结果来看，不同年龄段员工的OCB存在一定的差异，25岁及以下、26—30岁、31—35岁这三类人群和40岁以上员工的OCB之间存在着较为显著的差异，因此年龄因素会对员工的OCB产生影响。

第三章 知识型员工的挑战性—阻碍性压力源对OCB的影响研究

(三) 基于受教育程度差异的单因素方差分析

表3-9　　　　　　基于不同受教育程度的差异性检验

受教育程度	受教育程度	均值差 (I-J)
高中及以下	大专	-0.17038
	本科	-0.20918
	硕士及以上	-0.24144*
大专	高中及以下	0.17038
	本科	-0.03879
	硕士及以上	-0.07105
本科	高中及以下	0.20918
	大专	0.03879
	硕士及以上	-0.03226
硕士及以上	高中及以下	0.24144*
	大专	0.07105
	本科	0.03226

注：*表示$p<0.05$。

从表3-9中可以看出，不同受教育程度的员工的OCB总体差异不大，其主要差异体现在高中及以下和硕士及以上，这两极受教育程度之间的OCB存在着显著差异，而其他受教育程度之间并不存在显著差异。

(四) 基于职务差异的单因素方差分析

表3-10　　　　　　基于不同职务的差异性检验

职务	职务	均值差 (I-J)
一般员工	一般行政人员	-0.10626*
	专业技术人员	-0.04779
	中高层管理人员	-0.24696*
	其他	-0.12361*

续表

职务	职务	均值差（I-J）
一般行政人员	一般员工	0.10626*
	专业技术人员	0.05847
	中高层管理人员	-0.14070*
	其他	-0.01735
专业技术人员	一般员工	0.04779
	一般行政人员	-0.05847
	中高层管理人员	-0.19917*
	其他	-0.07582
中高层管理人员	一般员工	0.24696*
	一般行政人员	0.14070*
	专业技术人员	0.19917*
	其他	0.12335*
其他	一般员工	0.12361*
	一般行政人员	0.01735
	专业技术人员	0.07582
	中高层管理人员	-0.12335*

注：*表示 $p<0.05$。

从表3-10中可以看出，不同职务差异的员工的OCB总体差异较为显著，除了专业技术人员和一般员工、一般行政人员、其他职务之间的OCB差异不显著以外，其余均存在较为显著的差异。

（五）基于本单位工作年限的单因素方差分析

表3-11　　　　　基于不同工作年限的差异性检验

工作年限	工作年限	均值差（I-J）
1年及以下	1—5年	-0.01164
	6—10年	-0.00994
	10年以上	-0.23342*

第三章 知识型员工的挑战性—阻碍性压力源对 OCB 的影响研究

续表

工作年限	工作年限	均值差（I-J）
1—5 年	1 年及以下	0.01164
	6—10 年	0.00170
	10 年以上	-0.22178*
6—10 年	1 年及以下	0.00994
	1—5 年	-0.00170
	10 年以上	-0.22348*
10 年以上	1 年及以下	0.23342*
	1—5 年	0.22178*
	6—10 年	0.22348*

注：*表示 $p<0.05$。

表3-11显示，不同工作年限之间的差异普遍不显著，而10年以上和其余年限员工的OCB之间存在显著差异，说明较长工作年限对员工的OCB会产生影响。

（六）基于所在公司性质的单因素方差分析

表3-12显示，不同企业性质的员工的OCB之间没有显著差异，从统计结果来看，外资/中外合资企业和其他企业间有较为显著的差异外，其余不同性质的企业的员工的OCB之间差异并不显著。说明企业性质对员工的OCB影响并不显著。

表3-12　　　　　基于不同企业性质的差异性检验

企业性质	企业性质	均值差（I-J）
民营/私营企业	国有企业	-0.03095
	外资/中外合资企业	-0.06460
	其他	0.05684
国有企业	民营/私营企业	0.03095
	外资/中外合资企业	-0.03365
	其他	0.08779

续表

企业性质	企业性质	均值差（I-J）
外资/中外合资企业	民营/私营企业	0.06460
	国有企业	0.03365
	其他	0.12144*
其他	民营/私营企业	-0.05684
	国有企业	-0.08779
	外资/中外合资企业	-0.12144*

注：*表示 $p<0.05$。

相关性检验主要研究各变量之间的依存关系，并对存在依存关系的变量讨论其影响的程度和方向。皮尔森相关系数也叫皮尔森积差相关系数，是反映两变量之间相似程度的指标。本研究通过使用 SPSS 18.0 软件进行皮尔森相关性检验，检验结果如表 3-13 所示。

表 3-13 相关性分析

变量		挑战性压力源	阻碍性压力源	成就动机	OCB
挑战性压力源	Pearson 相关性	1	0.141*	0.238**	0.231**
	显著性（双侧）		0.014	0.000	0.000
阻碍性压力源	Pearson 相关性	0.141*	1	-0.456**	-0.222**
	显著性（双侧）	0.014		0.000	0.000
成就动机	Pearson 相关性	0.238**	-0.456**	1	0.537**
	显著性（双侧）	0.000	0.000		0.000
OCB	Pearson 相关性	0.231**	-0.222**	0.537**	1
	显著性（双侧）	0.000	0.000	0.000	

注：*表示 $p<0.05$，**表示 $p<0.01$，***表示 $p<0.001$，下同。

从表 3-13 中可以看出，首先，挑战性压力源与阻碍性压力源之间存在显著正相关关系，相关系数为 0.141，达到 0.05 显著水平。挑战性压力源与成就动机的相关系数为 0.238，达到 0.01 显著水平，即两者之间存在显著的正相关关系。而阻碍性压力源与成就动机的相关

第三章 知识型员工的挑战性—阻碍性压力源对 OCB 的影响研究

系数为 -0.456,达到 0.01 显著水平,即两者之间存在显著的负相关关系。

其次,挑战性压力源与 OCB 之间关系密切,存在显著相关性,相关系数为 0.231,并且达到 0.01 的显著水平,而阻碍性压力源与 OCB 之间也存在有显著相关性,相关系数为 -0.222,同样达到 0.01 的显著水平。这表明挑战性压力源与 OCB 之间存在正相关关系,而阻碍性压力源与 OCB 之间存在负相关关系。

最后,成就动机与 OCB 之间的相关系数为 0.537,并且为 0.01 水平显著相关,表明了成就动机与 OCB 间存在正相关关系。

本研究在差异性检验以及相关性检验以后,运用回归分析的方法关于各项因素对 OCB 的影响进行综合分析。本节采用 SPSS 18.0 软件进行回归分析,做下一步假设检验,具体如下:

(一)挑战性—阻碍性压力源对 OCB 的回归分析

关于挑战性—阻碍性压力源对 OCB 的影响,本研究将挑战性压力源以及阻碍性压力源作为自变量,OCB 作为因变量,导入样本数据,并进一步做线性回归分析。本次回归主要构建了三个模型:

模型 1 中,主要只放入了控制变量,即员工的个人因素,以 OCB 得分的平均值为因变量,做各类控制变量对知识型员工 OCB 上的回归分析。

模型 2 中,在模型 1 的控制变量的基础上增加了自变量:挑战性压力源,以 OCB 得分的平均值为因变量,做回归分析。

模型 3 中,在模型 1 的控制变量的基础上增加了自变量:阻碍性压力源,以 OCB 得分的平均值为因变量,做回归分析。

将三个模型所得到的结果进行整理,如表 3-14 所示。

表 3-14　　　挑战性—阻碍性压力源对 OCB 回归分析

变量	OCB		
	模型 1	模型 2	模型 3
控制变量			
性别	0.047	0.045	0.043

续表

变量	OCB		
	模型 1	模型 2	模型 3
年龄	-0.002	-0.009	-0.008
受教育程度	0.076***	0.062***	0.073***
职务	0.037***	0.036***	0.028**
本单位工作年限	0.063**	0.059**	0.064**
所在公司性质	-0.027	-0.021	-0.03*
挑战性压力源		0.062***	
阻碍性压力源			-0.052***
R^2	0.097	0.126	0.118
调整 R^2	0.079	0.105	0.097

从回归结果来看，控制变量方面，受教育程度、职务、本单位工作年限均对 OCB 产生较为显著的影响，并且系数为正，说明随着受教育程度、职务的提升以及工作年限的增加，OCB 均会随之升高。相比较而言，所在公司性质及个人的年龄、性别对于其 OCB 的影响并不显著。

模型 2 中，自变量挑战性压力源对该整个模型的解释度为 12.6%，回归系数 β 值为 0.062，达到 0.01 的显著水平。这说明随着挑战性压力源上升，OCB 会随之提升，两者之间存在显著的正相关性，假设 H1a 成立。

模型 3 中，自变量阻碍性压力源解释了该模型 11.8% 的变异程度，回归系数 β 值为 -0.052，且达到 0.01 的显著性水平。这说明随着阻碍性压力源上升，OCB 会随之降低，两者之间存在显著的负相关性，假设 H1b 成立。

（二）挑战性—阻碍性压力源对成就动机的回归分析

关于挑战性—阻碍性压力源对成就动机的影响，主要构建了三个模型：

模型 1 中，主要只放入了控制变量，即员工的个人因素，以成就动机得分的平均值为因变量，做各类控制变量在成就动机上回归分析。

模型 2 中，在模型 1 的控制变量的基础上增加了自变量：挑战性压力源，以成就动机得分的平均值为因变量，做回归分析。

模型 3 中，在模型 1 的控制变量的基础上增加了自变量：阻碍性压力源，以成就动机得分的平均值为因变量，做回归分析。

将三个模型所得到的结果进行整理，如表 3-15 所示。

表 3-15　　挑战性—阻碍性压力源对成就动机回归分析

变量	成就动机		
	模型 1	模型 2	模型 3
控制变量			
性别	0.059	0.054	0.024
年龄	0.062	0.036	0.004
受教育程度	0.292***	0.241***	0.262***
职务	0.171***	0.167***	0.089**
本单位工作年限	0.138	0.122	0.141
所在公司性质	-0.060	-0.036	-0.079
挑战性压力源		0.222***	
阻碍性压力源			-0.472*
R^2	0.127	0.157	0.325
调整 R^2	0.110	0.137	0.307

从回归结果来看，控制变量方面，受教育程度和个人职务在 0.01 显著水平上对成就动机产生正向影响，说明随着个人教育程度的提高及在本单位职务的提升，个人的成就动机水平均会随之升高。相比较而言，所在公司性质、本单位工作年限及其年龄、性别对于个人的成就动机水平影响并不显著。

模型 2 中，从回归的效果上来看，自变量挑战性压力源对整个模型变量的解释度为 15.7%，回归系数 β 值为 0.222，达到了 0.01 的显著水平，说明随着挑战性压力源上升，成就动机会随之提升，两者之间存在显著的正相关性,即假设 H2a 成立。

模型 3 中,同样从回归效果上来看,自变量阻碍性压力源解释了成就动机 32.5% 的变异,回归系数 β 为 -0.472,达到 0.1 显著水平。这说明随着阻碍性压力源上升,成就动机水平会随之下降,两者之间存在负相关性。所以,假设 H2b 成立。

(三)成就动机对于 OCB 的回归分析

关于成就动机对 OCB 的影响,构建了两个模型:

模型 1 中,主要只放入了控制变量,即员工的个人因素作为自变量,以 OCB 得分的平均值为因变量,做回归分析。

模型 2 中,在模型 1 的控制变量的基础上增加了自变量:成就动机,以 OCB 得分的平均值为因变量,做回归分析。

表 3-16 成就动机对 OCB 回归分析

变量	OCB	
	模型 1	模型 2
控制变量		
性别	0.047	0.039
年龄	-0.002	-0.010
受教育程度	0.076***	0.036*
职务	0.037***	0.014
本单位工作年限	0.063**	0.044*
所在公司性质	-0.027*	-0.019
自变量		
成就动机		0.138***
R^2	0.097	0.310
调整 R^2	0.079	0.294

从表 3-16 中的回归结果来看,控制变量方面,受教育程度、职务在 0.01 显著水平上对 OCB 产生正向影响,本单位工作年限在 0.05 显著水平上对 OCB 产生正向影响,这说明随着受教育程度、职务的

第三章 知识型员工的挑战性—阻碍性压力源对 OCB 的影响研究

提升以及工作年限增加，OCB 均会随之升高。

模型 2 中，从回归的效果上来看，自变量成就动机对该模型变量的解释为 31.0%，回归系数 β 值为 0.138，达到 0.01 显著水平。这说明随着成就动机上升，OCB 会随之提升，两者之间存在显著的正相关性。所以，假设 H3 得到验证。

所谓的中介效应，是指变量之间的影响并非通过直接的影响作用，而是通过一个或以上间接变量的影响作用产生的，并称该间接变量为中介变量。本章同样通过建立模型，做回归分析，来分别检验成就动机在挑战性—阻碍性压力源与 OCB 之间的中介效应。

1. 成就动机在挑战性压力源与 OCB 之间的中介作用

对于成就动机在挑战压力下的中介作用，主要构建了三个模型：

模型 1 中，放入了控制变量以及解释变量挑战性压力源，以 OCB 得分的平均值为因变量，做回归分析。

模型 2 中，在模型 1 的控制变量的基础上，以成就动机得分的平均值为因变量，做回归分析。

模型 3 中，在模型 1 的控制变量的基础上增加了中介变量：成就动机，以 OCB 得分的平均值为因变量，做回归分析。

将三个模型所得到的结果进行整理，如表 3-17 所示。

表 3-17　　成就动机在挑战压力下的中介回归分析

变量	模型 1 OCB	模型 2 成就动机	模型 3 OCB
控制变量			
性别	0.045	0.054	0.038
年龄	-0.009	0.036	-0.014
受教育程度	0.062***	0.241***	0.030
职务	0.036***	0.167***	0.014
本单位工作年限	0.059**	0.122	0.043
所在公司性质	-0.021	-0.036	-0.016

续表

变量	模型 1 OCB	模型 2 成就动机	模型 3 OCB
自变量			
挑战性压力源	0.062***	0.222***	0.032*
中介变量			
成就动机			0.133***
R^2	0.126	0.157	0.318
调整 R^2	0.105	0.137	0.299

从回归结果来看，在控制变量方面及解释变量挑战性压力源下，受教育程度、职务、本单位工作年限均对 OCB 产生较为显著正向的影响，同时发现，员工的受教育程度和职务对他们的成就动机也产生了较为显著的正向影响。

比较三个模型来看，模型 1 中，自变量对 OCB 的回归系数为 0.062，为 0.01 的水平上显著。表明自变量挑战性压力源能够解释 OCB 的变化。模型 2 中，自变量对成就动机的回归系数为 0.222，为 0.01 水平上显著，表明自变量能显著地解释成就动机的变化。最后，我们在模型 3 中同时引入自变量挑战性压力源、中介变量成就动机，将其放入回归方程中来解释 OCB 的变化，发现回归系数为 0.032，为 0.1 水平上显著，并且模型 3 中，挑战性压力源的回归系数要小于模型 1 中的系数值，说明成就动机在关于挑战性压力源对 OCB 的影响上存在部分的中介作用，假设 H4a 得到验证。

2. 成就动机在阻碍压力下的中介作用

对于成就动机在挑战压力下的中介作用，主要构建了三个模型：

模型 1 中，放入了控制变量以及解释变量阻碍性压力源，以 OCB 得分的平均值为因变量，做回归分析。

模型 2 中，在模型 1 的控制变量的基础上，以成就动机得分的平均值为因变量，做回归分析。

模型 3 中，在模型 1 的控制变量的基础上增加了中介变量：成就

第三章 知识型员工的挑战性—阻碍性压力源对 OCB 的影响研究

动机,以 OCB 得分的平均值为因变量,做回归分析。

将三个模型所得到的结果进行整理,如表 3-18 所示。

表 3-18　　成就动机在阻碍压力下的中介作用的回归分析

变量	模型 1	模型 2	模型 3
	OCB	成就动机	OCB
控制变量			
性别	0.043	0.024	0.039
年龄	-0.008	0.004	-0.009
受教育程度	0.073***	0.262***	0.036*
职务	0.028**	0.089	0.015
本单位工作年限	0.064**	0.141	0.044
所在公司性质	-0.030**	-0.079*	-0.018
自变量			
阻碍性压力源	-0.052***	-0.472***	0.015
中介变量			
成就动机			0.143***
R^2	0.118	0.261	0.312
调整 R^2	0.107	0.234	0.293

从表 3-18 中的回归结果来看,首先,在控制变量及解释变量阻碍性压力源下,知识型员工的受教育程度、职务、本单位工作年限均对其 OCB 产生显著的正向影响。同时,所在公司的性质在本模型中同样对 OCB 产生显著的影响。其次,员工的受教育程度和所在公司性质对其成就动机水平也存在显著性的影响关系。

比较三个模型来看,模型 1 中,知识型员工的阻碍性压力源对其 OCB 回归系数为 -0.052,在 0.01 水平上显著,表明自变量阻碍性压力源能够解释 OCB 的变化。模型 2 中,阻碍性压力源在 0.05 显著程度下会对成就动机产生显著影响,其回归系数为 -0.472,表明阻碍性压力源对成就动机有负向的显著性作用。然而,模型 3 相比于模型 1,在增加了成就动机这个中介变量后,发现员工的成就动机对其

OCB 也表现出 0.01 水平上的正向影响关系，其回归系数为 0.143，并且发现此时阻碍性压力源对 OCB 并未表现出显著性的影响关系。即可认为，知识型员工的成就动机在阻碍性压力源与 OCB 之间发挥了完全中介效用，即假设 H4b 得到验证。

第五节 研究结论及未来研究展望

一 研究结论

本次研究主题的选取主要源于笔者对员工压力管理问题的思考进行的。在参考了众多国内外文献的基础上，提出了知识型员工的挑战性—阻碍性压力源与 OCB 之间可能存在某种影响机制。本次研究的调查对象为分布于安徽、广西等多个地区的企业单位的员工，并以问卷调查的形式进行，通过对收集来的样本数据做科学的实证分析，将所得结论展现如下：

（一）通过差异性检验可知，首先，企业性质及性别的差异对知识型员工的 OCB 影响并不明显；而年龄因素对其 OCB 会产生影响，尤其是 40 岁以上的员工相比其他各年龄段存在明显差异；受教育程度方面，主要体现在硕士及以上与高中及以下的知识型员工差异性较为明显；其次，工作年限方面，主要体现在 10 年及以上与其他工作年限的员工存在显著的差异；最后，不同职位对员工的 OCB 的影响最为显著，主要体现在中高层管理人员与其他类型的知识型员工的行为差异方面。

（二）通过对样本对象所表现出的压力进行因子分析可知，该群体的工作压力按两个维度的标准划分具有鲜明的可行性。根据其性质及内容不同，具体可被分为挑战性压力源与阻碍性压力源两类。

（三）挑战性—阻碍性压力源对知识型员工的 OCB 具有影响。其中，挑战性压力源情境更容易激发员工的 OCB 的表现，而阻碍性压力源情境对员工 OCB 具有负向影响。受到压力性质的影响，知识型员工在面对具有挑战性的工作情境时，出于对自我价值实现的追求，或是对自我职业生涯发展的长远考虑，他们会视此类压力为自己工作

第三章 知识型员工的挑战性—阻碍性压力源对 OCB 的影响研究

道路上的机遇,进而会展现出对组织的追求与热爱,并期待获得他人的肯定及认可,以此取得自我职务的提升与事业的发展。相反,阻碍性压力源由于对员工的工作体验及付出与回报的平衡性方面存在不良影响,此时出于认知评价分析或资源保存动机层面,都在一定程度上影响员工的工作积极性,导致敷衍、应付情绪产生,甚至会激发其离职倾向。由此可见,挑战性压力源与阻碍性压力源确实因其性质不同,而导致两种显然不同的影响结果。

(四)挑战性—阻碍性压力源对知识型员工的成就动机具有影响。二者因其性质不同而对知识型员工的成就动机具有不同的影响,其中挑战性压力源对员工的成就动机具有正向促进作用,而阻碍性压力源则发挥了阻碍性的作用。究其原因,由于成就动机作为个体本身所具有的一种稳定的特质,动机水平的变化会受到环境因素较大的影响。面对不同的压力情境,知识型员工通过自我认知评价做出判断。譬如,在分析出挑战性压力源可能带来收益或者自我价值实现的满足时,知识型员工便会激发出其对于成功追求的欲望;而当感知到阻碍性压力源所存在的各种威胁性障碍以及难以通过努力来消除其不良影响等方面的性质时,知识型员工便会降低自身对于成功追求的欲望,取而代之将选择一种消极回避的工作态度。由此看来,压力源确实因其性质不同而影响着知识型员工的成就动机水平。

(五)成就动机对 OCB 具有正向显著性影响。即知识型员工的成就动机越强,便越有可能表现出较多的 OCB。高成就动机的员工一般表现出具有较高追求成功的动力,渴望通过工作实现个人价值。他们意识到成功与努力密不可分,所以,除了完成组织规定以内的各项基本任务,还会主动帮助同事,积极对外宣传公司优点,努力保护公司资源等,切实期望能通过自己的努力促进企业发展,同时渴望通过企业的成功来获得成就感及自我价值的实现。综合来看,知识型员工的成就动机水平与其 OCB 之间存在显著性影响。

(六)成就动机在挑战性—阻碍性压力源与 OCB 之间的关系中起到中介作用。其中,成就动机在知识型员工的挑战性压力源与 OCB 之间存在部分中介效应,而在阻碍性压力源与 OCB 之间存在完全中介效应。具体来说，知识型员工的成就动机越强，所面对的挑战性压力水平越高，便越容易导致他们OCB的表现，成就动机在一定程度上对该影响过程进行了解释；同时，较高的阻碍性压力情境，也会在一定程度上降低知识型员工的成就动机水平，较低的成就动机水平势必会对其OCB产生不利影响。可见在该二维压力情境下，正是通过个体的成就动机对其OCB产生间接影响。

二 研究不足与展望

本章研究的主要贡献在于分析了知识型员工在挑战性和阻碍性两类不同性质压力情境下对OCB的影响，并检验了成就动机在该影响机制中的中介效应。本章通过实证分析，取得了一些较具实践意义的结论，但由于条件的限制及其他方面的因素，仍存在一些不足之处，期望在后续的研究中能得到丰富或完善。现指出本章的不足之处具体如下：

（一）样本及数据获取的局限性

首先，从样本收集的角度来看，由于受到本人社会关系及成本等条件的限制，本次调研大多是通过网络链接的形式向本人的一些亲戚、朋友或同学进行发送与转发，部分纸质问卷是面向当地的一些企事业单位进行发放的。因此，调研范围较小，调研对象人群较为集中可能是影响本研究数据有效性的一个关键因素。其次，由于本研究主要调查的对象是知识型员工，而在实际对象选取的过程中，难以对该概念进行具体的界定。在实际过程中，主要是依据笔者个人主观方面的理解，主要从学历角度着手进行挑选的，而实际上有些符合学历条件的员工所从事的职业，并不一定满足本章关于知识型员工概念界定的要求。所以，从样本的选取角度来说，本次研究结论的适用性还有待考验。

从数据收集方面来看，本次实证过程中，存在的一个较大缺陷是所用量表题项过多。本章出于研究严谨性及内容相关性的考虑，所选择的都是当前在研究中被较多采用，且经证实为信度较高的成熟量表。然而过多题项易导致填写人在问卷填写过程中产生疲倦感，这将

第三章 知识型员工的挑战性—阻碍性压力源对 OCB 的影响研究

严重影响到问卷的有效性。另外，由于挑战性—阻碍性压力源与 OCB 之间的影响机制是一个动态、演化过程，而本次研究所获取的数据仅代表某一时点的情况，降低了本次研究结论的说服力。

（二）理论模型的局限性

本章假设成就动机在挑战性—阻碍性压力源与 OCB 之间可能存在某种中介作用，而在实际过程中，挑战性—阻碍性压力源对 OCB 的影响可能还受到其他多种因素的综合影响。因此，为了能够弄清楚它们之间具体的作用机制，还有待我们进行深入调查、剖析给予完善。同时，本次研究中的理论模型，将员工成就动机的影响因素仅限于组织内部管理的影响，而实际中，员工的成就动机还受到个人特质、教育背景、过去的经验等因素影响，甚至于大环境下诸如社会、家庭等组织以外的因素也会对不同个体的成就动机造成影响，这也有待我们后期进行更加深入的研究分析。

经过上述对本研究的局限性分析，我们注意到，后续的研究中需要注意的问题及存在的可以改进的地方。首先，从提高样本质量着手，这一方面需要我们扩大样本的调查范围，从全国大范围内获取数据，从而获得更具普适性的结论。同时，寻求更好的调研方法，增加与调研对象的互动环节，提升其答卷的态度及积极性，进而提高数据的有效性。其次，由于目前国内关于员工工作压力的研究尚处于初级阶段，针对压力二维结构进行的研究更少。因此，在后续的研究中，应鼓励学者针对我国背景下的压力源的性质及影响因素层面进行更为深入的剖析。另外，为了突出本章研究对象的意义及其特殊性，还可深入地对知识型员工与普通员工的不同影响进行比较研究。最后，本研究仅仅探讨了成就动机在该二维压力源与 OCB 之间的影响，然而是否还存在其他的中介变量，如组织公平感；或是其他的调节变量，如自我效能感，都有待进行更为深入的分析。同时，关于知识型员工的挑战性—阻碍性压力源的相关研究也比较少，如关于工作绩效、员工的满意度等因素的影响关系，也存在研究价值。相信通过对压力源进行深入分析，将有益于我们更好地对企业进行管理实践工作。

第六节 结语

当代社会，竞争日益激烈，社会环境的不确定性及其复杂性，向企业的生存与发展提出了严峻的挑战。而知识型员工作为企业核心竞争力资源，他们的心理及行为上的一举一动牵动着企业发展道路上的每一根神经。而为了追求发展，企业首先要打破常规，寻求创新，这便对我们的知识型员工提出了要求，期待他们在做好本职工作的同时，也能够有较多的制度外的利他行为的表现。本研究验证了知识型员工的挑战性—阻碍性压力源对OCB存在显著性的影响，并且该作用过程是通过员工的成就动机发挥作用的。根据前述的研究结论，本章提出了一些相应的管理对策如下：

第一，针对压力源性质不同，进行有效的压力管理。员工的压力管理一直以来都作为组织管理研究的热点话题，因其存在形式的普遍性及影响范围的广泛性，长期备受学者们关注，对它进行有效管理意义重大。本章根据压力源的性质及其利害关系，将压力区分为挑战性压力源与阻碍性压力源两个维度。由于不同性质的压力源对OCB存在不同影响，这便要求我们使用权变的手段进行管理。挑战性压力源由于对员工的OCB表现出正向促进作用，这便预示着我们应当适度地向知识型员工施加一些这方面的压力。比如，在其能力范围之内，适当地多交代些任务，严格规定任务完成的时间并明晰个人的职责标准等，都将有助于知识型员工表现出更多的OCB。但是，对挑战性压力源的增加并非无限制的，因为压力的存在会造成人精神层面的紧张感、疲惫感，甚至可能引发抑郁等不良的情绪反应。首先，我们必须明确这样一种观念，即适度的压力有助于提升绩效，而过度压力则会引发一系列的不良状况。其次，阻碍性压力源因其性质而对知识型员工的OCB表现出负向的影响关系，因此，作为组织的管理者，需及时发现企业内阻碍性压力源的存在，并有针对性地进行改善。如减少烦琐的办事程序，提高工作的安全感，尤其要重视知识型员工的职业生涯规划等问题。只有通过科学合理的手段对压力管理问题进行调

第三章 知识型员工的挑战性—阻碍性压力源对 OCB 的影响研究

控,才能最大限度地调动知识型员工的工作积极性,进而激发他们更多 OCB 的表现。

第二,激发员工的成就动机,促进 OCB 的提高。相较于普通员工,知识型员工表现出了较高的成就动机水平,而个体的成就动机又是影响 OCB 的主要因素。具体表现为,员工的成就动机越强,便越渴望获得成功并取得成就感,进而会激发他们 OCB 的表现。一方面,知识型员工希望通过一些利他行为获得他人的认可,从而提高自我形象,为往后自我的职位晋升奠定基础;另一方面,高成就感的员工往往较为注重实现自我价值,他们渴望通过工作的成功证明自我社会价值的实现,并善于将企业发展的好坏同自己的职业发展联系在一起,进而积极地表现出各类对组织有利的行为。经过前述的理论以及实证部分的分析可得,两类压力源因其性质不同而对员工的成就动机产生不同的影响。挑战性压力赋予员工挑战的同时会带来收益性回报作为补偿,所以员工也愿意做出一些有益于公司的行为作为回报。而阻碍性的压力情境下,不仅没有预期的回报作为补偿,而且它对员工心理层面所产生的不良影响难以被消除,并最终引发员工的抵触情绪,降低工作积极性,使其难以有各类积极的行为表现。从该作用机制来看,成就动机是影响知识型员工在压力情境下的关键因素。成就动机越高,越能有效应对各类压力情境,提高由挑战性压力所带来的工作体验,同时有效降低由阻碍性压力所带来的负面效应。具体的管理实践,要求管理者培养员工的组织归属感,通过向员工传达本公司的使命、奋斗目标等,使其真正深入地了解本公司的企业文化,让员工认识到企业的社会价值所在,进而形成心理上的协同感,产生一种为企业奋斗的使命感,方能最大程度上激发起员工的成就动机。组织还可以通过营造一些和谐、宽松的组织氛围,赋予知识型员工一些自主性的工作权力,明晰其职责所在及相应的期望回报,领导者应多与员工进行沟通,表现出对员工工作上的肯定以及对其后期工作的期望,给予他们精神上的鼓励及行为上的支持,此一系列措施必将有助于促进员工对目标追求的动力,强化其成功的欲望及更多 OCB 的表现。

第三,重视员工 OCB 的变化,提升企业竞争力。在这个科学技术发达，竞争格局严峻的大环境下，组织管理者日益意识到知识型人才能力的发挥对企业发展的重要性。而 OCB 是反映知识型员工的组织认同感及组织满意度的综合指标，普遍缺乏 OCB 的企业势必会影响其整体的绩效水平。同时，OCB 在群体内往往具有扩散效应，个人 OCB 的外在表现容易影响到周围的其他人群。因此，企业应高度重视知识型员工的 OCB 表现，及时采取措施给予有针对性的管理改善，将提高员工的 OCB 作为组织管理活动的关键环节。在此过程中，领导者发挥着关键性作用，作为员工学习的标杆，他们需要以身作则，展现出一副积极向上的工作姿态，有效使用公司资源，关心下属并做到和睦相处，等等方面，坚信好的模范作用势必会带动后继者的良性效仿。最后，在配合组织结构及管理流程的同时，组织管理者需采取权变措施进行激励，主要通过对企业制度的制定、企业文化的宣传、企业氛围的塑造等方式，与知识型员工达成心灵上的共鸣，方能增强员工的企业认同感，并表现出较多对组织有利的行为，进而促进员工与企业共同发展。

第四章 团队中成员相对地位与组织公民行为的关系研究

第一节 引言

"不患寡而患不均"的心理早在我国计划经济时期就已得到体现，而随着时代的发展，这种"患不均"的现象不仅仅停留于经济层面，团队中关系资源的分配也深刻地体现了这一点。由于团队领导会与不同成员保持不同质量的交换关系，这种差异化很可能引发员工之间的社会比较，从而形成对各自相对地位（RLMX）的评价，而这种影响终将反映到员工行为上。因此，探讨如何平衡团队中的相对地位与员工表现的问题具有现实意义，因此也得到了部分学者的关注。

就目前的实证研究而言，RLMX 与组织公民行为（OCB）存在紧密联系已得到理论和实证的支撑，但结论存在一些矛盾。如 Vidyarthi 研究表明，RLMX 可以显著正向影响 OCB；Henderson 等认为，虽然 RLMX 涉及的社会比较过程会令员工更好地履行组织义务，进而间接促使员工表现出更多的 OCB，但其实证研究并没有发现 RLMX 对 OCB 的帮助同事及运动员精神这两个维度有直接影响；而 Hu 等则发现，RLMX 与 OCB 之间并无明显的相关性。鉴于这些结论不一致，本章认为有必要深入挖掘其中可能存在的边界条件，探究到底在哪些情境下相对地位较高的员工会表现出更多的 OCB。

由于领导—成员交换关系理论的核心内容是指领导与不同的员工保持着差异化关系。虽然 RLMX 作为员工在团队中的实际相对地位，在一定程度上反映了这种差异化，但反过来，团队中交换关系的差异程度又可能使这种相对地位变得更明显或更模糊。因此，本章探讨的第一个问题是，随着团队中 LMX 关系差异增大，RLMX 对员工组织公民行为的影响是否会显著增强？此外，由于员工为评价自己的相对地位会进行一系列社会比较，而在社会比较的过程中个体社会比较倾向（SCO）的高低水平对人们的感知与行为产生重要的影响。因此，员工不同的社会比较倾向是否会调节 RLMX 对组织公民行为的影响效果？这是本研究拟研究的第二个问题。

第二节　理论与假设

一　RLMX 与 OCB

态度和行为是个体对所处环境做出的反应。RLMX（Relative Leader-Member Exchange，RLMX）作为一个团队内个体层面的概念，是指个人 LMX 相较于团队 LMX 平均值的差值，反映了员工在所处团队中的相对地位，因而可能会对员工工作中的行为和表现产生影响。

RLMX 源自社会比较理论，因而个体如何回应 RLMX 基于他们如何理解社会比较过程。Tse 认为，高 RLMX 可能令员工感觉到一种高于其他成员的社会地位。当员工认为自己是团队中重要的一员，会将团队的成功视为自己个人的成功，更愿意做出有利于组织的行为。基于互惠原则，学者发现，与领导保持相对较高质量交换关系的员工会觉得自己有必要做出领导觉得有价值的行为，并且他们还会将这些行为视为自己的义务。此外，RLMX 还为自我评价提供了情景。高 RLMX 意味着领导对目标成员有特殊的关照和信任，这帮助和促使个体更好地确认自己的能力。对自己能力有信心的个体更可能参与那些超出正式契约的角色外行为，如 OCB。另外，相关实证研究已表明，RLMX 不仅对工作表现、OCB 有直接的积极影响，还会通过影响员工的工作满意度、LMXSC，间接促使员工做出更多的组织公民行为。

一般而言，相对地位较高的员工（高 RLMX）比相对地位较低的员工（低 RLMX）表现得更为出色。随着 RLMX 质量的提升，员工从领导那里获得资源和回报的机会也更多。高 RLMX 员工通过与他人进

第四章　团队中成员相对地位与组织公民行为的关系研究

行比较，认为组织对自己已经尽了更大的义务，因此表现出更多的组织公民行为作为回报；而对RLMX较低的员工而言，通过一系列比较后，则会认为组织并未对自己提供足够的关心和履行足够的义务。当然，他们并不会简单地忽略这种差异对待所带来的不满，而更可能通过减少组织公民行为作为回应。因此，提出以下假设：

H1：相对领导—成员交换关系（RLMX）对组织公民行为（OCB）有正向影响。

二　DLMX与SCO的调节作用

有学者指出，现有研究大都聚焦于RLMX对员工态度的影响，探究其对员工行为影响的较少，并且结论还不完全一致。因此，需要厘清RLMX对OCB影响机制中的边界条件。

有学者表明，将社会比较与情境加以整合的研究相对缺乏，个体差异在社会比较过程中的作用也不容忽视。RLMX作为基于社会比较理论发展而来的概念，在探究其对组织公民行为影响的过程中考虑情境与个体差异的作用是有必要的。因此，本研究试图从团队和个体两个层面分别引入领导—成员交换关系差异（DLMX）这一团队情境变量和社会比较倾向（SCO）这一个体差异变量进行深入探讨。

RLMX反映的是员工将自己与团队其他成员的LMX进行比较后的相对地位。Epitropaki等提出，如果在进行社会比较时忽略团队情景因素，则很可能产生对相对地位的偏差理解。由于团队中交换关系存在差异，不同的团队中这种领导—成员交换关系差异（LMX differentiation，DLMX）的程度又有高低之分，因而在研究RLMX的影响机制过程中，探究DLMX的作用显得尤为必要。

DLMX的存在意味着领导的关心、支持等关键资源在团队中的分配都是不均衡的。一般地，在高DLMX团队中，领导对成员进行差别对待的现象很分明，只与部分员工保持高质量交换关系，因而这部分员工获得更多的关键资源，而其他员工则只能与领导建立工作描述内涉及的经济交换关系。这意味着整个工作团队中交换关系的变动范围很大。虽然就团队互动角度而言，关系差异化对团队中成员间的关系、成员的沟通方式及效果产生一定的消极影响。但就公平角度而言，关系差异化会让高 RLMX 的员工感觉到自身拥有更多的资源和优势，从而表现出更积极的态度和行为。就社会比较视角而言，DLMX 越大，员工进行社会比较后对自己相对地位的评价也越分明，因此高 RLMX 更可能做出有利于组织和个人的组织公民行为。DLMX 低，意味着团队中这种领导与不同成员之间都保持类似的交换关系，领导对所有员工都一视同仁。虽然这种和睦的团队氛围会使大多数成员感到公平，但同等对待的环境会弱化原本所具备的优势，不利于高 RLMX 员工形成积极情绪，因此高 RLMX 员工可能会为了抵制过度平等而减少其为组织谋利的自愿行为。

总的来说，由于在低 DLMX 团队中各成员的情况相仿，所以员工并不容易感觉到密切关系和额外资源所带来的相对优势，而在高 DLMX 团队中，这种优势会由于差异的存在而被放大。高 RLMX 意味着得到来自领导更多的优待，因而随着团队中 DLMX 的增大，高 RLMX 者所处相对较高地位所带来的优势会得到增强，也将进一步促使员工表现出更多的组织公民行为，即 DLMX 在 RLMX 影响组织公民行为的过程中起强化作用。由此，可以提出以下假设：

H2：DLMX 在 RLMX 与 OCB 之间起正向调节作用：团队中 DLMX 越高，高 RLMX 的员工表现出越多的 OCB。

组织公民行为是一种正式契约规定以外的、员工基于互惠原则而表现出的行为。促使员工产生这种行为的动力既可能来自领导对员工特殊关照这一客观事实，也可能来源于员工在团队中进行社会比较的主观感知。RLMX 反映了员工与领导交换关系的客观质量，而员工是否会根据这一客观实际与他人进行主观比较在于个体自身的差异——社会比较倾向（Social Comparison Orientation，SCO）的高低，这一差异在社会比较过程中可能导致感知出现偏差，从而对行为产生重要影响，因而需要得到重视。

Gibbons 和 Buunk 认为，高 SCO 的个体对他人的行为十分敏感，对自己也存有较大不确定性，且热衷于通过比较来降低这种不确定性。鉴于高 SCO 员工具有这些特征，因此会比自我肯定的人更倾向于进行广泛社会比较。当高 SCO 员工进行上行比较时，即使自己本身 RLMX 质量较高，也会十分敏感地察觉到他人更优的相对地位。由于高 SCO 者缺乏自信，因此在上行比较过程中容易感觉到更高的相对地位是自己无法达到的，因而可能通过减少 OCB 以弥补内心的不平衡感。相反，弱 SCO 的员工不会对自己有太大不确定性，因而倾向于与有类似观点和相同状态的人进行比较，并从中为自我评估提供确定性信息，因此，不管其本身的 RLMX 质量高或低，弱 SCO 员工受社会比较的影响波动较小，因此改变其行为的可能性比较小。另外，武欣和吴志明还认为，OCB 可以看作员工基于互惠原则做出的行为。但传统研究中的互惠原则仅涉及当前回报，即员工做出努力以回报领导过去和现在对自己的特殊关照。其实互惠原则还可能涉及一种对于未来回报的评价。有研究发现，高 SCO 员工不同于其他个体，其在下行比较过程中会通过对其他成员所处的不好境遇感同身受，进而预期自己未来与领导的交换关系可能会变得十分糟糕，因此，会导致员工对未来回报的过低评估。这可能会抑制员工为组织做出贡献的意愿，从而导致组织公民行为减少。

综上所述，员工的高社会比较倾向会弱化 RLMX 对 OCB 的积极作用，因此，可以提出以下假设：

H3：高 SCO 在 RLMX 与 OCB 之间起负向调节作用：高 RLMX 员工的社会比较倾向越高，其表现出的 OCB 越少。

综上，本研究的理论模型如图 4-1 所示。

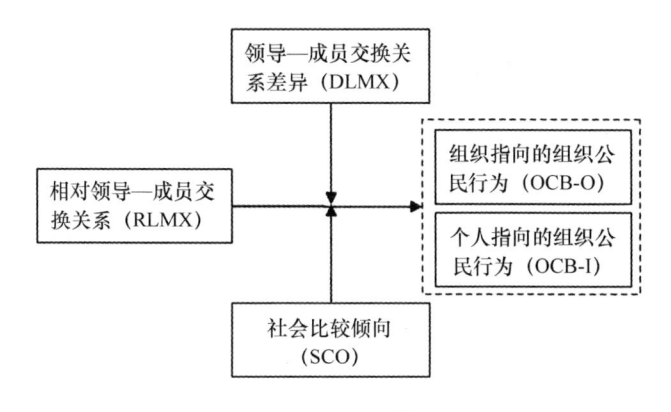

图 4-1 理论模型

第三节 研究方法

一 研究样本

本研究的调查对象来自北、上、广、湘四地95个团队的员工。总共发出问卷660份,收回问卷643份,剔除成员不足3人的团队的相关问卷后,有效问卷共88组,共计587份,有效问卷的回收率为88.94%。调查样本的人口学特征如下:男性占53.20%,女性占46.80%;年龄在30岁以下的占83.60%,31—35岁、36—40岁、41岁及以上的分别占10.10%、4.40%、1.90%;其中工作5年的占75.00%,已工作5—10年的占15.70%,已工作10—15年的占5.60%,已工作15—20年的占2.70%,工作20年及以上的占1.00%;在生产、研发、销售、行政或其他领域中工作的人分别占16.50%、7.50%、28.60%、22.00%和25.40%。

二 测量工具

(一) RLMX和DLMX。这两个变量均为LMX的拓展变量,由员工报告的LMX合成。LMX的测量是采用Graen和Uhl-bien编制的量表,共7个题项。该量表在本研究中的Cronbach's α值为0.837。RLMX则根据学者们普遍采用的方法,先测量团队各成员的LMX值,然后在团队内取平均值(Average of LMXs, ALMX),再用每个员工的LMX减去ALMX即得到RLMX。DLMX则参考Erdogan和Bauer、Henderson、Liden等的测量方法,用团队中成员报告的LMX的方差来反映。方差越大,意味着团队中交换关系越不均衡。

(二) 组织公民行为。采用的是Lee和Allen开发的量表,该量表分为个人指向和组织指向两部分,各8个题项。该量表在本研究中的Cronbach's α值为0.935。其中,个人指向与组织指向的分量表的Cronbach's α值为分别为0.892和0.911。

(三) 社会比较倾向。采用Gibbons和Buunk编制的量表,包括11个题项。该量表在本研究中的Cronbach's α值为0.762。

以上所有问卷均按 Likert 五点记分，从 1 到 5 的分数代表调查对象对项目的同意程度从低到高递进，其中社会比较倾向量表中涉及 2 个反向记分项目。因为员工的组织公民行为及其评价会受到个人特征的影响，所以将性别、年龄、工作年限和工作领域作为本研究的控制变量。

由于 RLMX 的测算涉及数据的聚合，因此本研究进行了两个方面的检验。组内一致性方面，88 个团队成员报告的 LMX、个人指向组织公民行为、组织指向组织公民行为和社会比较倾向的 Rwg 均值分别为 0.90、0.93、0.91、0.92。另外，经方差分析，结果显示不同团队中 LMX（F = 2.23，$p < 0.001$）、个人指向组织公民行为（F = 2.80，$p < 0.001$）、组织指向组织公民行为（F = 2.50，$p < 0.001$）和社会比较倾向（F = 2.13，$p < 0.001$）都有显著组间差异。因此，本研究将员工数据聚合到团队层面是可行的。

第四节 研究结果

一 量表的验证性因子分析

根据本研究的模型，用 AMOS 21.0 对测量数据进行验证性因子分析，以确认 LMX、个人指向组织公民行为（OCB-I）、组织指向组织公民行为（OCB-O）和社会比较倾向（SCO）四个变量之间的区分效度。由表 4-1 可知，相比于其他模型，四因子模型的拟合度最为理想，RMSEA 低于 0.08，NFI、CFI、IFI 均高于 0.90，卡方与自由度的比值小于 4，所有指标均达标，说明本研究的测量数据确实代表了四个不同的构念，具有良好的区分效度，可以进行下一步分析。

表 4-1　　　　　　　验证性因子分析结果（$N = 587$）

模型	χ^2	df	χ^2/df	RMSEA	IFI	CFI	NFI
单因子模型	3642.93	527	6.91	0.10	0.67	0.67	0.64
二因子模型	3178.86	526	6.04	0.09	0.72	0.72	0.68

续表

模型	χ^2	df	χ^2/df	RMSEA	IFI	CFI	NFI
三因子模型	2472.51	524	4.72	0.08	0.80	0.79	0.75
四因子模型	2010.81	521	3.86	0.07	0.92	0.92	0.90

注：四因子模型（LMX、OCB-I、OCB-O、SCO）、三因子模型（OCB-I、OCB-O同属一个因子）、二因子模型（OCB-I、OCB-O同属一个因子，LMX与SCO同属一个因子）单因子模型（所有因素合并为一个因子）。

二 共同方法偏差检验

为了减少共同方法偏差的影响，本研究采取了一系列措施。在准备期，对量表选取、项目表达都进行了必要控制。问卷均经过回译的成熟量表，并修饰表述以尽可能避免歧义；问卷前言部分明确告知被试调查结果保密，并打乱条目顺序以降低被试对测量目的的猜测。在调查过程中，安排负责人发放问卷并就相关问题作个别解答，并当场收回问卷。在调查后，本研究还对回收后的有效数据进行了检验。首先，由 Harman 单因子检验可知，单因子模型拟合指标均不合格（χ^2（527）= 3642.93，RMSEA = 0.10，IFI 为 0.67，CFI 为 0.67，NFI 为 0.64）。此外，当在原有的四因子模型中添加共同偏差因子后，五因子模型的拟合度（χ^2（518）= 1964.45，RMSEA = 0.06，IFI = 0.94，CFI = 0.93，NFI = 0.91）并未显著优于四因子模型，因此，本研究共同方法偏差所带来的效应不严重，不会对后续推论产生太大影响。

三 变量的描述性统计及相关性分析

研究中各变量的平均数、标准差、内部一致性系数以及相关系数如表 4-2 所示。RLMX 与个人指向组织公民行为和组织指向组织公民行为均显著相关。其中，RLMX 与个人指向组织公民行为显著正相关（$r = 0.367$，$p < 0.01$）、RLMX 与组织指向组织公民行为显著正相关（$r = 0.383$，$p < 0.01$），因此，H1 得到初步支持。

表4-2　　本研究变量的均值、标准差、相关性以及内部
　　　　一致性系数（$N=587$）

变量	M	SD	1	2	3	4	5
1 RLMX	0.002	0.548	(0.837)				
2 OCB-I	3.727	0.647	0.367**	(0.892)			
3 OCB-O	3.772	0.705	0.383**	0.708**	(0.911)		
4 SCO	3.279	0.539	0.225**	0.379**	0.409**	(0.762)	
5 DLMX	0.366	0.420	-0.002	0.025	0.015	0.009	(0.837)

注：*表示$p<0.05$，**表示$p<0.01$，***表示$p<0.001$，双侧检验，下同。括号内为一致性系数。

四　假设检验

本研究利用层次回归的方法检验假设。

首先，在模型2与模型8中添加控制变量后，发现RLMX对个人指向的组织公民行为有极其显著的正向影响（$\beta=0.366$，$p<0.001$）；RLMX对组织指向的组织公民行为也有极其显著的正向影响（$\beta=0.381$，$p<0.001$），因此，H1得到检验。

其次，为了避免共线性问题，对回归方程中的变量做中心化处理，各回归方程的VIF值均小于1.5，说明多重共线性问题并不严重。为了检验H2和H3，分别以OCB-I、OCB-O为因变量，通过依次引入控制变量、自变量和交互变量的步骤进行，结果见表4-3、表4-4。

在模型4中加入RLMX与SCO的交互项后，发现交互项对个人指向的组织公民行为有显著的负向作用（$\beta=-0.092$，$p<0.01$），相对模型3而言，能显著解释0.8%的变异（$p<0.01$）。

在模型10中加入RLMX与SCO的交互项后，发现交互项对组织指向的组织公民行为也有十分显著的负向影响（$\beta=-0.110$，$p<0.01$），与模型9比，能够显著解释1.2%的变异（$p<0.01$）；由此可见，SCO在RLMX与组织指向及个人指向的组织公民行为之间均起负向调节作用，即H3成立。

在模型 12 中引入 RLMX 与 DLMX 的交互项,与模型 11 相比,两个模型的 $\triangle R^2$ 为 0.011（$p<0.01$）,表明模型 12（$\beta=0.114$, $p<0.01$）比模型 11 有更大的解释力度;而在模型 6 中加入该交互项后,回归系数不再显著（$\beta=0.057$）,这意味着,DLMX 对 RLMX 与组织指向的组织公民行为之间关系的调节作用成立,而对 RLMX 与个人指向的组织公民行为之间关系的调节作用没有得到检验,因此,H2 仅得到了部分检验。

表 4-3　SCO 与 DLMX 在 RLMX 影响 OCB-I 中的调节作用的回归分析结果（$N=587$）

变量	OCB-I					
	模型 1	模型 2	模型 3	模型 4	模型 5	模型 6
控制变量							
性别	0.005	-0.012	-0.053	-0.058	-0.013	-0.010
年龄	0.120**	0.117**	0.107**	0.102**	0.116**	0.114**
工作年限	0.027	0.041	0.093	0.092	0.041	0.038
工作领域	-0.008	-0.001	0.042	0.039	-0.001	-0.003
自变量							
RLMX		0.366***	0.295***	0.276***	0.366***	0.344***
SCO			0.321***	0.318***		
DLMX					0.016	0.016
交互项							
RLMX×SCO				-0.092**		
RLMX×DLMX						0.057
R^2	0.015	0.149	0.244	0.252	0.149	0.152
$\triangle R^2$	0.015	0.134***	0.095***	0.008**	0.000	0.003
$\triangle F$	2.191	91.400***	72.680***	6.131**	0.167	1.846

表4-4　SCO与DLMX在RLMX影响OCB-O中的调节作用的回归分析结果（$N=587$）

变量	OCB-O					
	模型7	模型8	模型9	模型10	模型11	模型12
控制变量						
性别	0.089	0.070	0.027	0.021	0.070	0.074
年龄	0.097*	0.095*	0.085*	0.079*	0.094*	0.090*
工作年限	-0.029	-0.014	0.041	0.039	-0.014	-0.019
工作领域	-0.041	-0.034	0.011	0.008	-0.034	-0.038
自变量						
RLMX		0.381***	0.305***	0.282***	0.381***	0.335***
SCO			0.343***	0.341***		
DLMX					0.007	0.007
交互项						
RLMX×SCO				-0.110**		
RLMX×DLMX						0.114**
R^2	0.014	0.159	0.268	0.279	0.159	0.170
$\triangle R^2$	0.014	0.145***	0.109***	0.012**	0.000	0.011**
$\triangle F$	2.110	99.986***	86.213***	9.254**	0.033	7.623**

为了进一步解释DLMX、SCO在RLMX与OCB-I、OCB-O之间发挥的调节作用，本研究取各自变量及调节变量的平均数加减一个标准差的值代入回归方程，并进行绘图（见图4-2、图4-3）。由图4-2可知，不论是在高DLMX的团队中还是在低DLMX的团队中，员工的RLMX与其个人指向的组织公民行为、组织指向的组织公民行为均为正相关关系，但这种影响的强度并不完全相同。由图4-2（b）可知，当团队中DLMX高时，RLMX与OCB-O的正向关系会得到显著强化，即相比于低DLMX团队中的高RLMX员工，高DLMX的团队中的高RLMX员工表现出更多组织指向的组织公民行为。而这种强化作用在RLMX与OCB-I之间并不明显，如图4-2（a）所示，团队中不同的DLMX对RLMX与个人指向组织公民行为之间关系并无显著

员工的积极行为强化与消极行为抑制机制研究

影响。

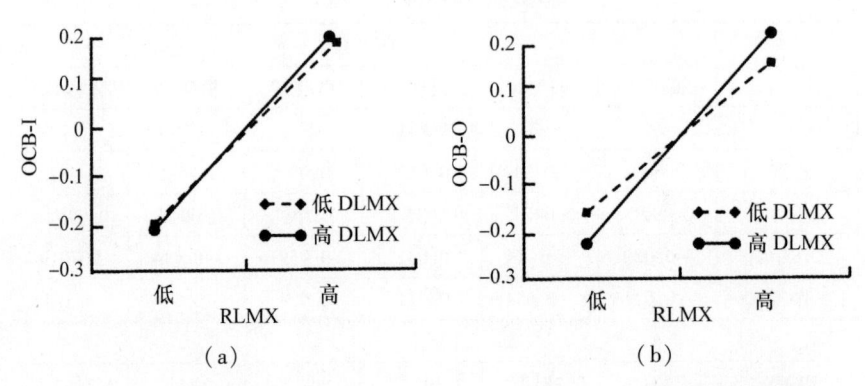

图 4-2 DLMX 在 RLMX 与 OCB-I (a)、OCB (b) 之间的调节效应图

由图 4-3 可知，对于低 SCO 的员工而言，RLMX 的高低对其组织公民行为之间并没有明显影响。而对于高 SCO 员工，RLMX 对 OCB-I、OCB-O 的正向影响显著降低，且呈负相关。由图 4-3 中 (a) 与 (b) 对比可知，对于高 SCO 的员工，其减少组织指向的组织公民行为的幅度比减少个人指向的组织公民行为的幅度更大。这意味着，虽然高 SCO 在 RLMX 与 OCB-O、OCB-I 之间均发挥着调节作用，但在 RLMX 与 OCB-O 中的负向调节作用更强。

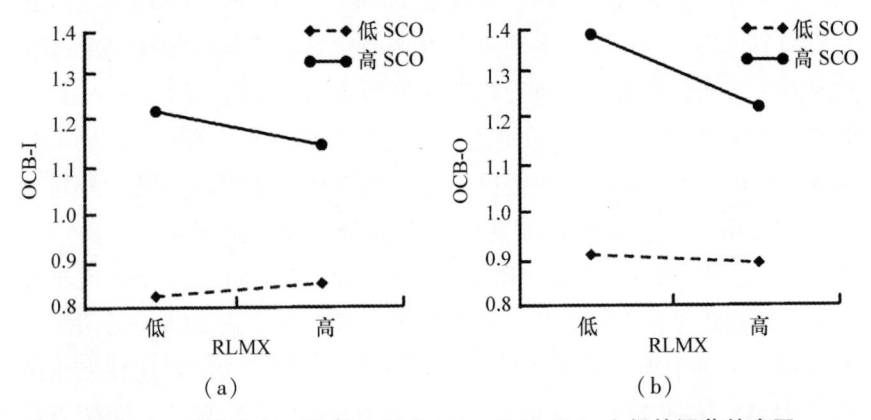

图 4-3 SCO 在 RLMX 与 OCB-I (a)、OCB (b) 之间的调节效应图

第五节 分析与讨论

首先，同时关注了 RLMX 对不同指向组织公民行为的差异影响。在 RLMX 的前期研究中，仅 Henderson 等对组织公民行为划分了维度，而其他研究大都将组织公民行为视为一个整体。Staw（1983）提出，对组织公民行为的研究一定要系统考虑个人指向与组织指向两个方面。本研究通过对比分析不同情境下 RLMX 对个人指向组织公民行为与组织指向组织公民行为的差异影响，是对以往研究的一种补充。

其次，本研究将团队内个体层面的 RLMX 与团队层面的 DLMX 综合考虑，更全面地探究了社会交换关系的作用。结果表明，当团队中 DLMX 越大，RLMX 对 OCB 的影响程度将得到强化，并且这种作用在对 OCB-O 的影响中表现得更为明显，而在对 OCB-I 的作用并不显著。这可能是由于交换关系的差异涉及人际关系的区别性，因而团队中高 DLMX 可能引发同事之间激烈的社会比较，甚至导致成员互相怀疑，因此处于相对较高地位的员工也未必会表现出更多的个人指向组织公民行为，但为了回馈组织和领导的关照，高 RLMX 员工则会表现出更多的组织指向组织公民行为。

此外，研究还发现，团队中较高的相对地位并不必然带来更多的组织公民行为。SCO 作为一种性情倾向，在 RLMX 对 OCB 影响中发挥重要的负向调节作用，即当员工的 SCO 越强时，高 RLMX 员工表现出更少的 OCB。这主要源于高 SCO 员工具有广泛比较和自我不确定性等特征，他们会在上行比较中认为别人的高 RLMX 是自己努力也无法达到的，而在下行比较中对 RLMX 不如自己的员工所处的境遇感同身受，进而预期自己未来将处于很差的交换关系当中，因此，在上行及下行比较过程中都容易产生消极情绪，从而在很大程度上会削弱其本身所处较高相对地位所带来的优势。总的来说，本研究拓展了 Henderson 等和 Vidyarthi 等的研究，有助于我们理解在什么情况下员工的相对地位能更显著地影响其行为。但无论是在团队层面的 DLMX 还是个体层面的 SCO 的调节过程中，交互项对于 OCB-O 的影响都要大于对 OCB-I 的影响。

　　基于以上结论可以得出以下管理启示：（1）领导应提供更多的支持行为与沟通机会。领导对员工的支持与关怀有助于领导与员工保持良好的交换关系，以此促进员工在工作中表现出更多的组织公民行为。此外，管理者还可以就在何种情况下可以得到特殊优待这个问题与团队成员进行及时沟通，从而减少员工的归因错误及不良行为。（2）把握好关系差异的程度。虽然团队中较大的关系差异可以强化 RLMX 对组织公民行为的积极作用，但同时也加大了低 RLMX 员工获取信息和资源的难度，降低了这部分员工的积极性，对其工作态度也存在消极影响。为了调整团队内的关系差异，管理者可以尝试在团队中培养一种进取的文化以增大关系差异，或在团队中提倡团队导向或集体主义以削减这种差异的程度。此外，Erdogan 等发现，公平公正的团队氛围可以缓解 DLMX 的负面影响。因而团队领导在区别对待员工的同时，应注重团队中公平环境的建立，令员工从心里相信领导是公平、可信任的，进而更好地发挥 DLMX 在 RLMX 与 OCB 之间的强化作用。（3）尽可能控制过度比较所带来的不良影响。管理者需对高社会比较倾向的员工采取一些措施，如通过心理辅导使员工提高对自我的认可程度，通过培训让员工认识到差异的必然性，促使其正确理解并恰当进行社会比较。当然，还可以在团队中营造比较强的支持氛围，从而引发社会比较的同化效应，如员工之间相互帮助、共享资源，这有助于促使员工表现出更多个人指向的组织公民行为。

　　受到条件的限制，本研究存在一定的局限性：（1）主要探讨了团队层面的 DLMX 与个体层面的 SCO 对 RLMX 与 OCB 之间关系的调节作用，后续研究既可以探讨这两个层面其他变量的影响，也可以深入探究，如组织氛围等更高层次因素的作用。（2）在操作方面，团队层面变量 DLMX 采用的是客观测量方法，后续研究可以尝试从主观测量方法入手，运用多重线性模型（HLM）进行跨层次分析。（3）问卷采用员工自填式，虽然检验并不存在太大的同源偏差，但后续研究可以考虑采取上下级配对问卷，并运用纵向数据分析以弥补本研究的缺陷。

第五章 员工反伦理行为模型与影响因素评述

第一节 引言

随着全球一体化进程加快，组织间的竞争日益加剧，组织持续性变革等对员工的工作和行为提出了更高的要求。基于上述情景因素的变化，员工不断面临着道德困境和伦理抉择，员工反伦理行为以显性或隐性的形式频繁出现在组织中。学者们虽已对员工反伦理行为进行系统探究，但有关其概念、模型和影响因素，仍然存在很大的争议性，尚未形成一个统一的认识。鉴于此，本章在对员工反伦理行为概念的研究基础上，将进一步探究员工反伦理行为的理论模型和影响因素，以期能够为我国的员工反伦理行为研究提供理论和实践借鉴。

第二节 员工反伦理行为概念研究

员工反伦理行为作为一种现象，在20世纪初泰勒工厂实验中就已被发现，但当时人们对其研究较为分散，无法系统解释其本质。直到20世纪90年代商业管理伦理的研究兴起，员工反伦理行为作为其重要的组成部分，促使学者们对其进行了系统深入的研究。

Robinson 和 Bennett（1995）把员工中最常出现的旷工、迟到、早退等行为视为员工反伦理行为。随后，Gruys（1999）把员工反伦理行为细化为87种，并把这些行为分为人身攻击、言语侮辱、蓄意破坏公物等11个类型。O'Boyle 等（2011）研究发现，员工反伦理行为随着组织环境和社会环境的变化也不断转换形式，员工利用现代信息技术和其他科技手段使其反伦理行为变得更加隐蔽，给组织和其他成员带来难以估计的损失。我国学者刘玉新（2011）和张永军（2012）等研究发现，员工反伦理行为是员工自愿做出的，但组织的工作制度中并未明确禁止此类行为。

虽然国内外学者已对员工反伦理行为的表现形式进行划分与探究，但始终没有形成一个更普遍、更概括且统一认可的概念。Martinko 和 Michael（2002）研究发现，对员工反伦理行为的更进一步研究，必须有一个高度统一的概念和内涵。Marcus 和 Schuler（2004）研究指出，因员工反伦理行为的特征具有多样性，人们难以对其形成"共识"，即学者们对这一概念仍存在争议性。鉴于此，本章拟从行为主客体和行为性质等方面对其概念、内涵进行梳理。

行为的主客体是界定员工反伦理行为概念的最基本要素之一。我们将行为的主体界定为组织内的员工个体，员工是组织最为关注同时也最易受到组织影响和控制。我们把行为的客体界定为一切受到员工反伦理行为影响的对象，这些对象既包括组织和组织内部成员，还包括其他组织利益相关者。我们把行为的性质界定为是员工有意采取和自主决定的行为。同时员工反伦理行为的一个主要特征即非偶然性，员工偶然的且非出于其本意的反伦理行为则不能列为员工反伦理行为的范畴。同时员工反伦理行为并不是以组织内部伦理规范标准作为衡量依据，即无论组织内是否存在伦理行为标准，只要员工行为客观上给组织或其他成员带来消极影响，即为员工反伦理行为。

基于上述分析，我们把这种基于员工自身意愿的、违背组织及其他成员合法权益并在客观上给其带来损失的显性或隐性行为，称为员工反伦理行为。

第三节　员工反伦理行为的理论模型分析

学者们从个体、组织和群体等不同视角出发，对员工反伦理行为理论模型进行探索。他们不仅利用过程方法来动态演绎员工反伦理行为的前置变量对其产生的直接影响，还开始在模型中注入中间变量积极探索员工反伦理行为的形成机制，进而为员工反伦理行为的研究提供扎实的理论基础。

一 "挫折—攻击"模型

"挫折—攻击"理论认为，员工之所以做出反伦理行为，是因为受到"挫折事件"的打击和刺激。在遭遇挫折时，员工会选择抗拒、攻击、报复等应对策略。基于此，Dollard 等（1939）提出了"挫折—攻击"理论模型。该模型认为员工实施攻击行为是以其所受挫折为先决条件，但未考虑中介变量的影响。鉴于此，Berkowitz（1989）以员工情绪为中介变量，提出"挫折事件—消极情绪—攻击行为"的模型。随后，Fox 等（2001）用该理论解释员工反伦理行为，通过实证表明，对最终出现的员工反伦理行为起到关键作用的是员工对待挫折事件的心态而不是事件本身。Fox 和 Spector（1999）在"挫折—情绪—攻击"理论模型研究中加入人格特质这一新的变量，如焦虑、易怒特质等是否会影响员工攻击行为的出现。修正的"挫折—攻击"模型如图 5-1 所示。

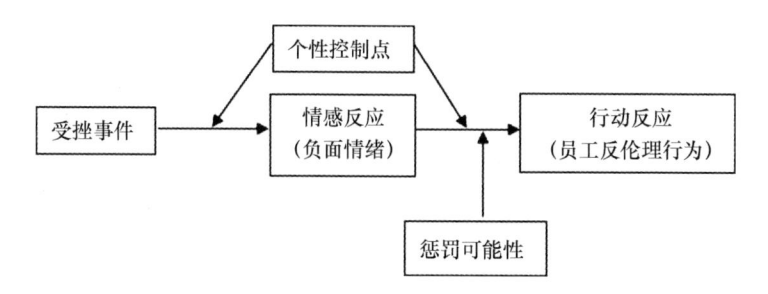

图 5-1 员工反伦理行为的"挫折—攻击"模型

然而，"受挫事件"对员工反伦理行为作用机制是怎样形成的呢？修正后的"挫折—攻击"理论模型给出了系统的解释。该模型认为，员工反伦理行为不仅受到挫折事件这一外在因素的影响，与员工情绪、人格特质也有密切联系。受挫事件通过这些中间变量的发酵最终促使员工反伦理行为出现,这也为员工反伦理行为研究提供了一个新的思路,即学者们开始重视对其影响机制的深入研究,对中间变量的作用也日益重视。事实上,"挫折—攻击"理论模型在本质上认为,员工的情感反应起到催化作用,影响员工消极情感的出现,对员工反伦理行为将起到显著性影响。然而该模型没有注入组织和群体层面对员工反伦理行为影响因素,且缺乏实证检验。

二 "压力源—情绪居中"模型

员工反伦理行为不仅受到"挫折事件"的影响,还受到组织评估、社会环境等因素的作用。因此构建员工反伦理行为理论模型时,员工所处的环境和受到的评估压力也是必须考虑的因素之一。鉴于此,Spector 和 Fox(2005)在"挫折—攻击"理论模型的基础上创造性地提出了"压力源—情绪居中"理论模型(见图 5-2)。该理论模型认为员工反伦理行为源于其消极情绪,而消极情绪的产生又源于环境压力。

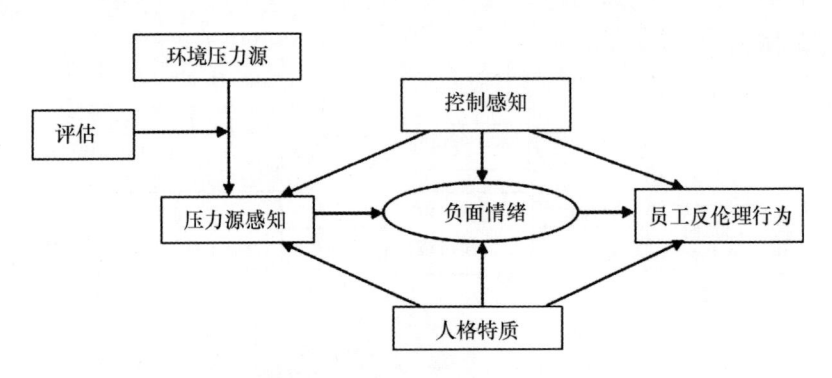

图 5-2 员工反伦理行为的"压力源—情绪居中"理论模型

具体而言,员工依据自身被考核的情况来感知这种考评所产生的压力,如这种压力感知远远超过自身所能承受的范围,压力就会转化成不满和抵触的消极情绪,而消极情绪极有可能转化为员工反伦理行为。从考评到最后反伦理行为出现,员工的人格特质及控制感知在这一转换过程中均起到显著的调节效应。他们还发现员工情绪具有累积效应，即员工感知到组织对自身压力加大时，此时员工的消极情绪也会随之增加，达到一定程度后便转化成反伦理行为。该模型以控制感和人格特质作为调节变量，这就对揭示员工反伦理行为的产生机制和压力源对其复杂的作用过程有重要的现实意义和理论贡献。同时他们还指出，员工反伦理行为受组织环境影响的同时，还会反作用于环境，使环境更易产生压力源，这就表明两者之间具有相互作用性。因此，"压力源—情绪居中"较好地解释了员工反伦理行为与环境、压力及情绪之间相互作用关系，进一步阐释了员工反伦理行为的形成机制，在理论上探究了员工出现反伦理行为的深层次原因。

三 "四因素"模型

Marcus 和 Schuler（2004）根据犯罪学原理探究出员工反伦理行为共因，提出了员工反伦理行为的一般性理论框架。他们把常见的影响因素根据控制—情绪—个体动机—情景，划分为平面四分图，形成了员工反伦理行为的四类一般性因素：触发类因素、机会类因素、控制类因素和倾向类因素（见图 5-3）。因此，我们可以把员工反伦理行为视作上述四类因素共同作用的结果。

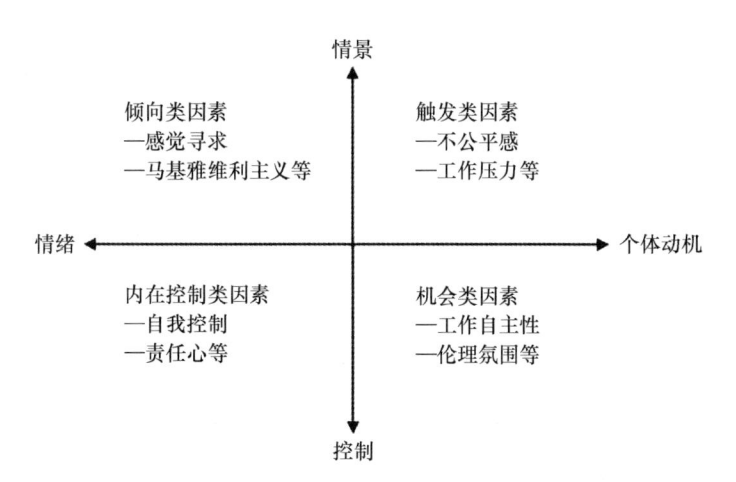

图 5-3 员工反伦理行为的"四因素"模型

"四因素"理论模型可用来分析情景变量与个体变量对其产生影响的差异性,并且初步探究了员工反伦理行为出现的动机。该理论模型的情景变量和个体变量在内容上可依据实际情况做出调整和改变,这就凸显了该模型具有很好的现实可操作性。同时该模型几乎涵盖了员工反伦理行为研究中常见的变量,是较为综合性的一个理论模型。例如,该模型在探讨员工个体因素影响的同时,首次将员工动机也纳入考察范畴。此外,该模型还通过机会类因素探讨组织层面对其产生的影响。但"四因素"模型未能系统阐释员工反伦理行为的形成机制,对员工反伦理行为的影响因素仅作为前置变量研究,缺少中间变量的探索。更确切地说,该模型只探究了员工反伦理行为的直接影响因素,未进一步考察潜在或间接影响要素。

四 "多层次理论"模型

"多层次理论"模型的基本假设是:个体存在于群体和组织之中。O'Boyle 等(2011)研究指出,以往研究的理论模型多以员工个体层面为主,但个体是存在于群体和组织情景中的,群体层面和组织层面的变量也必然会对员工反伦理行为产生影响。鉴于此,他们提出了"多层次理论"模型,具体见图 5-4。

该理论模型以员工的情感认知和情感加工为中间媒介,而前置变量组织层面、群体和员工个体不是对结果变量产生直接作用,是通过上述媒介发挥其间接效应。在个体变量上主要以员工的情感认知为主,如员工道德发展阶段水平、组织的公平感知敏感性等。组织层面上一般选择人力资源管理政策,如公司是行政型人力资源管理还是绩效型人力资源管理。群体层面上则通常选择领导品质、非正式的共同约定等。上述细化的前置因素也均通过员工个体的情感加工与认知作用于员工反伦理行为这一结果变量。

"多层次理论"模型虽然弥补了群体和组织层面变量对员工反伦理行为的解释变异较少、前置变量与其重叠等问题,但该模型刚刚在理论上建立,还有待实证研究的检验,且在中介变量的选择上仅考虑员工认知,而其他变量是否也存在中介效应则未进行探索。

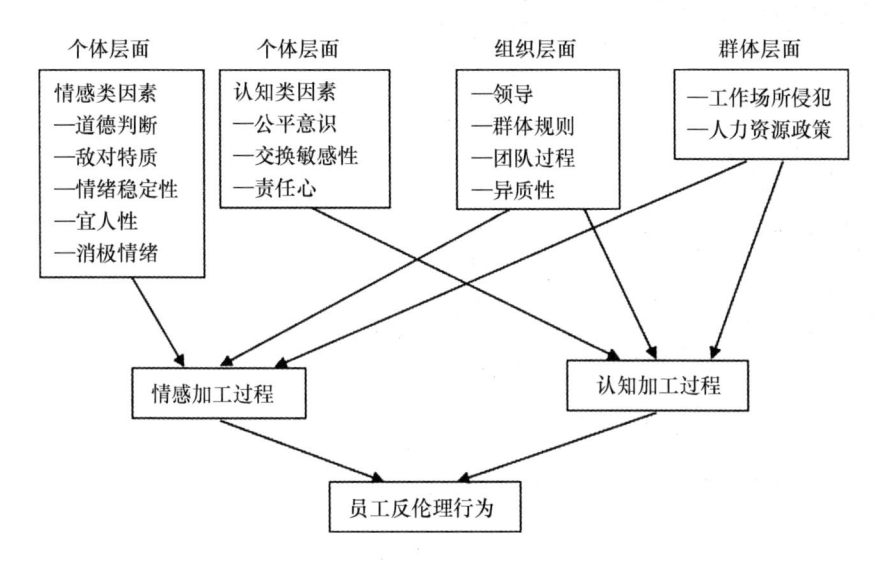

```
个体层面           个体层面           组织层面           群体层面
情感类因素         认知类因素         —领导             —工作场所侵犯
—道德判断         —公平意识         —群体规则         —人力资源政策
—敌对特质         —交换敏感性       —团队过程
—情绪稳定性       —责任心           —异质性
—宜人性
—消极情绪

                情感加工过程              认知加工过程

                          员工反伦理行为
```

图 5-4　员工反伦理行为的"多层次理论"模型

五　模型比较与简要评价

如前所述，任何一种理论模型都不能单独有效地解释员工反伦理行为的形成机制。"挫折—攻击"理论模型虽然将"受挫事件"和"情感反应"纳入考察范畴，但它仍无法解释员工出现反伦理行为的深层次原因，我们还需结合"压力源—情绪居中"理论模型及"四因素"理论模型，来进一步探究员工反伦理行为出现的动机及内在影响机制。

"多层次理论"模型认为，员工反伦理行为不仅受自身因素的影响，还受到群体和组织层面的影响。该模型更强调员工反伦理行为是受多个层面因素共同影响的结果，而不是完全受某单一层面左右。如果说"受挫—攻击"模型、"压力源—情绪居中"模型及"四因素"理论模型是从员工个体、某一事件、感知压力等方面强调其对员工反伦理行为产生的影响作用，而"多层次理论"则强调员工反伦理行为是上述因素的共同作用结果。因此，从某种程度上说，"多层次理论"模型是其他三类理论模型的有效补充和完善。虽然"多层次理论"模型对员工反伦理行为的形成机制作了较为详细的阐述，但以其前置影响因素为主，对中间变量仅选择员工情感加工和认知这一单一因素来解释其内部机制显然是不充分的，其他个体变量或组织层面变量是否也存在中间作用则未进行探索。

上述四种员工反伦理行为模型各自侧重点不同，不过在员工反伦理行为形成机制中，对员工个体变量所起的作用均给予了充分重视。但由于市场竞争环境日趋加剧和复杂，员工反伦理行为的形成机制也日渐隐蔽化、复杂化，仅从员工个体动机研究出发，很难应对现有的员工伦理行为状况，也使管理者难以察觉和预防。这就要求我们必须运用动态多重理论模型跟随市场环境变化及时调整以发现和控制员工反伦理行为，为管理者应对企业的管理伦理难题提供真正有针对性的措施和建议。

第四节　员工反伦理行为影响因素

员工反伦理行为因素探究已受到学者的重视，在厘清员工反伦理行为影响因素和影响机制的基础上，我们才可能从源头上采取措施解决和规避组织中出现的员工反伦理行为问题。本研究依据上述理论模型分析，发现影响员工反伦理行为的因素可分为两大类：个体因素和情景因素。个体因素一般包括个性、年龄、性别、教育背景等个体特征及员工特质等变量，而情景因素的内容则较为复杂，一般从员工认知、领导和组织等方面来进行探究。

一　个体因素

员工反伦理行为的形成源自个体最终的伦理行为抉择，员工个体因素的影响作用得到了众多学者的认同。员工反伦理行为的出现与员工个体因素存在怎样的关联性，一直是学者们探究的重要课题。

第一，员工性别、年龄等不同对其反伦理行为也有不同影响。目前这些变量与员工反伦理行为关系结论尚存在一定的差异性。如Bardsley 和 Rhodes（1996）研究发现，组织中年轻员工更易出现员工反伦理行为，Hui 和 Lee（2000）却在其实证研究中得出相反结论。Lau 等（2003）对员工反伦理行为前因变量进行定量研究发现，性别

第五章 员工反伦理行为模型与影响因素评述

和婚姻状况对其确实存在一定影响作用。

第二，个性差异对员工反伦理行为的影响。对员工个性差异性影响作用，我们主要参照了组织行为学中经典的"大五模型"，以责任心、宜人性、外向性、开放性和情绪稳定性这五类作为影响结果变量的主要因素。Salgado（2002）利用"大五模型"探讨其对员工反伦理行为的影响，结果表明责任心和开放性对预测员工反伦理行为有重要作用。Mount 等（2006）也研究证实，宜人性和责任心对员工反伦理行为有显著预测作用。Bolton 等（2010）研究指出，"大五模型"中的责任心对员工反伦理行为影响强度最大，开发性的影响作用最低。在"挫折—攻击模型"和"压力源—情绪居中"模型中均把员工情绪反应作为一个重要中介变量来探究员工反伦理行为的形成机制。

第三，员工个体特质的差异性对员工反伦理行为的形成也存在着不可忽略的作用。个体特质不同于个体特征，它是员工相对稳定的思想和情绪的内在表现形式，如诚实、顺从等。员工个体特质的内容和表现形式呈多样化的特点，学者们一般以诚实性、自我控制、员工道德发展阶段等作为研究重点。如 Spector 和 Fox（2005）研究发现，员工情感特质对其反伦理行为的产生有重要影响，并在"压力源—情绪居中"理论模型中把它作为调节变量，探究员工反伦理行为的形成机制。Fine 等（2010）研究证实员工诚实性与反伦理行为呈显著负相关关系，即表明员工诚实性越高，员工出现反伦理行为的可能性就越低。O'Brien 和 Tammy（2008）研究表明，员工个体将结果的责任归咎于内在因素的内控制点更易出现员工反伦理行为。Trevino 等（2006）研究指出员工个体的道德发展阶段对员工反伦理行为有一定的调节效应。Tang 等（2008）指出，善于权术、谋略和伪装自身真实意图的马基雅维利主义者更易出现反伦理行为。

总之，员工反伦理行为的出现与员工自身的诸多因素有着直接或间接的关联性，但系统解释存在这种关联性的理论却迟迟未能出现。如一些学者习惯把员工年龄或学历等因素作为研究员工反伦理行为的控制变量，并在研究过程中发现两者之间存在一定关联性，但却未形成一个统一结论和清晰的理论来解释两者的关联性，因此，个体因素对员工反伦理行为的影响仍需系统、科学的理论做支撑。

二 情景变量

员工出现反伦理行为除个体因素影响外，情景变量则是另一重要影响因素，它是员工伦理行为规范的重要外在作用力，一般来讲，组织因素、员工认知和领导因素的影响是学者们最为关注的焦点。

第一，组织因素。影响员工反伦理行为的组织因素一般包括绩效考核、薪酬管理、组织伦理氛围和组织文化等。在"多层次理论模型"中，组织因素作为一个前置变量对员工反伦理行为有显著的影响效应。赵君等（2011）研究指出，绩效考核目的、方式以及考核内容均对员工反伦理行为的出现产生一定的影响。刘文彬和井润田（2010）研究表明，不同的组织文化对员工反伦理行为产生不同的作用，在团结协作的组织文化背景下，员工出现反伦理行为的可能性最小。Trevino等（2006）研究发现，组织伦理文化和组织伦理氛围对员工反伦理行为均有显著影响，在功利导向的组织伦理氛围中，员工出现反伦理行为现象较为普遍。

第二，员工认知因素。员工认知因素是目前被学者们探讨最多的一类情景因素，主要包括组织承诺、组织公平感、工作满意度及心理契约破裂等。在"多层次理论"模型中，员工的认知加工被视作中介变量，发挥着显著的中介效应。Dalal（2005）分析指出，组织承诺和组织公平感对员工反伦理行为产生反向影响作用。Jones（2009）研究证实，组织公平感并不直接作用于员工反伦理行为，而是通过员工的感知及报复动机间接影响结果变量的产生。Ferris等（2009）研究证实，心理契约破裂是员工对组织履行其承诺程度的一种感知，心理契约破裂程度越高，员工出现反伦理行为的可能性就越大。Chiu和Peng（2008）研究指出，员工反伦理行为不仅受到心理契约破裂的直接影响，还受到员工个体敌对特质的调节作用。张永军（2012）研究发现，绩效考核公平感对员工反伦理行为存在着显著间接作用，而员工认知和行为动机则在两者之间起到中介效应。

第三，领导因素。学术界对领导因素与员工反伦理行为关系的探究现已成为研究的热点，其中以辱虐管理最具代表性。Detert 等（2007）研究结果表明，当下属感知其领导长期对自身进行口头或非口头敌意行为时，员工就会表现出较高的反伦理行为动机，表明两者之间呈相关性。Mayer 等（2009）研究发现，与辱虐管理相对应的伦理型领导，即领导对下属提供关怀和正向的指导时，员工反伦理行为出现下降趋势。Dineen 等（2006）研究指出，领导的指导行为对规避员工反伦理行为起积极作用，但领导行为并不直接作用于结果变量，而是通过领导行为的正直性发挥其间接作用，即领导行为不正直时，领导提供指导行为后，员工依然会出现反伦理行为。张永军等（2012）在回顾西方员工反伦理行为研究历程时发现，领导因素一直是影响员工反伦理行为的重要前置变量，但多以领导的道德认知和道德发展阶段为研究重点。在"多层次理论"模型中，领导因素作为组织层面的一个变量，对员工反伦理行为有影响。上述研究表明，不同领导风格对员工反伦理行为产生不同的作用。

总体来讲，员工反伦理行为的出现不仅是因自身而起，与其所在的环境也有密切的关联性，但这些外在影响因素是通过何种机制来共同作用于员工反伦理行为还有待进行进一步的系统探究。不过通过对员工所在的组织环境或社会环境等外部因素做出积极有效调整，对规范员工伦理行为必将起到正向效应。

第五节　研究展望

通过以上对员工反伦理行为的概念、内涵、理论模型及影响因素几方面的研究回顾和总结，我们发现虽然学者在上述领域的研究成果颇丰，但仍存在一些不足之处。比如，员工反伦理行为概念仍存在争议性，员工反伦理行为的作用机制仍有待完善等。为更好地探究员工反伦理行为，未来研究可围绕以下几个问题进行深入系统的探索。

第一，推动员工反伦理行为概念的统一认识。由于学者们对员工反伦理行为定义存在不同看法，致使他们在各自的研究范围内对其进行概念界定，形成了不同的认知，但多数定义中出现的"自愿""故意"等阐述，很难进行量化研究。正是因为学者们对其有各自的理解，这直接导致对其内容划分有一定差异性和模糊性，很难在同一的话语体系中进行交流和探究，同时也严重阻碍了员工反伦理行为的进一步研究和发展。因此，学术界应对员工反伦理行为的概念探究界定一个共同认可的层级体系，在这一体系中对其概念、内涵进行系统深入的研究。

第二，完善员工反伦理行为的动态演化机制研究。以往的员工反伦理行为理论模型研究多以概述性思辨为主，缺少量化研究和数据支撑。在对理论模型构建过程中，通常把员工情绪和认知作为中介变量，导致研究内容偏重在员工心理活动研究层面上，而其他可能的中介变量却一直未被探究。多数理论模型试图通过员工的情绪和控制等阐述反伦理行为的形成过程，但对其发生的动机和演化机制缺少系统论述。未来理论模型构建应将更多可能存在的中介变量和调节变量纳入进来进行考察，对员工反伦理行为的形成机制，应侧重从演化机制和动机机制来构建一个动态理论模型来揭示其形成的本质原因。

第三，加强员工反伦理行为的影响因素的多重立体性探索。目前对员工反伦理行为影响因素研究，大致可分为两大类：个体变量和情景变量。在现有的影响因素研究中，学者们多集中探讨其前置变量的影响，即从员工个体、组织群体这两个层面分析其对员工反伦理行为的影响，且在中介变量和调节变量的选取上多集中于员工特质、员工控制点等个体层面上，对组织层面、群体层面等是否存在调节效应和中介效应却未进行探究。未来研究在重视前置变量影响的基础上，还应该拓展员工反伦理行为的中间影响因素的研究内容，加强多层次、全方位影响因素的深入量化研究。

第四，积极开展在我国文化情景下员工反伦理行为的探索。员工反伦理行为研究多以西方组织文化背景为基础，而在我国企业文化情景下探究的却寥寥可数。我国的传统文化注重人际关系和谐，提倡伦理道德行为，但在如今的市场经济观念的冲击下，人们的传统价值观和伦理观都发生了重大变化，因此，我国的员工反伦理行为与西方的表现形式也必然存在显著的差别。此外，因我国长期受中庸文化、儒家思想及"面子文化"的影响，员工的思想理念也不同于西方。因此，未来应多在我国文化背景下来探究员工反伦理行为这一课题。

第六章 组织伦理氛围与员工反伦理行为关系的实证研究

第一节 引言

我国现处于社会变革攻坚期，企业管理伦理自身就有着诸多待解难题。伴随着人们市场经济观念增强，价值观趋于多元化，以及在对自身利益的肯定和诉求下，传统的伦理道德观念越发受到严峻挑战和冲击。学者们开始重视对员工反伦理行为的研究，同时其影响因素也逐渐受到人们的关注。本研究试图从组织伦理氛围视角入手，深入探讨不同类型的组织伦理氛围对员工反伦理行为是否存在影响以及作用强度是否相同，从而为组织营造积极、正向的组织伦理氛围，有效规避和控制员工反伦理行为提供借鉴。

第二节 概念界定与理论假设

一 员工反伦理行为

员工反伦理行为作为一种现象，在 20 世纪初泰勒工厂实验中就已被发现，囿于当时人们对其研究分散，无法系统解释其本质。直到 20 世纪 90 年代组织公民行为概念提出及其相关研究热潮兴起，学者们才开始对员工反伦理行为进行系统深入的研究。

Robinson 和 Bennett（1995）把员工中最常出现的旷工、迟到、早退等行为视为员工反伦理行为。Sackett 和 Devore（2001）认为员工无论是否有意造成组织或其他员工利益损失的行为都是员工反伦理行为。Spetor 和 Fox（2005）则认为员工反伦理行为不仅对组织内部造成损失，还会对组织利益相关者产生不良的影响。Bordia（2008）研究发现，员工反伦理行为存在三大共性：一是行为必须是有意为之；二是行为不符合组织伦理规范；三是行为所造成的直接后果对组织发展不利。我国学者刘玉新（2011）和张永军（2012）通过对行为的主客体和行为的后果、性质等方面进行研究发现，员工反伦理行为虽受自身意志所支配，但组织规定的员工职责中并未明确禁止这些行为。

虽然人们对员工反伦理行为的研究视角、研究方法等不同，但在本质上是一致的，即认为员工反伦理行为是一种消极工作行为。我们把这种基于员工自身意愿的、违背组织及其他成员合法权益的负面伦理行为，称为员工反伦理行为。

二 组织伦理氛围

对组织伦理氛围探究不仅有助于更好地预测组织和员工绩效，也为解决员工反伦理行为问题提供了一个新的路径。20 世纪 80 年代末组织氛围开始成为管理伦理研究的热点，组织伦理氛围作为其中一个分支也日益受到学者的重视。

Victor 和 Cullen（1987）率先提出组织伦理氛围这一概念，他们把这种组织全体员工在处理伦理两难问题或面临伦理行为抉择困境时所形成的感知称为组织伦理氛围。随后，Cullen（2003）在之前研究基础上，提出组织伦理氛围不仅对组织内部伦理水平有调节效应，而且是对内部占主体地位伦理行为模式的体现。Grojean 等（2004）认为人们对组织伦理氛围概念存在误解，即误认为组织的伦理准则是被大众认同或默许，且组织内存在统一的员工伦理行为准则或规章制度。我国学者吴红梅（2005）主张用"关于组织伦理氛围"来避免人们对这一概念的误解。刘文彬（2010）认为在同一组织中存在多种不同类型的组织伦理氛围，极少组织仅存在一种伦理氛围，且员工个体以组织存在主导地位的伦理氛围来规范自身伦理行为。

Victor 和 Cullen（1988）根据规范伦理学和伦理价值取向分析对

组织伦理氛围的结构进行了深入研究。他们认为组织伦理氛围可以分别从伦理的分析取向个人、组织和社会三个维度以及伦理标准的自利、关怀和原则三个维度进行分类,从而在理论上推导出九种类型的组织伦理氛围,即自利、友谊、个人道德、公司利益、团队利益、规范和程序、效率、社会责任和法律规则等。继而以此为基础,研发出组织伦理氛围调查问卷即 ESQ 量表,并以尼日利亚银行工作人员为研究对象,对该量表进行实证研究。学者们随后也以此量表为基础在世界不同地方、不同行业的组织中进行实证研究,结果验证了量表本身的稳定性,但得出的伦理氛围类型却极不稳定,只有其中四种类型的组织伦理氛围始终得到了验证,即关怀导向、独立判断导向、法律规则导向和功利导向。因此,尽管组织伦理氛围类型划分存在一定的争议,但 Victor 的 ESQ 量表在实践中得到了广泛使用和认可。本研究总结认为,组织伦理氛围是组织内占主导地位伦理氛围的具体体现,并被员工感知和遵循。同一组织中有多种不同类型的组织伦理氛围,且主要由关怀导向、独立判断导向、法律规则导向和功利导向四种类型组成。

三 研究假设

通过研究发现,目前我国的相关研究仅从组织伦理氛围类型中单个角度衡量对员工反伦理行为的影响,且大多停留在理论研究层面,已有的实证研究也以国外企业背景居多。鉴于此,本研究以我国境内企业为研究对象,选取关怀导向、独立判断导向、法律规则导向和功利导向这四种被普遍验证稳定存在的组织伦理氛围类型,对组织伦理氛围对员工反伦理行为的影响进行较全面的研究,以丰富员工反伦理行为的研究内容,为我国企业的伦理管理实践提供借鉴。

关怀导向是组织关注每一位员工的切身利益,组织各部门以及部门与员工个体之间在互动过程中表现出关怀、仁爱的组织伦理氛围。组织存在以"关怀"为主导的伦理氛围,不仅意味着组织内各部门之间出现"团结互助"的伦理行为,而且更利于形成员工个体间互助互爱的伦理行为。可见,在这种伦理氛围下,员工在追求自身利益

第六章 组织伦理氛围与员工反伦理行为关系的实证研究

的同时还会兼顾团体利益。员工在面临伦理困境抉择时也会受到组织中"关怀、仁爱"的伦理氛围影响，从而降低自身出现反伦理行为的可能性。Okpara（1994）研究发现，当组织伦理氛围为关怀导向时，员工对工作、晋升、同事和上级领导的满意度较高，员工反伦理行为减少。Peterson（2002）的研究也证实关怀导向的伦理氛围与组织员工反伦理行为呈负相关关系。基于上述分析，本研究提出以下假设：

H1：关怀导向伦理氛围与员工反伦理行为负相关。

独立判断导向是组织充分尊重和肯定员工个体判断事情对错的能力，且员工个体的伦理抉择不受组织或同事干预的组织伦理氛围。若组织形成了以"独断专行"、员工在个人伦理抉择上可自己判断且不受组织干扰为主的伦理氛围时，不仅能锻炼员工判断事物的能力，也提高了员工对组织的归属感和忠诚度。在组织信任员工决策能力、成员之间尊重和相信对方决断能力的伦理氛围下，员工个体会表现出极强的自律性，从而减少通过反伦理行为达到自身目的的举动。Wimbush（1997）的研究表明，独立判断导向的伦理氛围与员工反伦理行为是负相关的。台湾学者张人伟（2004）也通过实证研究表明，在独立判断导向下，员工会严格遵循组织伦理规则，员工反伦理行为的出现频率降低。基于以上分析，本研究提出以下假设：

H2：独立判断导向伦理氛围与员工反伦理行为负相关。

法律规则导向是员工不仅遵循法律、专业准则，还以组织的规章制度来约束自身伦理行为的组织伦理氛围。组织中以"法律、规则、制度"为群体伦理价值取向时，员工会自觉遵循法律规则行事，使自身行为符合组织规范。Trevino（1986）认为员工对事物的认知是其行为的根基，而组织中的道德认知对员工伦理行为有着重要影响。Vansant（2006）等人证明，在法律规则伦理氛围下，员工的道德认知较高，员工伦理行为更符合组织伦理准则。我国学者范丽群（2006）也研究证实，以法律规则为主导的企业，员工反伦理行为出现的概率较低。基于以上分析，本研究提出以下假设：

H3：法律规则导向伦理氛围与员工反伦理行为负相关。

功利导向是员工以追求自身利益为目的、个人主义为标杆的组织伦理氛围。若组织员工均以"自利"原则行事,员工只关心自身利益,在追求自身利益最大化的过程中漠视组织的整体利益,则此时组织对员工伦理行为约束性几乎为零,员工为追求利益出现反伦理行为就不足为奇。Bluefield 和 Caber(1998)的研究证实,以功利导向为主导的企业,员工伦理行为受到的约束最少。台湾学者钟镕骏(2007)通过实证研究发现,员工反伦理行为出现频率最高的是在功利导向的组织伦理氛围中。基于以上分析,本研究提出以下假设:

H4:功利导向伦理氛围与员工反伦理行为正相关。

第三节　实证分析

一　样本与数据收集

本次调查以我国企业情景为背景,首先对 Victor(1998)ESQ 量表和 Stewat(2009)的员工反伦理行为量表加以修正,设计预测问卷。在展开全面调查之前,我们选择在西南某高校企业管理在职研究生中发放问卷,获得有效问卷 50 份,随后根据所获得数据对题项进行检测分析,删除不符合测量规范题项,对问卷进行了修改和完善,形成正式调查问卷。在正式开始调研时,我们主要选择在当前员工反伦理行为现象较突出民营企业中发放,以广西、河南等地的 10 多家中等规模的民营制造业企业为研究对象,以公司内的基层员工为研究样本。正式调查问卷采取纸质和网络问卷两种形式,共发放问卷 250 份,其中网络问卷 150 份。回收问卷 219 份,回收率 88%,有效问卷 190 份,有效率 87%。问卷回收时间为 2012 年 12 月至 2013 年 3 月。本研究样本(N = 190)特征如下:性别,男性占 43.7%,女性占 56.3%;年龄,25 岁以下占 33.2%,25—30 岁占 53.7%,30—40 岁占 12.1%,40 岁及以上占 1.1%;教育背景,高中、中专及以下占 6.8%,大专占 43.2%,本科及以上占 50.0%。

本研究主要运用 SPSS 16.0 软件对数据进行处理,处理程序如下:(1)利用因子载荷、解释贡献率和 KMO 值等检验量表的有效性和科学性；(2) 利用相关性分析检验两者的关联强度；(3) 利用分层回归分析，检验两者之间的作用强度。

二 变量的测量

Victor 和 Cullen (1988) 开发的伦理氛围量表 (ESQ) 获得了学术界的一致认可，并在实证研究中验证了其稳定性。故本研究以 ESQ 量表为基础，修改部分量表题项，以符合我国企业情景，遂形成了 13 个问项的组织伦理氛围量表。

Fox 和 Spector (2007) 研究发现，对身边同事的反伦理行为描述能在一定程度上反映出被测试员工的反伦理行为的真实情况。Coleetal (2008) 也研究证实，同事的反伦理行为会对其他员工的反伦理行为产生影响。Stewat (2009) 和 O'Boyleetal (2011) 依据投射原理，采取参照点转移的形式，要求被测试员工回答身边同事的反伦理行为，间接地反映出自身的反伦理行为情况。结合 Stewat (2009) 的量表和张永军 (2012) 的员工反生产行为问卷，修改形成了适合的量表题项，最终形成了包含 6 个问项的员工反伦理行为量表。

三 实证结果分析

本研究运用方差旋转法和因子主成分分析法来确立组织伦理氛围的内部架构。通过 Bartlett 球形检验，得出 Chi-Square 值为 604.847 ($p<0.01$)，KMO 值为 0.681，符合量表检测要求。经分析处理得出组织伦理氛围的四个因素，即关怀导向、独立判断导向、法律规则导向和功利导向，如表 6-1 所示。

表 6-1　　　　　　　　组织伦理氛围因子分析

题项	因素负荷量	特征值	累计解释贡献率
因素一：关怀导向		3.006	23.124
您所在公司重视全体成员的利益	0.804		
您所在公司视员工都有利的情况为公司努力方向	0.795		

续表

题项	因素负荷量	特征值	累计解释贡献率
您所在公司尊重全体成员对事情的看法	0.747		
您所在公司成员总先考虑对其他人最有利的情况	0.714		
您所在公司成员行事准则都遵循公司政策	0.636		
因素二：独立判断导向		2.098	16.141
您所在公司员工可用自己的标准决定对错	0.775		
您所在公司员工依据自身伦理准则及道德理念做事	0.718		
您所在公司的每位员工都依自己的伦理准则行事	0.649		
因素三：法律规则导向		1.137	8.746
您所在公司希望每位员工都能遵守公司的规章制度	0.569		
您所在公司希望员工确实遵守政府法令或职业规则	0.785		
因素四：功利导向		1.632	12.552
您所在公司员工只关心公司的利益却完全不关心社会的整体利益	0.533		
您所在公司不存在个人的道德观念或伦理准则	0.703		
您所在公司每位员工都优先考虑自身利益	0.697		

员工反伦理行为量表 KMO 值为 0.778，Chi-Square 值为 347.078（$p<0.01$），特征值为 3.021，累计解释贡献率为 50.347%，均符合量表分析的规范要求。通过对因子量表项目逐一进行筛选，结果 6 个题项均符合检测要求，故给予保留。如表 6-2 所示。

表 6-2　　　　　　　员工反伦理行为因子分析

题项	因素负荷量
您所在公司的同事未经允许擅自延长休息时间	0.786
您所在公司的同事暗地里议论他人或说他人坏话	0.731
您所在公司的同事把公司的机密或重要信息告诉他人	0.720
您所在公司的同事为了获得加班费而故意拖延工作时间	0.687
您所在公司的同事故意放慢工作速度，磨洋工	0.678
您所在公司的同事挪用公司财产（比如车、资金、设备等）	0.647

第六章 组织伦理氛围与员工反伦理行为关系的实证研究

对关怀导向、独立判断导向、法律规则导向和功利导向这四个维度的组织伦理氛围与员工反伦理行为进行相关性分析,结果显示其相关性系数(Person系数)分别为:-0.239**、-0.208**、-0.209** 和0.205**,显著性水平均小于0.01,表明员工反伦理行为与关怀导向、独立判断导向和法律规则导向的组织伦理氛围呈显著负相关关系,而与功利导向的组织伦理氛围呈显著正相关关系。

运用分层回归分析深入探究四种不同类型的组织伦理氛围与员工反伦理行为关系。经过相关性的实证研究可知,两者之间存在显著的相关关系,故构建员工反伦理行为与四种不同维度伦理氛围的分层回归模型,以人口描述为控制变量,该模型主要探究四种不同维度的伦理氛围对员工反伦理行为产生的影响以及影响强度。见表6-3。

表6-3 组织伦理氛围与员工反伦理行为的分层回归

自变量	df	Adjust R^2	F	标准化系数 β	共线性统计 允差	VIF
第一步:	3	-0.002	0.872			
性别				0.038	1.000	1.000
年龄				0.053	0.979	1.021
学历				0.106	0.979	1.021
第二步:	7	0.162	6.219			
关怀导向				-0.230**	0.975	1.026
独立判断导向				-0.212**	0.968	1.033
法律规则导向				-0.209**	0.975	1.026
功利导向				0.205**	0.989	1.011

注:*表示$p<0.05$,**表示$p<0.01$,***表示$p<0.001$。

通过控制人口变量之后,回归方程F检验为6.219,显著性水平小于0.01,证明两变量之间存在线性回归关系,即四种不同类型的组织伦理氛围与员工反伦理行为存在线性回归关系。在共线性上VIF值均小于5,表明该模型无显著共线性问题。通过对回归系数进行比较,关怀导向的组织伦理氛围对其影响强度最大。

第四节 结论与展望

一 理论贡献

本章通过实证分析,发现关怀导向、独立判断导向和法律规则导向的组织伦理氛围与员工反伦理行为呈负相关关系,且三者均与之存在线性回归关系。若组织伦理氛围以三者为主,则在组织内部员工反伦理行为出现的概率就会大大降低。同时证实功利导向伦理氛围与员工反伦理行为呈正相关关系,且与之存在线性回归关系。若组织伦理氛围是以此为主,则在组织内部员工反伦理行为出现的概率就会增加。通过对假设逐一验证,不仅丰富了员工反伦理行为的研究内容,对管理伦理的研究也有了更全面的认识。

二 实践启示

目前在企业界,管理伦理负面影响已受到管理者的重视,但对其关注点多为企业组织伦理规范化与制度化上的宏观建设层面,而忽略了对组织内部特定伦理氛围的构建与完善。因此,为丰富和拓展组织层面对员工反伦理行为作用机制,本章从组织伦理氛围这一视角进行了探索性研究。结果显示,四种不同类型的组织伦理氛围与员工反伦理行为均存在显著相关性。从管理实践的角度来看,研究结论表明,在组织中积极营造正向的组织伦理氛围,努力避免消极负向的组织伦理氛围,对规避和控制员工反伦理行为有着极为重要的现实意义。

尽管国内企业管理者已开始重视组织中的管理伦理问题,但多为宏观的组织制度化建设。实践结果证明,这种做法收效甚微,在实际操作过程中存在以下弊端:一是企业现处于一个复杂多变的市场环境中,员工与企业面对的伦理困境是前所未有的,因此制度化的组织管理伦理体系很难发挥其应有的作用和功能;二是企业管理伦理制度化建设仅仅依靠层层把关、层层控制的传统管理模式,很难有效规避和控制员工反伦理行为。管理者面对这一现实,应从科学的角度思考和寻求解决这一问题的合理途径,而组织伦理氛围的营造和完善为解决员工反伦理问题提供了一个新的思路。管理者在建设和完善组织伦理氛围过程中，可以着重从以下几个方面入手：第一，管理者应努力营造关怀导向伦理氛围，让员工感受到组织对其个体存在价值的重视与肯定。企业可通过员工分红、持股等经济手段让其共享公司发展成果，也可通过构建互助友爱的企业文化，以培养员工的归属感，则员工在面临伦理困境时，反伦理行为就会减少。第二，要重视独立判断导向和法律规则导向的伦理氛围建设。企业可通过举办管理伦理、法律法规的讲座，开展全体员工组织伦理及法律法规的教育学习等，培养员工的独立决断能力和法律法规意识。第三，管理者要注意避免组织内出现功利导向的伦理氛围。企业通过建设团队协作文化，鼓励员工互帮互助，同时企业自身也应承担与其相适应的社会责任，为员工做出表率，让其感受到企业的生存不纯粹以盈利为目的，从而引导减少员工以自身利益为出发点的反伦理行为。员工反伦理行为问题是一个长期而艰巨的现实管理课题，管理者可通过科学合理的构建和完善组织伦理氛围来规避和控制员工反伦理行为。

三 研究展望

本章的实证研究结果，不仅丰富了员工反伦理行为影响因素研究，也为我国管理者的实践提供了参考建议。但本章不足之处在于，样本来源仅限于广西与河南两个区域的制造类行业，以后研究可在更广的区域和不同行业来检验其结果是否存在差异。同时本章仅从组织伦理氛围这一组织层面研究对员工反伦理行为的影响，其他组织层面或员工个体变量是否对其产生影响还有待以后进行系统深入的研究。

第七章 绩效考核目的对员工反伦理行为的影响机制研究

第一节 引言

国外管理伦理学界在20世纪60年代开始重视员工个体行为对组织绩效和组织目标的影响作用。Katz（1964）首次明确提出，员工两种基本行为对组织影响作用效应最为突出，即员工以自身相应的身份和能力完成组织规定的任务和超出组织规定外员工自发行为对组织目标作用行为。此后，学者也开始重视员工行为对组织的影响，但多集中在前者，即员工行为对组织产生的积极作用研究上，并把这种效应归因于员工的人性善上，即认为员工所有出发点都是积极向上的，员工与组织的利益和目标都是绝对一致的，故学者们多忽略了员工消极行为所产生的不良影响。由此管理伦理学界对员工自发、积极、创造性地完成组织目标的组织公民行为的研究成为热点课题，而与其相反的旷工、懈怠等员工反伦理行为却长期受到学者们冷落。

其实，员工反伦理行为是相对组织公民行为而言的另一行为集，是员工违反组织规定或以消极工作方式对组织和其他成员造成隐性或显性损失的一种行为。国外的一些早期调查数据表明：30%—70%的员工曾有意或无意损毁组织的公共财物，六成以上受访者表示自己曾为晋职或加薪等原因刻意夸大自身业绩，有近七成员工表示自己曾把公司一些财产据为己有，过半受访者表示自己曾有过故意拖延工作时长来谋取加班费。由此可见员工的这些消极行为并非个例，对组织的稳定健康发展构成了很大风险。

第七章 绩效考核目的对员工反伦理行为的影响机制研究

人们既然已经意识到员工反伦理行为的种种危害,就必须及时采取防范措施,但采取措施前应厘清员工产生反伦理行为的原因,只有这样其措施才具有针对性和科学性,这一问题已受到学术界的极大关注并取得了一定的成果。但在众多的影响因素中,绩效考核目的这一变量却受到忽略。通过对以往学者的研究分析发现,企业中一般存在两种绩效考核目的:评估型、发展型。评估型绩效考核目的用于组织内人事晋升和奖惩等,被员工视作自身工作水平测量的标尺。发展型绩效考核目的用于指导、培训员工的依据,被员工视作组织的一种激励和关怀。随着全球经济一体化加剧,组织的市场竞争压力越来越大,进而导致组织对员工的考核频率和强度也随之增大。随之一种常见的组织情景就出现了,即组织为提升自身市场竞争力,采用末位淘汰制的考核方式,此刻员工个体却对此表现出焦躁和反对情绪,且在这种典型的评估型绩效考核目的下,员工只关注自身利益,对组织利益漠视。从目前我国企业现状来看,评估型绩效考核目的仍占主导地位,并为管理者所支持。

科学合理的绩效考核目的能更客观评价员工的工作绩效,为员工职业健康发展提供有力保障,也能更大程度地调动员工工作的积极性。反之则可能引起员工反伦理行为出现。本章考察两种不同类型的绩效考核目的对员工反伦理行为层面的影响,以验证两者之间是否存在关联性。在组织中,员工消极怠工、员工暴力等反伦理行为普遍存在。而员工作为组织的一分子,其反伦理行为直接影响组织的正常运作。在我国企业以评估型绩效考核目的为主导的情形下,绩效考核目的对员工反伦理行为是否存在因果关系,关系强度如何,这些问题都亟待探索。

第二节 相关理论基础

一 结构紧张理论

结构紧张理论是由美国社会学家 Merton(1938)率先提出来的,该理论由古典失范行为概念演化而来。失范行为是指个人或团体规范与当时社会存在的主流价值观或社会规范不一致，甚至相冲突的一种紧张状态，且这种状态是长期存在的。随后 Merton（1938）在此基础上，结合当时美国大萧条时期的紧张社会关系，提出因社会个体的地位、教育背景、经济条件等与自身周围的成员相比存在较大落差，致使自身追求的目标难以通过正规渠道来实现，使其产生挫败感、失落感，进而产生消极情绪甚至对社会产生不满，最终使其选择逃离社会或选择对社会有危害性的行为。从 Merton（1938）的结构紧张理论中我们发现，个体选择反伦理行为与自身目标和社会结构关联性不强有极大关系。若组织把绩效考核目标定得过高或制定了奖惩制度却未履行，这都会让员工心里产生紧张、不公平感等负面情绪。企业的绩效考核与薪酬是直接挂钩的，两者紧密相连，如果绩效考核制度不合理，员工在利益和负面情绪的双重驱使下，极有可能会选择不合组织伦理规范的行为来满足自身目标和组织的常规考核。

　　Merton（1938）根据目标和合法手段间的关联性将员工反应类型归为以下五类。第一，顺从型，员工自愿接受考核目标，利用社会和组织认可的合法手段，且自身的社会地位和能力也允许其按期完成目标，此时员工的顺从型反应就产生了，但这类反应并不属于失范行为和员工反伦理行为，而是社会和组织都极力倡导的一种规范行为。第二，创新型，员工接受并认同组织目标，但因其能力和社会地位等多方面的因素制约其通过正规手段来完成目标，此时员工的"创新型"反应就产生了，创新者常采用常规外甚至非法手段，如通过擅自挪用公款、剽窃别人成果等方式来达到组织目标或自身利益需求。第三，仪式主义型，员工并不认同组织目标，但依然严格按照组织规范来履行职责，其手法是合理的但行为过于拘泥于形式，如员工磨洋工、消极怠工等，这些行为对组织和其他成员产生了消极影响，也不利于员工自身目标实现。第四，退缩型，员工接受目标后，在其实现目标的过程中可能会遇到一些困难或阻碍，于是员工便轻易放弃了目标或社会认可的手段，此时员工的退缩型反应就产生了，如迟到、旷工等行为。第五，反叛型，员工既不接受组织目标同时也排斥现有的组织规范手段，企图完全按照自己的行为方式或遵循自身的价值观去实现自己既定的目标，如职场暴力、言语攻击等反伦理行为。

在上述五种员工反应类型中，员工极少通过正规渠道或社会认可的合理手段来实现组织和个人既定目标。因社会快速发展、社会竞争机制日趋完善，组织考核强度不断加大，这些因素都极易使员工产生紧张、焦躁情绪，进而诱使其通过非常规手段来实现自身和组织目标。

二 压力源—情绪居中理论

Spector 和 Fox（2005）在"挫折—攻击"理论基础上创造性地提出了"压力源—情绪居中"理论。该理论认为员工反伦理行为源于其消极情绪，而消极情绪的产生又源于组织中大量的压力源。

具体而言，员工依据自身被考核的情况来感知这种考评所产生的压力，如这种压力感知远远超过自身所能承受的范围时，压力就会转化成不满和抵触的消极情绪，而消极情绪极有可能转化为员工反伦理行为。从考评到最后反伦理行为出现，员工的人格特质及控制感知在这一转换过程中均起到显著的调节效应。他们还发现员工情绪还具有累积效应，即员工感知到组织对自身压力加大时，此时员工的消极情绪也会随之增加，达到一定程度后便转化成反伦理行为。该模型以控制感和人格特质作为调节变量，这就为揭示员工反伦理行为的产生机制和压力源对其复杂的作用过程，有着重要的现实意义和理论贡献。同时他们还指出，员工反伦理行为受组织环境影响的同时，还会反作用于环境，使环境更易产生压力源，这就表明两者之间具有相互作用性。因此，"压力源—情绪居中"理论较好地解释了员工反伦理行为与环境、压力及情绪之间的相互作用关系，进一步阐释了员工反伦理行为的形成机制，在理论上探究了员工出现反伦理行为的深层次原因。

该理论虽在一定程度上解释了员工反伦理行为形成机制，但仅从压力源这一单一层面来进行研究，却未考虑其他组织或个人层面因素。该理论的前置因素还有待拓展，未来理论研究应加入更多情景变量和员工自身因素，在实证检验中以不同企业作为背景来验证理论是否具有可靠性和科学性。从而为丰富该理论提供有效支撑,也为拓展员工反伦理行为形成机制提供更加科学的理论指导。

三 "多层次"理论

"多层次"理论的基本假设是:个体存在于群体和组织之中。O'Boyle 等(2011)研究指出,以往研究理论多以员工个体层面为主,但个体是存在于群体和组织情景中的,群体层面和组织层面的变量也必然会对员工反伦理行为产生影响。鉴于此,他们提出了"多层次"理论。该理论以员工的情感认知和情感加工为中间媒介,而前置变量组织层面、群体和员工个体不是对结果变量产生直接作用,而是通过上述媒介发挥其间接效应。在个体变量上主要以员工的情感认知为主,如员工道德发展阶段水平、组织的公平感知敏感性等。组织层面上一般选择人力资源管理政策,如公司是行政型人力资源管理还是绩效型人力资源管理。群体层面上则通常选择领导品质、非正式的共同约定等。上述细化的前置因素也均通过员工个体的情感加工与认知作用于员工反伦理行为这一结果变量。

"多层次"理论虽然弥补了群体和组织层面变量对员工反伦理行为的解释变异较少,前置变量与其重叠等问题,但该理论刚刚建立,还有待实证研究的检验,且在中介变量的选择上仅考虑员工认知,而其他变量是否也存在中介效应则未加探索。

第三节 员工反伦理行为的影响机制模型构建

一 相关概念界定

绩效考核是依照一定的衡量标准来检测员工绩效水平,并关系到员工个体对组织的贡献和个人职业发展。在绩效考核过程中必然会出现众多考核信息,组织和管理者如何运用这些信息则形成了不同类型的绩效考核目的。依据 Cleveland 等(1989)的定义,本研究认为绩效考核目的是指组织对绩效考核信息的使用方式和途径。从相关研究来看,对绩效考核目的的研究主要分为两个层面:一是把绩效考核目

第七章 绩效考核目的对员工反伦理行为的影响机制研究

的视为管理策略,此时研究主体为企业,并认为不同企业间的绩效考核目的是不相关的;二是把绩效考核目的视为员工个体的心理感知,研究主体为企业中的员工个体,并认为员工个体间对企业绩效考核目的的认知是不同的。

本研究的实证部分就是采用第二个层面,把绩效考核目的视为员工个体的心理感知。随着市场竞争加剧,社会环境日益复杂多变,企业为生存和发展,在选择绩效考核目的时会更加谨慎,故对绩效考核目的概念界定有着重要的现实意义。

尽管人们对员工反伦理行为的研究视角、研究方法、测量工具等不同,但在本质上是一致的,即认为员工反伦理行为是一种消极工作行为。我们把这种基于员工自身意愿的、违背组织及其他成员合法权益的并对其造成隐性或显性损失的负面伦理行为,称为员工反伦理行为。以 Robinson（1995）对研究员工反伦理行为的功效为参照,本研究认为对员工反伦理行为概念进行研究有以下几种功效:一是有助于丰富员工反伦理行为研究内容;二是有助于人们准确预测和识别员工反伦理行为;三是有助于研究结论概化效力的提升。

本研究以我国企业为背景,以一些确凿无疑的员工反伦理行为为依托,对员工反伦理行为进行探索性分析,为规避员工反伦理行为提供借鉴。

组织伦理氛围是组织内占主导地位伦理氛围的具体表现,并被员工感知和遵循。文献回顾发现,对组织伦理氛围的研究主要包括两个层面:类型和强度。Victor 和 Cullen（1988）研究发现组织中以某种类型伦理氛围为主导,但只存在一种伦理氛围的组织极少。后来众多学者相继证实企业内存在多种伦理氛围,不同伦理氛围的强度存在差异性,且组织伦理氛围的强弱也是对员工行为产生不同影响的标志。尽管人们对组织伦理氛围的内部构成还处在不同认识层面,但有四种组织伦理氛围类型获得了大家的一致认可,并在多次实证结果中获得证实,即关怀导向、独立判断导向、法律规则导向和功利导向,故本研究只关注这四种组织伦理氛围类型的研究。

组织和管理者如何识别和运用企业内存在的多种组织伦理氛围,

关系到组织和员工的健康发展，也是应对日益激烈的市场竞争的必然要求。故厘清组织伦理氛围的概念和内涵，对企业和经营者来说都有着特殊意义。

二 绩效考核目的对员工反伦理行为影响分析

依据社会交换理论，员工与组织在本质上就是一种交换关系。当员工受到组织奖励时，员工就会在工作中表现出积极主动性；当员工在组织中受到不公正处罚或员工感受到来自组织的压力超过自身承受能力时，员工就会出现消极情绪并可能产生报复组织的恶意行为。评估型绩效考核目的主要作用是反映员工的工作水平，但随着考核强度和频率的加大，员工很大程度上可能会表现出抵触和消极情绪。Boswell和Boudreau（2002）研究指出，当组织采取以行政手段控制员工行为，只关注员工行为结果的行政型人力资源管理时，组织对员工职业培训和职业发展投入最少，此时员工工作积极性就会大大减低，工作中也极易出现负面情绪，进而出现员工反伦理行为的可能性就会增加。这表明，把绩效信息作为员工行为结果评价工具的评估型绩效考核目的对员工反伦理行为可能会产生推动作用。基于上述分析，本研究提出以下假设：

H1：评估型绩效考核目的与员工反伦理行为正相关。

尽管已有的实证研究中极少有学者直接探讨发展型绩效考核目的与员工反伦理行为的关系，但仍有一些研究能间接证明两者之间的关系。Spector和Fox（2005）在其压力源—情绪理论中指出，员工反伦理行为主要是由其情绪转化而来，而情绪的产生则可能受到环境压力的影响。绩效考核目的作为组织环境压力的一个重要来源，可能会影响员工的情绪，进而可能影响员工的行为。随后，Kuvaas（2007）以银行工作人员为调查对象，研究发现发展型绩效考核目的对员工工作绩效水平有一定程度影响。Andrew等（1998）以香港酒店行业工作人员为研究对象，结果证实高绩效人力资源管理实践对减少员工离职倾向和提高其工作满意度有积极影响作用。高绩效的人力资源管理在内容上就包括了发展型的绩效考核目的，这就意味着发展型的绩效考核目的对员工满意度和离职倾向也有一定的影响,而员工满意度高、离职倾向低的情况下,员工出现反伦理行为的可能性也就减小,即从侧面反映出发展型的绩效考核目的对员工反伦理行为可能起到反向影响作用。基于上述分析,本研究提出以下假设:

H2:发展型绩效考核目的与员工反伦理行为负相关。

三 组织伦理氛围的调节作用

关怀导向是组织关注每一位员工的切身利益,组织各部门以及部门与员工个体之间在互动过程中表现出关怀、仁爱的组织伦理氛围。在关怀导向的组织伦理氛围中,员工之间会被鼓励表现出更多的互助互爱,团结协作,进而为抑制员工反伦理行为营造出一个积极正向的伦理环境。Rest(1986)研究指出,组织伦理氛围极少直接作用于员工个体的伦理行为,它是通过员工道德判断和行为意图间接作用于最终的伦理行为,这就意味着组织伦理氛围对员工的反伦理行为可能起着间接影响作用。随后,Larwood(1998)研究证实,关怀导向的组织伦理氛围与员工个体工作态度相关。他在研究中还发现两者产生关联性的内在机制就是领导道德认知,即组织伦理氛围通过影响领导道德认知来间接作用于员工态度和工作行为。由上述分析可以看出,虽然关怀导向的组织伦理氛围不会直接影响员工的行为,但却是员工行为产生的重要背景影响因素。在此,本研究探索性地探讨关怀导向的组织伦理氛围在绩效考核目的与员工反伦理行为关系中的调节效应。由于发展型绩效考核目的重视对员工的反馈和指导,考核结果被员工视作组织的激励,如果员工又处在互帮互助、团结友爱的组织伦理氛围中,员工会把发展型绩效考核目的作为一次宝贵的学习机会,并充分利用反馈的信息和指导性的建议对自身伦理行为做出调整,使其行为符合组织伦理行为的规范要求;相反,评估型绩效考核目的只关注员工绩效考核结果,难以满足员工更高层次的需求,关怀导向的组织伦理氛围虽然能够缓解员工反伦理行为的出现,但评估型绩效考核目的对其仍具有推动作用。

基于上述分析,本研究提出以下假设:

H3a：关怀导向在评估型绩效考核目的与员工反伦理行为之间的关系中起着调节作用，具体表现为关怀导向程度越强，评估型绩效考核目的与员工反伦理行为之间的正相关关系越弱。

H3b：关怀导向在发展型绩效考核目的与员工反伦理行为之间的关系中起着调节作用，具体表现为，关怀导向程度越强，发展型绩效考核目的与员工反伦理行为之间的负相关关系越强。

独立判断导向是组织充分尊重和肯定员工个体判断事情对错的能力，员工个人的伦理抉择不受组织或同事干预的组织伦理氛围。Banerjee 等（1998）以高校教师为研究对象，发现影响教师伦理行为的因素与组织环境显著相关，即组织伦理氛围和组织文化情景对教师的伦理行为有一定程度的影响，同时教师个人所认可的社会伦理准则对其行为也存在影响作用。Aryee 等（2008）研究表明，组织氛围在员工行为与情境绩效之间的关系中起着显著的调节作用，但没有直接探讨独立判断导向的组织伦理氛围是否在绩效考核目的与员工反伦理行为之间具有调节作用。由于发展型绩效考核目的为员工提供一种反馈价值，如果员工处于相互尊重，自主抉择的组织伦理氛围中，员工会把发展型绩效考核目的作为组织对自身的一种激励措施，并根据反馈信息改进自身绩效和伦理行为；相反，评估型绩效考核目的则难以满足员工不断改进自身行为的需求，独立判断导向的组织伦理氛围虽然能对员工反伦理行为的出现起到一定的缓冲作用，但评估型绩效考核目的对其仍具有推动作用。

基于上述分析，本研究提出以下假设：

H4a：独立判断导向在评估型绩效考核目的与员工反伦理行为之间的关系中起着调节作用，具体表现为，独立判断导向程度越强，评估型绩效考核目的与员工反伦理行为之间的正相关性越弱。

H4b：独立判断导向在发展型绩效考核目的与员工反伦理行为之间的关系中起着调节作用，具体表现为，独立判断导向程度越强，发展型绩效考核目的与员工反伦理行为之间的负相关性越强。

法律规则导向是员工不仅遵循法律、专业准则，还以组织的规章制度来约束自身伦理行为的组织伦理氛围。Tim 和 Cheryl（2000）研

第七章 绩效考核目的对员工反伦理行为的影响机制研究

究证实,社会法律法规和组织的规章制度对员工个体的伦理行为均有强制的约束力,但作用程度不同。同时他们发现,组织强调建设行业规范和职业操守的伦理氛围,将对员工个体的伦理判断与伦理行为产生调节效应,即员工感知到自身处在一个强调规则、制度的伦理氛围组织,则这种感知对其伦理价值取向与伦理行为有显著的调节作用,但是否在绩效考核与员工伦理行为间也存在调节效应尚待考证。因为发展型绩效考核目的不仅是一种考核工具,更是对员工的长期发展提供建议和帮助,如果此时的组织又存在完备合理的规则制度,则员工反伦理行为出现的可能性就会大大降低;相反,评估型绩效考核目的将考核信息与员工晋升和工资等直接挂钩,对员工的其他合理要求难以满足,且这种方式的考核易给员工造成压抑情绪,即使在法律规则导向的组织伦理氛围中,也会导致员工反伦理行为频繁出现。基于上述分析,本研究提出以下假设:

H5a:法律规则导向在评估型绩效考核目的与员工反伦理行为之间的关系中起着调节作用,具体表现为,法律规则导向程度越强,评估型绩效考核目的与员工反伦理行为之间的正相关性越弱。

H5b:法律规则导向在发展型绩效考核目的与员工反伦理行为之间的关系中起着调节作用,具体表现为,法律规则导向程度越强,发展型绩效考核目的与员工反伦理行为之间的负相关性越强。

功利导向是员工以追求自身利益为目的,个人主义为标杆的组织伦理氛围。Deshpande(1996)研究表明,组织内同时存在多种伦理氛围,正向的组织伦理氛围对员工伦理行为起到规范引导作用,负向的组织伦理氛围则会助长员工反伦理行为。Trevino(1986)研究发现,组织伦理氛围通过对员工工作态度产生影响,进而影响其伦理行为,即组织伦理氛围通过影响员工态度,间接作用于其行为。Spector和Fox(2005)等人的研究也证实,组织环境是员工较为看重的一种资源,在绩效评估与员工伦理行为之间存在调节作用,即认为组织伦理氛围作为企业的一种内部环境,对员工伦理行为并不产生直接影响,而是通过调节作用影响绩效评估与员工伦理行为之间的关系。虽然Spector等学者已证实组织环境在绩效评估与员工行为之间有调节作用，但却未直接探究功利导向的组织伦理氛围在两者之间是否存在调节作用。虽然发展型绩效考核目的以考核信息来满足员工不断发展的需求，但如果员工处在组织成员多以自身利益为重的组织伦理氛围中，员工对组织发出的反馈信息就很难感知；评估型绩效考核目的只关注绩效考核的结果，缺少对员工自身的关注，若此时组织又是以功利导向的组织伦理氛围为主时，则员工出现反伦理行为就不足为奇。基于上述分析，本研究提出以下假设：

H6a：功利导向在评估型绩效考核目的与员工反伦理行为之间的关系中起着调节作用，具体表现为，功利导向程度越强，评估型绩效考核目的与员工反伦理行为之间的正相关性越强。

H6b：功利导向在发展型绩效考核目的与员工反伦理行为之间的关系中起着调节作用，具体表现为，功利导向程度越强，发展型绩效考核目的与员工反伦理行为之间的负相关性越弱。

第四节　研究方法

一　实证研究过程设计与数据收集

本研究以我国企业情景为背景，对现有的量表加以修正，设计预测问卷。在开展全面调查之前，我们选择在西南某高校企业管理在职研究生中发放问卷，获得有效问卷 50 份，根据所获得数据对题项进行检测分析，删除不符合测量规范题项，形成正式调查问卷。

（一）样本基本情况调查表

量表包含 3 个部分：性别、年龄、学历。

1. 性别：分成"男"与"女"两个选项；2. 年龄：分成"25 岁及以下""26—30 岁""31—40 岁""40 岁以上"四个选项；3. 学历：分成"高中、中专及以下""大专""本科及以上"三个选项。

（二）绩效考核目的量表

Boswell 和 Boudreau（2000）研究指出，员工个体的感知能更加有效地折射出组织的绩效考核目的。鉴于此，我们采用了 Cleveland（1989）的绩效考核目的量表，并依据我国企业情景做了探索性因子

第七章 绩效考核目的对员工反伦理行为的影响机制研究

分析，进一步检测量表题项是否满足实验要求，最终形成包含9个问项的绩效考核目的量表。

量表采用"李克特五点尺度法"计分，根据员工认同程度不同分为：完全不同意、比较不同意、既不同意也不反对、基本同意、完全同意五种情况。具体如表7-1所示。

表7-1 绩效考核目的量表

	项目	完全不同意	比较不同意	既不同意也不反对	基本同意	完全同意
评估型	考核结果决定员工薪酬水平的高低	1	2	3	4	5
	绩效考核结果与员工的晋升有很强的联系	1	2	3	4	5
	绩效考核结果是对员工过去绩效的评估	1	2	3	4	5
	绩效考核结果是判断谁优谁劣的依据	1	2	3	4	5
发展型	考核结果能帮助员工识别其培训需求	1	2	3	4	5
	公司能提供绩效考核的结果反馈	1	2	3	4	5
	绩效考核能识别员工的优势和劣势	1	2	3	4	5
	绩效考核为员工提供清晰的个人发展目标	1	2	3	4	5
	员工收到的考核反馈有助于其理解公司战略	1	2	3	4	5

（三）员工反伦理行为量表

Fox等（2007）研究发现，对身边同事的反伦理行为描述能在一定程度上反映出被测试员工的反伦理行为的真实情况。Cole等（2008）也研究证实，同事的反伦理行为会对其他员工反伦理行为产生影响。Stewart（2009）和O'Boyle（2011）等依据投射原理，采取参照点转移的形式，要求被测试员工回答身边同事的反伦理行为，间接地反映出自身的反伦理行为情况。我们借鉴Stewart（2009）的量表，并结合我国情景，删除了如种族歧视等明显不符合我国实际的条目，而后又对量表做了探索性因子分析，最终形成6个问项的员工反伦理行为量表。如表7-2所示。

表 7-2　　　　　　　　　员工反伦理行为量表

项目	完全不同意	比较不同意	既不同意也不反对	基本同意	完全同意
公司的同事未经允许擅自延长休息时间	1	2	3	4	5
公司的同事暗地里议论他人或说他人坏话	1	2	3	4	5
公司的同事把公司的机密或重要信息告诉他人	1	2	3	4	5
公司的同事为获加班费而故意拖延工作时间	1	2	3	4	5
公司的同事故意放慢工作速度，磨洋工	1	2	3	4	5
公司的同事挪用公司财产	1	2	3	4	5

（四）组织伦理氛围量表

Victor 和 Cullen（1988）开发的伦理氛围量表（ECQ）获得了学术界的一致认可，并在后来的实证研究中验证了其可靠性和稳定性。故本研究以 ECQ 量表为基础，在探索性因子分析基础上删除不符合检测要求的题项，遂形成了 13 个问项的组织伦理氛围量表。如表 7-3 所示。

表 7-3　　　　　　　　　组织伦理氛围量表

	项目	完全不同意	比较不同意	既不同意也不反对	基本同意	完全同意
关怀导向	公司重视全体成员的利益	1	2	3	4	5
	公司视对员工有利的情况为公司努力方向	1	2	3	4	5
	公司尊重全体成员对事情的看法	1	2	3	4	5
	公司成员总先考虑对其他人最有利的情况	1	2	3	4	5
	公司成员行事准则都遵循公司政策	1	2	3	4	5
功利导向	员工只关心公司的利益，完全不关心社会利益	1	2	3	4	5
	公司里不存在个人的道德观念或伦理准则	1	2	3	4	5
	公司每位员工都优先考虑自身利益	1	2	3	4	5

第七章 绩效考核目的对员工反伦理行为的影响机制研究

续表

项目		完全不同意	比较不同意	既不同意也不反对	基本同意	完全同意
独立判断导向	员工可用自己的标准决定对错	1	2	3	4	5
	员工依据自身伦理准则及道德理念做事	1	2	3	4	5
	公司的每位员工都依自己的伦理准则行事	1	2	3	4	5
法律规则导向	公司希望每位员工都能遵守公司的规章制度	1	2	3	4	5
	公司希望员工确实遵守政府法令或职业规则	1	2	3	4	5

在正式开始调研时，我们主要选择在当前员工反伦理行为现象较突出的民营企业中发放，以西南和中原地区等地的10多家中等规模的民营制造业企业为研究对象，以公司内的基层员工为研究样本。正式调查问卷采取纸质和网络问卷两种形式，共发放问卷300份。回收问卷267份，回收率89%，有效问卷245份，有效卷回收率92%。问卷回收时间为2013年2月至2013年6月。有关样本资料分析的基本情况如表7-4所示。

表7-4　　　　　　　　样本资料分布表

样本资料		人数	所占百分比（%）
性别	男	107	43.7
	女	138	56.3
年龄	25岁及以下	84	33.9
	26—30岁	123	50.2
	31—40岁	34	13.9
	40岁以上	4	2.0
学历	高中、中专及以下	19	7.8
	专科	112	45.7
	本科及以上	114	46.5

纵观样本资料，在性别方面，男性占43.7%，女性占56.3%；

年龄，25 岁及以下占 33.9%，26—30 岁占 50.2%，31—40 岁占 13.9%，40 岁以上占 2.0%；教育背景方面，高中、中专及以下占 7.8%，大专占 45.7%，本科及以上占 46.5%。

二 变量的测量与检验

本问卷共由四部分组成，即自变量绩效考核目的，调节变量组织伦理氛围，因变量员工反伦理行为以及控制变量。量表均采取李克特五点法进行评价。

（一）绩效考核目的量表测量

Boswell 和 Boudreau（2000）研究指出，员工个体的感知能更加有效地折射出组织的绩效考核目的。鉴于此，我们采用了 Cleveland（1989）的绩效考核目的量表，并依据我国企业情景做了探索性因子分析，以进一步检测量表题项是否满足实验要求，最终形成包含 9 个问项的绩效考核目的量表。在本研究中，评估型和发展型绩效考核目的量表的 Cronbach 内部一致性系数分别为 0.83 和 0.81。

（二）员工反伦理行为量表测量

Fox 等（2007）研究发现，对身边同事的反伦理行为描述能在一定程度上反映出被测试员工的反伦理行为的真实情况。Cole 等（2008）也研究证实，同事的反伦理行为会对其他员工反伦理行为产生影响。Stewart（2009）和 O'Boyle（2011）等依据投射原理，采取参照点转移的形式，要求被测试员工回答身边同事的反伦理行为，间接地反映出自身的反伦理行为情况。我们借鉴 Stewart（2009）的量表，并结合我国情景，删除了如种族歧视等明显不符合我国实际的条目，而后又对量表做了探索性因子分析，最终形成 6 个问项的员工反伦理行为量表。在本研究中，员工反伦理行为量表的 Cronbach 内部一致性系数是 0.79。

（三）组织伦理氛围量表测量

Victor 和 Cullen（1988）开发的伦理氛围量表（ESQ）获得了学术界的一致认可，并在后来的实证研究中验证了其可靠性和稳定性。故本研究以 ECQ 量表为基础，在探索性因子分析基础上删除不符合

第七章 绩效考核目的对员工反伦理行为的影响机制研究

检测要求的题项，遂形成了 13 个问项的组织伦理氛围量表。在本研究中，关怀导向、独立判断导向、法律规则导向以及功利导向的组织伦理氛围量表的 Cronbach 内部一致性系数分别是 0.81、0.78、0.79 和 0.74。

本研究采用的是成熟量表，为保证量表的信度，我们通过 Cronbach's α 系数和因子载荷来判断其信度。结果各量表的 Cronbach's α 系数均在 0.70—0.85 之间，各因子载荷均在 0.5 之上，表明各量表具有良好的信度。具体情况见表 7-5。

表 7-5   研究变量的信度分析

变量	测量指标	因子载荷	特征值	α
评估型绩效考核目的	考核结果决定员工薪酬水平的高低	0.72	2.48	0.83
	绩效考核结果与员工的晋升有很强的联系	0.77		
	绩效考核结果是对员工过去绩效的评估	0.74		
	绩效考核结果是判断谁优谁劣的依据	0.71		
发展型绩效考核目的	考核结果能帮助员工识别其培训需求	0.82	1.69	0.81
	公司能提供绩效考核的结果反馈	0.76		
	绩效考核能识别员工的优势和劣势	0.75		
	绩效考核为员工提供清晰的个人发展目标	0.70		
	员工收到的考核反馈有助于其理解公司战略	0.83		
员工反伦理行为	公司的同事未经允许擅自延长休息时间	0.77	2.96	0.79
	公司的同事暗地里议论他人或说他人坏话	0.74		
	公司的同事把公司的机密或重要信息告诉他人	0.73		
	公司的同事为获加班费而故意拖延工作时间	0.70		
	公司的同事故意放慢工作速度，磨洋工	0.69		
	公司的同事挪用公司财产	0.64		
关怀导向	公司重视全体成员的利益	0.80	3.02	0.81
	公司视对员工有利的情况为公司努力方向	0.77		
	公司尊重全体成员对事情的看法	0.76		
	公司成员总先考虑对其他人最有利的情况	0.73		
	公司成员行事准则都遵循公司政策	0.64		

续表

变量	测量指标	因子载荷	特征值	α
独立判断导向	员工可用自己的标准决定对错	0.82	2.07	0.78
	员工依据自身伦理准则及道德理念做事	0.78		
	公司的每位员工都依自己的伦理准则行事	0.69		
法律规则导向	公司希望每位员工都能遵守公司的规章制度	0.81	1.62	0.79
	公司希望员工确实遵守政府法令或职业规则	0.66		
功利导向	员工只关心公司的利益，完全不关心社会利益	0.73	1.11	0.74
	公司里不存在个人的道德观念或伦理准则公司	0.67		
	每位员工都优先考虑自身利益	0.55		

对于多水平因素分析需进行数据结构评估，本研究以因子平均方差抽取量（AVE）的平方根与各变量间相关系数比较来考察各变量的区分效度。若各变量的 AVE 值均大于变量间相关系数的绝对值，则表明变量间具有较好的区别效度，数据结构较为合理。表 7-6 的结果显示各变量的 AVE 值均高于变量间的相关系数，这就表明变量的区别效度良好，数据结构可靠。

表 7-6　　　　　　　研究变量的区别效度检验

变量名	1	2	3	4	5	6	7
员工反伦理行为	(0.922)						
评估型绩效考核目的	0.415	(0.918)					
发展型绩效考核目的	-0.126	0.073	(0.903)				
关怀导向	-0.247	-0.152	0.039	(0.931)			
独立判断导向	-0.162	-0.084	0.199	0.027	(0.902)		
法律规则导向	-0.151	-0.071	0.082	0.243	0.149	(0.925)	
功利导向	0.104	-0.085	0.320	0.087	0.112	0.292	(0.937)

注：对角线括号内的数为 AVE 值的平方根，其他为研究变量间的相关系数。

三　绩效考核目的与员工反伦理行为相关性分析

自变量对因变量的多层回归模型分析结果如表 7-7 所示。由表中数据可知,评估型和发展型绩效考核目的与员工反伦理行为的 VIF 值均小于 5,表明两者之间不存在共线性问题。在模型 2 中,评估型和发展型绩效考核目的与因变量的回归系数分别为 0.403 和 -0.202,且均在 0.001 的显著水平上显著,表明评估型绩效考核目的对员工反伦理行为有显著的正向影响作用,而发展型绩效考核目的对其产生显著的负向影响作用,即本研究的 H1 和 H2 的假设得到验证,同时也表明不同类型的绩效考核目的对员工反伦理行为产生不同影响作用。

表 7-7　绩效考核目的与员工反伦理行为相关分析表($N=245$)

步骤/变量	模型 1 β	模型 2 β	共线性诊断 模型 1 允差	模型 1 VIF	模型 2 允差	模型 2 VIF
控制变量						
性别	0.041	0.084	0.992	1.004	0.981	1.013
年龄	0.059	0.071 +	0.928	1.042	0.907	1.068
学历	0.253	-0.047	0.928	1.042	0.902	1.135
主效应						
评估型		0.403 ***			0.931	1.069
发展型		-0.202 ***			0.872	1.131
R^2	0.089	0.847				
F	0.916	117.334				

注:+ 表示 $p<0.10$,* 表示 $p<0.05$,** 表示 $p<0.01$,*** 表示 $p<0.001$。

四　组织伦理氛围调节效应分析

本研究研究的自变量和调节变量均可视作连续变量,通过对变量作标准化处理后,用带有乘积项的回归模型,做层级线性回归分析:首先做因变量对自变量和调节变量的回归,其次做因变量对自变量、调节变量和乘积项的回归,最后将测定的回归系数来检验调节效应是否显著。从表 7-8 中模型 3 的数据可知,关怀导向和评价型绩效考核目的的交叉项系数(β)是 -0.162,且在 0.1 的显著性水平上显著,表明关怀导向对评估型绩效考核目的与员工反伦理行为之间的关系具有调节效应,假设 H3a 获得支持。与上述分析步骤相似,独立判断导向与评估型 ($\beta = -0.241$, $p < 0.001$) 调节效应显著,假设 H4a 成立。功利导向与评估型 ($\beta = 0.175$, $p < 0.05$) 调节效应显著,假设 H6a 成立。法律规则导向与发展型 ($\beta = -0.311$, $p < 0.001$) 调节效应显著,假设 H5b 成立。功利导向与发展型 ($\beta = 0.137$, $p < 0.05$) 调节效应显著,假设 H6b 成立。回归模型数据表明不同类型的组织伦理氛围在绩效考核目的和员工反伦理行为之间存在不同的调节作用,且调节效应也不相同。

表 7-8 层级线性回归分析表 ($N = 245$)

步骤/变量	模型1 β	模型2 β	模型3 β	模型1 允差	模型1 VIF	模型2 允差	模型2 VIF	模型3 允差	模型3 VIF
控制变量									
性别	0.041	0.084	0.071	0.992	1.004	0.981	1.013	0.918	1.023
年龄	0.059	0.071 +	0.027 +	0.928	1.042	0.907	1.068	0.892	1.120
学历	0.253	-0.047	-0.089	0.928	1.042	0.902	1.135	0.894	1.118
主效应									
评估型		0.403***	0.426***			0.931	1.069	0.805	1.218
发展型		-0.202***	-0.314***			0.872	1.131	0.871	1.252
关怀导向		-0.112	-0.031			0.908	1.089	0.892	1.197
独立判断导向		-0.093*	-0.042 +			0.825	1.146	0.845	1.717
法律规则导向		-0.077*	-0.161 +			0.916	1.004	0.947	1.075
功利导向		0.029	0.028			0.953	1.139	0.898	1.442
调节效应									
EP×CG			-0.162 +					0.877	1.498
EP×IG			-0.241***					0.947	1.392
EP×LG			-0.151					0.819	1.902
EP×UG			0.175*					0.917	1.223

续表

步骤/变量	模型1 β	模型2 β	模型3 β	共线性诊断					
				模型1		模型2		模型3	
				允差	VIF	允差	VIF	允差	VIF
DP × CG			-0.047					0.938	1.416
DP × IG			-0.102					0.950	1.341
DP × LG			-0.311***					0.889	1.371
DP × UG			0.137*					0.925	1.723
R^2	0.089	0.847	0.905						
F	0.916	117.334	86.218						

注：+表示 $p<0.10$，*表示 $p<0.05$，**表示 $p<0.01$，***表示 $p<0.001$，EP 为评估型绩效考核目的缩写，DP 为发展型绩效考核目的缩写，CG 为关怀导向缩写，IG 为独立判断导向缩写，LG 为法律规则导向缩写，UG 为功利导向缩写。

第五节 研究结果

本章在绩效考核目的、员工反伦理行为和组织伦理氛围的相关理论研究基础上，以我国制造业基层员工为研究样本，通过问卷调查和数据分析，探讨了不同类型的绩效考核目的对员工反伦理行为的影响作用，以及组织伦理氛围在两者之间的调节效应。

通过实证分析，本章的研究结论可归纳为以下两点。

第一，本章使用的绩效考核目的量表、员工反伦理行为量表和组织伦理氛围量表都具有很好的可靠性和科学性。

第二，通过使用 SPSS 软件进行相关性和调节性分析发现，评估型绩效考核目的与员工反伦理行为存在着显著的正相关关系；发展型绩效考核目的与员工反伦理行为存在着显著的负相关关系；不同类型的组织伦理氛围在两者之间存在不同的调节效应，且调节强度也各不相同。

从实证研究数据分析可知，评估型和发展型绩效考核目的与员工反伦理行为呈显著相关，表明绩效考核目的对员工反伦理行为影响作用不容忽视，其影响力应受到管理者的高度重视。在调节效应分析过程中我们发现,不同类型的组织伦理氛围发挥的调节作用也是不同的,虽然部分调节效应未能全部得到验证,但并不表示这部分组织伦理氛围就不存在任何影响作用,管理者应因势利导,积极完善组织伦理氛围,为控制和规避员工反伦理行为做出最大努力。

第六节 讨论与未来研究展望

尽管有研究显示绩效考核对员工伦理行为有一定影响,但却甚少直接探讨绩效考核目的与员工反伦理行为之间的关系。因此本章从绩效考核目的视角探究其对员工反伦理行为的影响,结果表明,评估型绩效考核目的对员工反伦理行为有显著的正向影响作用,而发展型绩效考核目的对员工反伦理行为有显著的负向作用,本章的 H1 和 H2 均获得了支持。这一研究丰富了员工反伦理行为的前因变量的研究。同时,这一研究结果对于组织的管理实践也具有重要的借鉴意义。

研究结果显示,当组织把绩效考核结果与员工的晋升、工资等切身利益完全挂钩时,并没有真正起到激励作用,反而可能引起员工的抵触、焦虑等负面情绪,继而激起员工反伦理行为频繁出现,这就意味着评估型绩效考核目的对员工反伦理行为的出现起到推波助澜的作用。相反,当绩效考核信息用于指导员工的培训和职业发展时,员工会把组织的这一行为视为对自身贡献的肯定与奖励,进而员工会表现出积极正向的伦理行为,而员工反伦理行为出现的概率大大降低,这就表明发展型绩效考核目的对规避员工反伦理行为具有积极作用。在市场竞争日益激烈的今天,管理者往往只关注绩效考核的结果和员工工作完成情况,而在考核过程中是否会对员工产生负面影响却不予关注,对频繁的、高强度的绩效考核给员工带来的种种压力也视而不见。管理者在采取末位淘汰制式的评估型绩效考核目的时,短期内可能会刺激员工完成本职工作,维持和推动组织发展,但从长远来看则很不利于组织发展。管理者在采取以关注员工未来发展的发展型绩效考核目的时,利用绩效考核信息,及时反馈考核结果,并就考核中员工出现的问题给予指导性的建议,从长期来看,一定会对规避员工反

第七章 绩效考核目的对员工反伦理行为的影响机制研究

伦理行为和组织的稳定健康发展提供正向动力。

以往研究中，较少涉及把组织伦理氛围作为调节变量，在探讨绩效考核与员工伦理行为时，常以员工个体特征作为其调节变量。本章发现，不同类型的组织伦理氛围在其不同的绩效考核目的与员工反伦理行为关系中所产生的调节效应也是不同的。研究结果表明，关怀导向、独立判断导向和功利导向在评估型绩效考核目的与员工反伦理行为关系中，均起到了显著的调节作用，而法律规则导向和功利导向则在发展型绩效考核目的与员工反伦理行为关系中，起到显著的调节作用。这就进一步印证了Spector和Fox（2005）提出的"压力源—情绪理论"模型，即组织内部的伦理环境在情景绩效与员工伦理行为之间存在显著的调节效应。本研究发现，强调了组织在控制员工反伦理行为时，在组织层面上，除了关注组织的绩效考核目的的影响作用之外，还需要重视组织的伦理氛围在其间可能起着的调节影响。员工反伦理行为不仅损害其他成员利益，还会对企业和社会利益造成损失。企业在谋求自身发展的同时，也应重视员工的发展，从而形成组织的内部凝聚力，以减少员工反伦理行为的出现。研究结果显示，组织伦理氛围具有显著的调节效应，这就为组织管理者解决员工反伦理行为问题提供了一个新的有效路径。

企业管理者可通过以下几个方面构建和完善组织伦理氛围：第一，关怀导向的组织伦理氛围在绩效考核目的与员工反伦理行为中起显著的调节作用，这就启示管理者要营造让员工感受到组织对其个体存在价值的重视与肯定的关怀导向伦理氛围，具体而言，企业可通过员工分红、持股等经济手段让其共享公司发展成果，也可通过构建互助友爱的组织人际关系氛围，以培养员工的归属感，在高组织关怀导向氛围中，员工在面临伦理困境时，反伦理行为就会减少；第二，独立判断导向和法律规则导向的伦理氛围也在组织的绩效考核目的与员工反伦理行为的关系中起显著的调节作用，企业可通过举办管理伦理、法律法规的讲座，开展全体员工组织伦理及法律法规的教育学习等，培养员工的独立决断能力和法律法规意识，在员工遇到伦理行为抉择时会有自己的判断和法律规则的约束，从而选择理性的伦理行为，降低了员工反伦理行为出现的可能性；第三，功利导向的组织伦理氛围同样也在两者之间存在调节效应，企业可通过建设团队协作文化，鼓励员工互帮互助，企业自身也应承担与其相适应的社会责任，为员工做出表率，让其感受到企业的存在不纯粹以盈利为目的，从而减少员工以自身利益为出发点的反伦理行为。正是由于组织伦理氛围在绩效考核目的与员工反伦理行为中的显著调节效应，组织可以通过努力改善组织伦理氛围的主动性管理措施控制和规避员工反伦理行为出现。

第七节 结语

本章在综合国内外关于绩效考核目的、员工反伦理行为和组织伦理氛围的研究现状基础上，以制造业基层员工为研究对象，在现有的量表基础上经过初步检测、发放并回收调查问卷，运用 SPSS 16.0 软件对所搜集的数据进行分析处理。本章得出以下几点研究结论。

（1）本章使用的绩效考核目的量表、员工反伦理行为量表和组织伦理氛围量表都具有很好的可靠性和科学性，适用于以我国企业为背景的实证研究，为探究员工反伦理行为的形成机制提供了技术支撑。（2）通过使用 SPSS 软件进行相关性分析发现，评估型绩效考核目的与员工反伦理行为存在着显著的正相关关系；发展型绩效考核目的与员工反伦理行为存在着显著的负相关关系。（3）通过使用 SPSS 软件进行调节效应分析发现，不同类型的组织伦理氛围在两者之间存在不同的调节效应，且调节强度也各不相同，表明员工反伦理行为不仅受到组织绩效考核的影响，其形成原因与组织层面的组织氛围也存在密切关联性，极大丰富了员工反伦理行为形成机制研究。

根据研究结论，提出了以下管理建议：（1）重视不同类型的绩效考核目的对员工反伦理行为的影响作用，充分利用绩效考核的激励导向作用，以减少员工反伦理行为的出现；（2）建立完善的组织伦理氛围以控制和规避员工反伦理行为频繁出现。

虽然本研究对于推进组织员工反伦理行为的管理提供了重要的理

第七章 绩效考核目的对员工反伦理行为的影响机制研究

论推进和实践参考。但是，不可否认，本研究也存在一定的不足。本章研究的局限性主要表现在以下几个方面：第一，本研究通过横断研究设计来探讨组织层面的绩效考核目的和组织伦理氛围两个因素对于员工反伦理行为的影响作用，由于横断面设计的局限，使得因果关系难以确定。因此，未来可以采用纵向研究设计，即在测量组织绩效考核目的和组织伦理氛围之后间隔一定时间再去测量员工反伦理行为，以更明确两者间的因果关系。第二，本研究数据源于员工个体的自我陈述，虽然统计检测证明并不存在显著的同源误差，但是未来研究可以尝试从多个来源采集数据，进一步检测本章的研究结论。第三，本研究仅探讨绩效考核目的和组织伦理氛围对员工反伦理行为的影响，这一研究有助于改善已有研究仅探讨员工个体因素的缺陷，有助于更全面地理解员工反伦理行为的影响因素。但是，组织层面还有哪些因素，以及组织层面和个体层面因素在影响员工反伦理行为中的作用机制如何，尚不明确，未来研究可以在这一方面进行更为深入的探讨。总的来说，如何有效规避员工反伦理行为是一个长期而艰巨的理论和现实课题，未来应在我国企业背景下基于多视角来探究这一课题，以供人们对影响员工反伦理行为有更全面、系统的理解，从而有助于更深入地推进对员工反伦理行为的理论研究，并且对于组织管理实践可以提供更为有价值的指导和借鉴。

第八章 领导—成员交换关系对员工反生产行为的影响研究

第一节 引言

随着我国"四化"同步的加速推进，在全球经济化背景下，我国企业经济也步入了新常态，这使得企业间相互竞争日趋激烈起来，在这种境况之下，企业就难以依靠厂房、设备和资金等"硬实力"获得竞争优势。因为在工业密集型的地方，这种"硬实力"很容易被模仿，导致其竞争力减弱，所以企业必须及时地调整自己来适应不断变化的环境，通过提高学习能力和培养大批优秀的员工等来获得具有企业特色的"软实力"。21世纪，什么最重要？"民惟邦本，本固邦宁"，人不仅是国家之本，也是企业之本，企业的一切活动都离不开员工的参与，要提高企业竞争力，更多的都需要员工积极的配合和帮助。在组织内，良好的上下级关系成为调动员工积极性，减少员工流失，促进组织、企业不断取得成绩的关键因素。但是在企业中当管理者制定制度，处理企业问题时可能会因为领导对不同员工给予不同的意见或者待遇而影响员工的工作积极性，导致员工出现灰心、厌烦，工作效率降低甚至反生产行为。众所周知，国内大型代工企业富士康连续8年在《财富》排名前500强，是一个拥有超过120万员工和众多IT客户群的利益集团。但是，有数据表明，富士康自2010年起3年内发生员工跳楼事件14起，在大家心目中如此庞大的企业却因为员工连续跳楼事件而"美名远扬"。由于代工企业作为生产型企业，企业员工的流动性较大，特别是处在一线的员工。正是由于频繁

第八章　领导—成员交换关系对员工反生产行为的影响研究

的员工流动，导致组织整体运转效率下降，员工在流动前对待工作玩忽职守，其结果是严重影响所生产产品的质量。

代工企业，尤其是处在一线的员工不仅工作时间长而且工作压力大，有时因为管理者管理方法不当使员工没有得到关怀，进而导致员工出现罢工等反生产行为的倾向。因此，不同程度的上下级关系对组织内员工的工作效率和效果表现会有明显的影响和差别，如工作的满意程度等。由此可知，对上下级之间关系和员工反生产行为之间关系的研究是有意义和必要的。对于领导下属关系与员工反生产行为，人们通常是以一种静态的方式来看待，随着对领导成员关系的研究进一步深入，领导者和成员之间的关系在交换层面上也进行了转变。在此基础上，20世纪70年代Dansereau和Graen等人提出了领导—成员交换理论（Leader-Member Exchange，LMX），经过多年的发展，该理论在西方已然成为关系行为研究中的热点，但是在中国文化背景下，有关领导—成员交换关系的研究还为数较少。

大部分关于反生产行为的文献都提及过这样的数据：根据Harper（1990）的调查，在美国企业中有很大一部分雇员涉及了偷窃、怠工和破坏财产等行为。Geddes和Baron（1997）对于该发现认为，这些雇员可能是曾因领导给予其负面工作评价而做出了消极、破坏行为。对于这些雇员的不良行为，Murphy（1993）对其行为影响结果进行了调查和统计，这些雇员的行为每年给组织造成了巨大的损失，最多的竟达到了2000亿美元。根据Mikulay等（2001）的调查统计，每年高达280亿美元的损失都是由于雇员在其工作时间内滥用违禁药物而造成的。由此可知，员工的反生产行为必然会给企业造成莫大的损失，从而也会影响到与雇主的关系。尽管在国内还没有明确的数据来反映员工反生产行为给企业造成的损失，但从人性的角度出发可知各国企业中都会出现类似上下级不和谐，员工组织关系处理不到位的情况。那么该情况可能会导致的后果不言而喻。因此，探讨我国企业员工反生产行为的影响因素是很有意义的。

本章论点的提出就是要找到领导—成员交换与员工反生产行为之间的契合点，验证其之间的正负相关关系，通过证明它们之间的关系以及相互影响的程度来解决现实企业中的一些问题。在此之前，已有国内外学者探讨了领导—成员交换关系对员工绩效、离职倾向和建言行为的影响。例如 Maert 和 Campion（1988）认为，一个企业中较低的员工离职倾向正是出于下属不想失去与他们领导间良好的关系，与此同时他们也会在心理上更加依赖组织。由此可以看出领导—成员交换关系和离职倾向有着显著的负相关关系。

三十多年前，就有学者提出领导—成员交换的概念，国外学者对其组织变量之间的关系进行了大量的研究，但我国学者对其研究还处于起步阶段，而且基本未涉及员工反生产行为。与此同时，在组织成员看来，人际间和组织间产生的信任能够让员工排除不必要的担心，能够自由地、轻松地说出自己对组织的看法来帮助组织进行改进和发展，通过有效的沟通和交流能够使得组织的决策落到实处。所以探讨组织信任在成员领导交换和员工反生产行为间如何发挥中介调节作用，也使得文章更为丰富。

第二节　理论基础及研究假设

一　领导—成员交换关系相关理论

领导—成员交换关系理论是动态变化的，其形成随时间纵向转变。考虑到理论的重要性和说服力，在往后关于领导者和成员关系的研究领域中，学者广泛使用的三个理论，即角色扮演理论、互惠规范理论和社会交换理论。

Grain（1995）等人认为新员工在组织社会化过程中要经过三个阶段，即角色获得、角色扮演和角色习惯化阶段，这三个阶段构成了 Grain 提出的角色扮演理论重要的组成部分。同时，这三个阶段对员工来说是一个个性和品质的考验，不同的阶段需要员工付出的努力不同。在第一个阶段，领导会赋予员工角色并且根据一些指标来评价员工对于角色的适合性，接着对于员工在合适角色扮演上的评估，即以具体事务的办理来评判员工是否有和领导形成"圈内"关系的意识，最后随着时间的推移，领导和员工相互依赖，进而形成相对稳定的关系。

第八章　领导—成员交换关系对员工反生产行为的影响研究

互惠规范理论强调互惠性，即该理论主要是指对于给予自己恩惠的人进行平等的回报。该理论针对回报的特点，将其划分为三个维度，即时性、等值性和兴趣程度。回报的即时性是指在进行交换并获得回报所需时间，即人们会以最快的方式向对自己有恩的人进行回报；出于公平和平等的原则，人们往往会选择给予自己恩泽的人等值等价甚至更高价值的物质进行回报；如果双方的交换是各自满意的物质和形式，那么就会形成比较高品质的相互关系。

社会交换理论认为，交换双方是以一种等值交换的概念和思想联系起来的，几乎所有的交换关系都可以分为两大类型：经济交换和社会交换。经济交换，顾名思义是以利益为基础，双方通过计算自己的得失和收益来判断是否进行交换，这种交换在利益的诱导和驱使下进行，显得并不那么稳固。而社会交换，即从社会人的角度出发，以人为本，以信任和关怀为出发点，双方对于当前利益的态度并不是那么的重要，他们在乎的是未来回报的预期。在组织中，领导和成员之间存在两种交换形式：一种交换是两者以雇佣合同为基础的经济性交换；另一种则是超出了雇佣合同，主要是建立在双方相互信任、忠诚等基础之上的交换（Liden & Grain，1980）。

综上所述，尽管不同学者在研究领导—成员交换关系理论时有不同的观点，但是他们的研究结果都是趋于同一的，即无论领导成员处在什么样的工作环境，他们之间总能够形成高、低两种品质关系。

二　人际间信任和系统信任理论

对于组织信任，主要是从理论和实证研究两个方面来进行研究：组织内部的信任和组织间的信任。在实证研究中，我们把表现为对组织中的员工、主管以及组织整体的信任称为组织内部的信任；把存在于组织和组织之间的信任称为公司之间的信任。

在以往的研究中，将组织信任分为组织中的人际间信任和组织中的系统信任两类。在第一类分类里，主要是针对同事之间，员工与领导间的关系研究。在人际信任层面上，又将人际信任划分为纵向和横向两个方面。前者主要是指领导和员工间的信任，后者主要是指员工与员工之间的信任。在第二类分类中,主要研究是人际信任以外的系统信任。因此,对于组织信任的研究可以从以上两个方面着手。于是,本研究大部分选取国内代工企业一线人员作为研究对象,试图讨论在流动性较大的环境中这些员工与身边的主管、领导保持什么样的关系和联系。由于员工在工作中会面对同事、直接上级、工作团队以及高管团队等对象,所以可以从这些角度来进行实地调查和实证研究。这是因为员工几乎每天都会面对这些相处对象,从而能够很清楚地意识到来自不同对象的信任。与此同时,由于组织内的高级管理团队掌握着这些员工去留决策权,也决定了对于未来发展方向,那么研究该对象也是有针对性和有必要的,而且这些对象是信任研究的不同客体,具有代表性。

三 "压力源—情绪"理论

目前反生产行为主要有以下五种理论:(1)"挫折—攻击"理论;(2)"自我控制"理论;(3)因果推理理论;(4)计划行为理论;(5)"压力源—情绪"理论。相对于上述前四种理论来说,"压力源—情绪"理论(stress-emotion model)在反生产工作行为(CWB)研究中的影响是最大的。Spector 和 Fox 通过对关于攻击性行为和工作压力以往研究进行整合,并在此基础之上提出了该理论。"压力源—情绪"模型的作用过程是分为四个步骤来进行的:首先要有压力源,该压力源来自周围所处的环境,接着,在此基础上通过对环境的感知压力传感到情绪,最后再反射到 CWB 的,如图 8-1 所示。控制感作为一个调节变量在压力和行为反应间起着重要的调节作用。由于人格不同,所产生对于压力、情绪以及行为的影响也不尽相同。该模型认为 CWB 的产生,其中一个重要的原因就是工作的环境。我们把能够引起消极情绪反应的外在条件称为压力源。在某种特定的情境下,人们将其解释为存在着个体间差异。最为关键的是,从该模型的理论可知,情绪反应和 CWB 主要是由感知到的压力引起的。因此,不能将感知到的压力和环境压力源混为一谈。"压力源—情绪"理论较好地解释了员工反生产行为与环境、压力及情绪之间相互作用关系,进一步阐释了员工反生产行为的形成机制,在理论上探究了员工出现反生产行为的深层次原因。

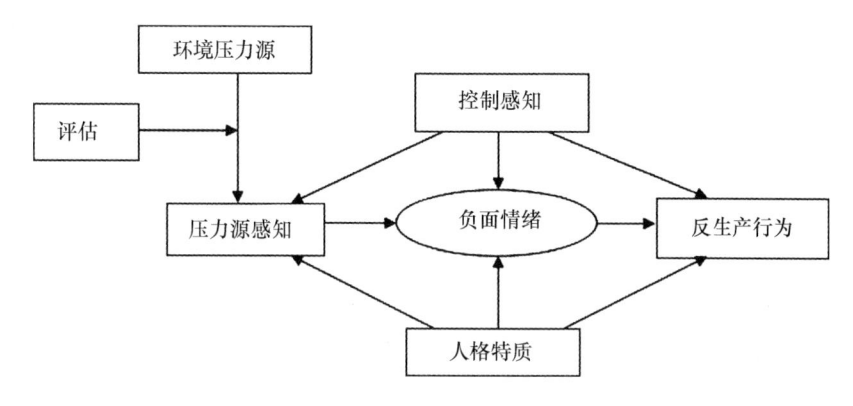

图8-1 "压力源—情绪"理论

"压力源—情绪"虽在一定程度上解释了员工反生产行为形成机制,但由于研究层面比较单一,其他组织或个人层面等因素并未考虑进来。所以未来理论研究应加入更多情景变量和员工自身因素,在实证检验中以不同企业作为背景来验证理论的可靠性和科学性,从而为丰富该研究模型提供更多的理论支撑,也为完善反生产行为形成机制提供更加科学的理论指导。

四 社会公平理论

J. S. 亚当斯等人提出社会公平理论,并通过社会心理学解释人们的公平感。该理论主要回答两个基本问题:(1)人们认为的公平分配办法是什么;(2)人们对于分配不公的反应。例如,两个人在做同一件事情所花费的精力和付出的代价相同时,如果两人取得的回报一样,那么就会认为组织是公平的;如果两人取得的回报差别较大,则认为组织缺少公平感。那么这种不公平对双方不利,则该方可能会因此而抱怨组织,甚至会采取极端手段来报复组织,出现反生产行为。

针对组织可能出现的不公平情况,个体会采取相应的方式进行回应:(1)个体会根据自己在企业中所占得的便宜来决定是否对企业继续投资人力、物力、财力。如果个体在企业工作中没有占到便宜，可能会放弃继续投入，反之，个体会继续投入资源。（2）由于企业对待员工的不公平性，员工可能会通过增加收益来使其得到公平。（3）如果员工在工作中看到其他员工所得收益超过自己而产生不公平，就会使那些员工做超过自己的工作量以寻求公平，如果该个体发现其他员工的收益不如自己，那么该个体可能会通过增加个人的工作量来保证公平。（4）员工在工作中也会通过改变他人的收益来寻求公平，如果他人的收益高于自己，那么该个体就会想办法去减少同事的收益，反之，该个体就会想办法去增加同事的收益。

总的来说，在组织中发生不公平的事很常见，员工对待公平性的看法基本一致，就是当员工看到其他的员工受到不公平的待遇时，总会伸出手予以帮助，来使得其他员工与自己得到相同的待遇，当自己在组织工作中受到不公平的待遇时也会想尽办法来去解决这种不公平状况，通过减少投入、增加收益等，或者可能采取极端做法对其他员工进行攻击，渲染反生产行为的不良氛围。

五 相关概念界定

由于"圈内"和"圈外"关系的出现，领导—成员交换关系也被一些学者定义为领导和员工进行的一系列的资源和时间的交换，并且这些关系已经从经济交换向社会交换进行了转变，前者注重以雇佣合同为基础的关系，后者则更加注重在组织中建立起来的相互信任、尊敬等交换。本研究主要从领导—成员交换关系中的情感、贡献、忠诚和专业尊敬这四个维度进行研究，来更好地了解领导—成员交换关系的内涵。我们分别对其进行详细的定义。

情感：指领导和员工在长期工作中自发形成的一种超越工作的相互喜欢。这种喜欢不仅超越工作，而且不受制于专业、能力以及单位规章制度，即一种纯粹的感情体验。

贡献：指领导和员工之间相互付出的努力以及目标的实现程度。

忠诚：指领导和员工相互之间形成的一种无懈可击的支持力，将自己的责任及目标合适地转换到对方身上，并且忠心随着条件的改变

第八章 领导—成员交换关系对员工反生产行为的影响研究

始终保持一致。

专业尊敬：指领导和员工在其共同工作的领域中，双方对于彼此所拥有的专业能力以及声誉的认可程度。

尽管许多学者对于员工反生产行为的概念众说纷纭，但在本质上是趋于相同的，即认为员工反生产行为是一种消极懈怠的工作行为。我们把这种出于员工自发的、破坏组织及其他成员合法权益的并对其造成显性或隐性损失的负面行为，称为员工反生产行为。鉴于对不同文献的学习，反生产行为可以被理解为：员工为了达到自己的目的，不惜以组织或组织其他成员的利益为代价，做出有意或者无意，直接或间接地损害公司财产、利益及名誉等一系列的行为。

在众多研究中，由于在不同文化背景下的理解或有差异，学者们各自从公平互惠理论、组织行为学等角度进行定义。如 Mcallister（1995）认为，出于信任，人们往往会根据他们所信任的人的语言、行为等采取相应的行动；彭泗清（2003）认为，在国内，人们将组织信任分为两个方面，即对他人能力和人品的信任。目前，人们对信任尚未形成一个清晰的概念。为方便本章对于组织信任变量的测量，本章中，我们所调查研究的对象是国内员工流动性较大的代工企业，探讨员工和领导以及组织之间的理解和支持程度。因此将其定义为：在正式和非正式的组织中，员工对领导和组织信赖程度的认识。它包含关系信任和系统信任两方面：关系信任是指员工在组织内通过相互沟通交流而建立起来的比较牢靠的信任；系统信任则是指站在组织这个高的层面上，员工对于整个组织和高级管理团队的信赖，即对组织中管理层所做的决策的认可，同时也是对组织中制度规范的自觉遵守。

六 领导—成员交换关系对员工反生产行为影响分析

Liden（1993）的研究发现，在领导—成员交换关系中，"圈内"成员自然而然会受到领导支持和信任，所以这些员工同样地也会对领导产生信任并会给予领导支持。Dirks 和 Ferrin（2002）的研究也发现，领导和员工的关系较好时，员工会对领导产生很强的信任感，从而表现出正向的工作反应，反之，如果他们之间的关系质量低下，则员工对领导很难产生感情交集，彼此也不会信任。由此可见，高品质的领导—成员交换关系会导致较高的组织信任，因此本研究提出以下假设：

H1：高品质的领导—成员交换关系和组织信任有显著的正相关关系。

Gerstner 和 Day（1997）分析研究得出，领导—成员交换关系与员工绩效之间有着显著的正相关关系。目前，有文献研究并得出结论：高品质的领导—成员交换关系与建言行为之间以及高品质的领导—成员交换关系与员工创造力之间也是有着正相关关系的。由此可知，这些积极正向的行为与高品质的领导—成员关系是分不开的，领导员工间的关系处理得好能够提高员工工作积极性以及良好的公司归属感和个人责任感，进而减少罢工、破坏财产等反生产行为。因此本研究提出以下假设：

H2：高品质的领导—成员交换关系和员工反生产行为有显著的负相关关系。

由于组织信任意味着领导或者组织对员工的某种程度的认可和支持，同时社会交换理论认为员工也会通过一系列的表达方式来展现对领导或组织的信任。具体来说，如果员工得到了较高程度的来自组织的信任，员工会更大程度地表现出对于组织来说积极的行为，例如会自觉地加班，积极帮助他人等；而会相应地减少损失组织利益的消极行为，例如旷工、懈怠、损害组织财产等。根据互利原则和公平原则，组织对员工的信任让员工感受到了其备受关注，在心理上获得了荣誉感和成就感，这也让员工将自己全身心投入工作中为组织去创造等值甚至超值的财富，因此本研究提出以下假设：

H3：组织信任和员工反生产行为有显著的负相关关系。

七 组织信任的中介作用分析

依据社会交换理论我们可以推导出，组织中的员工和组织之间的作用也是相互的，组织给予员工信任，给予员工支持，让员工得到利益上的好处，作为回馈，员工也会努力地工作，增加对于组织来说积极的行为，进而会减少会损失组织利益的消极行为。总之，领导和员工间的关系好，从某种程度上来说意味着会形成较高的组织信任，反之，领导和员工的关系差，也就意味着他们之间不会形成较高的信任，甚至不会形成信任。同样，组织信任的增强会使得员工更有干劲，更好地去遵守企业制度，维护企业、领导的形象，反之缺少了组织信任，就如同一个人孤军奋战，没有了依靠，那么员工就会为所欲为，不在乎组织形象，甚至会恣意地破坏组织秩序。综上所述，本研究认为组织信任对于领导成员交换和员工反生产行为的关系可能具有中介作用，并提出以下假设：

H4：组织信任对于领导成员交换关系和员工反生产行为的关系具有中介作用。

八　领导—成员交换关系与员工反生产行为关系模型构建

在之前的关系研究中，往往将组织信任作为主要变量来研究其对诸如工作满意度、个人绩效或者组织承诺等的影响。但将组织信任作为中介变量来研究的文献颇少，并且在以往的许多研究中尽管有部分学者已经提到组织信任和员工反生产行为的关系，但基本停留在文献综述部分。此外，组织信任对于领导和员工间关系好坏的反映较为直接，而且信任的产生能使员工为维护企业形象，为促进组织健康发展做出自己的贡献，进而减少甚至是杜绝反生产行为现象的发生。因此本研究拟以组织信任为中介变量，研究四维结构的领导—成员交换与员工反生产行为的关系。本章关系研究模型如图8-2所示。

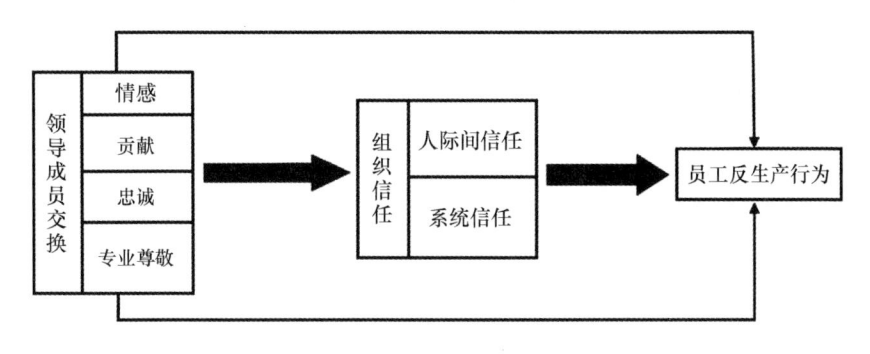

图8-2　关系研究模型

在该模型的基础之上，充分利用组织信任中人际间信任和系统信任两个方面的指标来进行探索性研究和验证领导—成员交换关系和员工反生产行为的关系影响，以此来丰富研究方向和内容。

第三节　实证设计与研究结果

一　实证研究过程设计与数据收集

本研究问卷的设计基于一些国外成熟量表，并适当地修改其部分项目来符合本研究量表的需要。该问卷主要对部分代工工厂的员工对于认识和了解领导员工关系、组织信任和反生产行为进行调查，通过收集问卷数据进行对比、剔除来验证领导—成员交换四维结构对组织信任和员工反生产行为相关关系的定量分析。

根据本研究所提出的理论架构，本章所用问卷是参考国外成熟量表，确定符合本研究部分项目，形成测量量表。请相关人员对问卷提出建议，并咨询有关专家意见，反复修订问卷，最后形成正式问卷来进行大规模调查。

（一）样本基本情况调查表

本章研究样本的调查采用的是电子版和纸质版问卷的方式进行。样本为湖北省武汉市三家代工企业的员工。本次问卷调查共发放 100 份电子版问卷，纸质版问卷 200 份，回收 288 份，有效问卷 257 份。有效回收率为 89.2%。根据问卷调查的数据显示，在抽样对象中，男员工比例较大，男员工比例高达 62.6%。从学历上来看，专科及专科以下学历的人员比例较大，接近 70%。在工作时间和与上级共事的时间方面，其时间长度基本集中在 3 年左右。由于调查的是代工企业员工，生产人员的比例就相对较高，为 53.3%。基本情况如表 8-1 所示。

表 8-1　　　　　　　　　　样本员工基本情况

样本员工的基本信息		样本数量	百分比
性别	男	161	62.6%
	女	90	35.1%

第八章 领导—成员交换关系对员工反生产行为的影响研究

续表

样本员工的基本信息		样本数量	百分比
年龄	25 岁及以下	113	44.0%
	26—30 岁	59	23.0%
	31—40 岁	36	14.1%
	41—50 岁	29	11.2%
	50 岁以上	14	5.4%
婚姻	已婚	118	45.9%
	未婚	133	51.8%
最高学历	专科以下	75	29.2%
	专科	104	40.5%
	本科	57	22.2%
	硕士及以上	15	5.8%
从事工作的时间	0—3 年	138	53.7%
	4—8 年	60	23.3%
	9—20 年	37	14.5%
	20 年以上	16	6.2%
与直接上级共同工作时间	1 年以下	39	15.2%
	1—3 年	98	38.1%
	4—6 年	66	25.7%
	7—10 年	35	13.6%
	10 年以上	13	5.1%
从事的工作性质	管理人员	27	10.5%
	营销人员	75	29.2%
	生产人员	137	53.3%
	财务人员	12	4.7%

（二）领导—成员交换关系量表

领导—成员交换：采用王辉等（2004）基于 Liden 和 Maslyn（1998）四维领导—成员交换量表修订的多维量表，同时采用李克特七点记分法来进行计分，即"完全不同意、不同意、不太同意、不确定、比较同意、同意、完全同意"，分别记1、2、3、4、5、6、7分。

如表 8-2 所示。

表 8-2　　　　　　　　　领导—成员交换关系量表

有关维度	具体项目	完全不同意	不同意	不太同意	不确定	比较同意	同意	完全同意
情感	对于领导的为人，我很欣赏							
	和领导一起工作，我比较有动力							
	我喜欢和领导成为朋友							
忠诚	在领导没弄清具体情况前，他也会为我的工作和上级协调							
	当我受到言论攻击时，我的领导会挺身而出							
	当我无意中犯了错误，我的领导也会在别人面前为我开脱							
	如果我和他人闹矛盾，领导会偏向我							
贡献	为了领导的利益，我可以付出几倍的努力							
	我不介意为了领导而完成大量的工作，也不在意加班							
	为了帮助领导，我不介意完成工作之外的事情							
专业尊敬	我的领导所拥有工作方面的知识是毋庸置疑的							
	我的领导的专业技能值得学习							
	在工作方面，我的领导的知识面很宽，工作能力很强，值得尊敬							
	我的领导的技术和能力让我印象深刻							

（三）员工反生产行为量表

反生产行为：是在对 Robinson 和 Bennett（1995）多维度量法（Multidimensional Scaling，MDS）提出来的分类体系理解基础之上，通过电话、实地调查得到关于反生产行为的 16 个具体项目，并且测量时运用李克特 5 级量表，对于评价方式用"1=从未这样，2=很少这样，3=偶尔这样，4=经常这样，5=总是这样"来表示。如表 8-3 所示。

第八章 领导—成员交换关系对员工反生产行为的影响研究

表8-3 员工反生产行为量表

具体项目	1 从未这样	2 很少这样	3 偶尔这样	4 经常这样	5 总是这样
为了逃避工作而做无必要的休息					
有意寻找并利用制度上存在的漏洞					
故意破坏公司的工作秩序					
工作上投入的精力比应有的少					
说领导或同事的闲话，传播一些小道消息					
在他人面前诋毁同事					
拒绝和同事进行沟通交流					
与上司或者同事发生冲突					
与同事闹情绪，干扰或破坏其他同事的工作					
有意说了或做了伤害其他同事的事					
在工作中虚报工作量					
在工作中隐瞒工作中的失误					
不主动寻找更有效的工作方法					
在工作中夸大工作强度					
经常抱怨，影响团队士气					
在工作中受情绪影响工作激情时高时低					

（四）组织信任量表

组织信任：本问卷在翻译Robinson（1996）的问卷的基础之上也参考了林亚清（2008）的相关表述，最终整合出适合调研的项目量表。原问卷由七道问题组成。如表8-4所示。

表8-4 组织信任量表

具体项目	1 完全不同意	2 不同意	3 不确定	4 同意	5 完全同意
我相信我的公司是非常正直的					
我在公司的发展是可预期的					
我的公司并不总是值得信赖的					

续表

具体项目	1完全不同意	2不同意	3不确定	4同意	5完全同意
总的来说，我相信公司的动机和意图是好的					
我认为公司以不公平的方式对待我					
公司对我是坦率直接的					
我不确定能否完全相信公司的决策					

二　变量的测量与检验

所谓信度，即调查问卷的可信程度，主要检验调查结果的一致性和稳定性。一致性，是指同一项目，调查出结果是否保持相似或者相同。那么其所得到的结果是否也表现出明显的正相关关系；对于稳定性，则是指在不同的时间内，对同一个问卷调查者重复测量，看所得结果是否会出现偏差，若偏差很小，则表现出调查问卷稳定性较高（Bartko，1996）。检验信度的一个重要指标即Cronbach's α，它能够准确地反映出问卷的一致程度，本研究以Cronbach's α系数分析各量表的信度，认为Cronbach's α系数一般以0.6为基准进行分析，小于0.6，则说明结果较差，不能接受，大于0.6小于0.7则表示可以接受，大于0.7小于0.8则表示一致性不错，大于0.8接近于1则说明一致性很好。

所谓效度，即测量数据的真实程度。效度越高表明所得数据越能表现出测量结果的真实性。通过KMO测度和Bartlett's球体检验项目对量表效度进行验证。若KMO大于0.7，说明变量间的偏相关性很小，反之，则偏相关性较大。若数据显示Bartlett's球体检验结果为0.000，那么通过该变量来做因子分析是比较合适的。

本研究选取了14个适合对领导—成员交换进行分析的量表项目，由此进行因子分析。表8-5（a）是KMO测度和Bartlett's球体检验结果。从表中的数据可知，KMO值为0.887，明显大于0.7，则偏相关性较小，Bartlett's球体检验结果Sig. =0.000；综合上述两种结果充分可以说明该数据适合进行因子分析。接下来对领导—成员交换量表

第八章 领导—成员交换关系对员工反生产行为的影响研究

14个项目进行要素因子分析,按照方差最大正交旋转后,取特征值大于1的因子,结果得到四个因子,累计解释变异量为80.653%。从表8-5(b)中我们看出,测量指标M1—M3组成情感要素部分,测量指标M4—M7组成忠诚要素部分,测量指标M8—M10组成贡献要素部分,测量指标M11—M14组成专业尊敬要素部分,均与预想保持一致。因此可以得出问卷的效度较高。同样,从表8-5(c)中我们也发现各要素的Cronbach's α系数,分别为0.759、0.821、0.766、0.809,总体一致性系数为0.828。这表明该问卷的可信程度较好,可以接受。

表8-5(a) 领导—成员交换KMO测度和Bartlett's球体检验结果

KMO样本测度		0.887
Bartlett's球体检验	近似卡方	1647.837
	df	120
	Sig.	0.000

表8-5(b) 领导—成员交换的因子负荷表

相关维度	具体项目	因子负荷			
		情感	忠诚	贡献	专业尊敬
情感	M1	0.657			
	M2	0.761			
	M3	0.837			
忠诚	M4		0.721		
	M5		0.887		
	M6		0.839		
	M7		0.682		
贡献	M8			0.718	
	M9			0.799	
	M10			0.814	

续表

相关维度	具体项目	因子负荷			
		情感	忠诚	贡献	专业尊敬
专业尊敬	M11			0.788	
	M12				0.749
	M13				0.853
	M14				0.895

表8-5（c） 领导—成员交换因素综合分析结果

	因子负荷			
	因子1	因子2	因子3	因子4
Cronbach's α 系数	0.759	0.821	0.766	0.809
总体一致性系数	0.828			
总体解释变异量（百分数）	70.067			

对组织信任量表进行分析后，根据统计做了项目的删减。在组织信任量表的15个项目中，结果显示其KMO值达0.863，其情况较好，极适合因子分析。数据显示，巴特利特球体检验的χ^2值小于1%，为0.000，则表示该相关系数可以进行因子分析，因子1下的项目都涉及员工与员工间人际关系交换，称为人际间信任，因子2下的项目都涉及员工与领导、组织团队间的关系交换，称为系统信任，具体见表8-6（a）和表8-6（b），经数据分析发现该问卷一致性和可信程度较高，修正后的问卷可行性较高。

我们从信度和效度上也对员工反生产行为做了分析：KMO与Bartlett检验见表8-7（a），反生产行为量表的因子分析与信度分析见表8-7（b）。对员工反生产行为量表进行分析后，根据统计情况结果显示KMO值为0.791，巴特利特球体检验的χ^2统计值小于1%，为0.000。同时，数据显示Bartlett球形检验近似卡方值为2545.488，结果显著，适合进行因子分析。所有项目的因子负荷均大于0.45，不需删除项目。根据所列项目的内容，我们把项目内容相似的归为一

第八章 领导—成员交换关系对员工反生产行为的影响研究

类行为，分为针对他人行为和针对组织行为这两个因素，该两个因素累积解释量为58.845%。总量表的Cronbach's α系数为0.863，两个分量表的Cronbach's α系数分别为0.819和0.767，表明该量表具有较好效度和内部一致性。

表8-6（a）　　样本员工对组织信任问卷的因子负荷表

因子	具体项目	因子负荷 因子1	因子负荷 因子2	Cronbach's α 系数
因子1	当我遇到困难的时候，我同事总是愿意帮忙	0.087	0.736	0.824
	我相信我的同事们会兑现他们的承诺	0.108	0.727	
	我的同事对于我的关心并非出于其他目的，比如利益等	0.23	0.717	
	我从同事平时的行为中可以看出他们多数都是道德高尚的人	0.157	0.73	
	我对于同事们完成他们工作的能力十分有信心	0.188	0.646	
	同事们喜欢和我分享关于他们的技能	0.18	0.639	
因子2	我相信我的公司是非常正直的	0.727	0.02	0.853
	我在公司的发展是可预期的	0.726	0.289	
	我的公司并不总是值得信赖的	0.713	0.283	
	总的来说，我相信公司的动机和意图是好的	0.704	0.205	
	我认为公司以不公平的方式对待我	0.686	0.193	
	公司对我是坦率直接的	0.673	0.008	
	我不确定能否完全相信公司的决策	0.664	0.307	

表8-6（b）　　总方差解释能力

组成因子	初始特征值 特征值	初始特征值 解释方差	初始特征值 累积解释方差	未旋转的解释方差 特征值	未旋转的解释方差 解释方差	未旋转的解释方差 累积解释方差	旋转后的解释方差 特征值	旋转后的解释方差 解释方差	旋转后的解释方差 累积解释方差
1	6.429	32.822	32.822	6.429	32.822	32.822	3.785	23.909	23.909
2	2.133	14.237	48.171	2.133	14.236	48.171	3.311	19.427	43.338
3	2.131	12.647	60.727	1.641	12.649	60.728	3.109	17.410	60.729

表 8-7（a） 员工反生产行为 KMO 与 Bartlett 检验

KMO 和 Bartlett 的检验		
Kaiser-Meyer-Olkin		0.791
Bartlett's 球体检验	近似卡方	2545.488
	df	120
	Sig.	0.000

表 8-7（b） 员工反生产行为量表的因子分析与信度分析

	具体项目	因子1	因子2
1	为了逃避工作而做无必要的休息	0.267	0.735
2	有意寻找并利用制度上存在的漏洞	0.239	0.715
3	故意破坏公司的工作秩序	0.021	0.703
4	工作上投入的精力比应有的少	0.087	0.693
11	在工作中虚报工作量	0.319	0.681
12	在工作中隐瞒工作中的失误	0.122	0.722
13	不主动寻找更有效的工作方法	0.158	0.698
14	在工作中夸大工作强度	0.146	0.645
15	经常抱怨，影响团队士气	0.113	0.575
16	在工作中受情绪影响，工作激情时高时低	0.098	0.531
5	说领导或同事的闲话，传播一些小道消息	0.911	0.018
6	在他人面前诋毁同事	0.861	0.003
7	拒绝和同事进行沟通交流	0.713	0.379
8	与上司或者同事发生冲突	0.619	0.239
9	与同事闹情绪，干扰或破坏其他同事的工作	0.603	0.351
10	有意说了或做了伤害其他同事的事	0.479	0.288
	Cronbach's α 系数	0.767	0.819
	总体一致性系数	0.863	
	总体解释变异量（百分数）	59.943	

三 样本描述性统计分析

从表 8-8 中可以看出领导成员交换描述性统计分析，其结果显

第八章 领导—成员交换关系对员工反生产行为的影响研究

示领导成员交换的平均数为3.48，高于3，即领导—成员交换关系水平处在一个相对较高的位置。

表8-8　　　　　　　　领导—成员交换平均值和标准差

因素	项目数量	平均值	标准差
情感	3	3.56	0.77
忠诚	4	3.39	0.82
贡献	3	3.48	0.82
专业尊敬	4	3.51	0.76
LMX（汇总）	14	3.48	0.72

从表8-9中可以看出组织信任描述性统计分析，其结果显示组织信任的平均数为3.82，高于中值水平3，而且接近4，表明所调查企业中员工对于组织信任的看重，组织信任也的确是一个重量级影响因素。

表8-9　　　　　　　　组织信任平均值和标准差

因素	项目数量	平均值	标准差
人际间信任	6	375	0.89
系统信任	7	3.89	0.81
组织信任（总）	13	3.82	0.82

从表8-10中可以看出反生产行为描述性统计分析，其结果显示反生产行为的平均数为3.71，高于中值水平3，而且也接近4，表明所调查企业中员工的反生产行为意识和行为比较突出，使得本研究对于研究该部分内容有必要性也具有实际意义。不过基于反生产行为本身的特殊性，可能由于各种原因而导致该数据失真，因此本研究认为应对该数据持谨慎态度。

表 8-10　　　　　　　　反生产行为平均值和标准差

因素	项目数量	平均值	标准差
对他人行为	6	3.79	0.76
对组织行为	10	3.63	0.63
反生产行为（总）	16	3.71	0.71

四 领导—成员交换关系与员工反生产行为相关性分析

相关性统计数据显示自变量与控制变量的关系中，工作性质和学历与人际间信任、系统信任以及反生产行为相关性较高。各自变量之间相关性较强，为数据的进一步分析奠定了基础，如表 8-11 所示。

表 8-11　　　LMX 与组织信任及反生产行为相关性统计数据

	1	2	3	4	5	6	7	8
性别								
年龄	0.107							
工作性质	0.207**	-0.152*						
学历	-0.158*	0.029	-0.499**					
工作时间	-0.108	0.097	0.122	-0.105				
领导成员交换	0.061	-0.155*	-0.078	0.098	-0.149*			
人际间信任	-0.092	-0.151*	-0.231**	0.237**	-0.162*	0.355**		
系统信任	-0.114	-0.079	-0.315**	0.237**	-0.179*	0.211**	0.627**	
反生产行为	0.021	-0.066	-0.425**	0.433**	-0.198**	0.293**	0.399**	0.459**

注：*表示 $p<0.05$，**表示 $p<0.01$，***表示 $p<0.001$。

经过分析可知领导成员交换及组织信任与员工反生产行为有显著的负相关关系，即本研究的 H2 与 H3 得到验证，同时也表明不同类型的信任对员工反生产行为产生的影响基本相同。

五 领导—成员交换关系与员工反生产行为回归分析

本研究运用回归分析的方法对提出的研究假设进行检验，进一步

第八章 领导—成员交换关系对员工反生产行为的影响研究

明确各因素之间因果关系和相关性程度。由于领导成员交换关系和反生产行为可能会出现相关程度过高的情况,我们对该情况进行了杜宾-瓦特森(Durbin-Watson)和多重共线性检验,来防止两者出现共线性的问题。

以员工反生产行为作为因变量,领导—成员交换四维度作为自变量进行回归分析,结果如表8-12和表8-13所示。从表8-12和表8-13可以看到,回归模型的DW系数为2.009,而且各项变量的VIF值均小于10,这表明自变量相互独立,自变量间不存在共线性问题。

根据表8-12结果可以看到:在将数据代入回归方程后,解释总变异量和该变量的总变异量分别为27.9%和42.8%。根据表8-12结果表明,当控制变量进入方程时,学历和工作性质对反生产行为产生显著性影响。当把领导—成员交换关系的四个维度加入回归方程时,其四个维度的回归系数均在0.05左右,显著性达到了一个较好的水平。

表8-12 领导—成员交换对员工反生产行为的回归模型参数表

模型	R	R^2	调整 R^2	标准差误差	F	Sig.	DW
1	0.575	0.331	0.279	0.649	9.308	0.000	2.009
2	0.687	0.472	0.428	0.996	19.011	0.000	

表8-13 领导—成员交换对员工反生产行为的回归系数表

模型		非标准化系数 B	标准误差	标准系数 β	t	Sig.	共线性统计量 容差	VIF
1	(常量)	1.861	0.338		5.513	0.000		
	性别	0.161	0.338	0.105	1.301	0.196	0.889	1.125
	年龄	-0.055	0.123	-0.060	-0.447	0.655	0.329	3.036
	学历	0.316	0.085	0.320	3.696	0.000	0.792	1.263
	工作时间	0.189	0.120	0.229	1.582	0.117	0.282	3.547
	工作性质	0.037	0.045	0.073	0.837	0.404	0.786	1.272

续表

模型		非标准化系数		标准系数 β	t	Sig.	共线性统计量	
		B	标准误差				容差	VIF
2	（常量）	-0.679	0.345		-1.964	0.052		
	性别	0.140	0.088	0.091	1.591	0.114	0.901	1.110
	年龄	-0.025	0.089	-0.028	-0.284	0.779	0.315	3.176
	学历	0.230	0.061	0.234	3.744	0.000	0.765	1.308
	工作时间	0.054	0.087	0.066	0.621	0.536	0.263	3.802
	工作性质	0.047	0.031	0.089	1.458	0.148	0.784	1.276
	情感	0.331	0.114	0.316	3.163	0.000	0.266	3.765
	忠诚	0.237	0.079	0.215	2.788	0.002	0.399	2.504
	贡献	0.262	0.068	0.215	4.274	0.000	0.528	1.039
	专业尊敬	0.243	0.084	0.220	3.205	0.000	0.459	2.181

在假设的基础上，为了更进一步确认领导—成员交换和组织信任之间的关系，以领导—成员交换的各因子为自变量，以组织信任为因变量，进行回归分析，见表8-14。

表8-14　　领导—成员交换对组织信任的回归分析

因素	回归系数	标准回归系数	t值
常量	0.955		5.568**
情感	0.097	0.1	1.032
忠诚	0.188	0.192	2.105*
贡献	0.304	0.342	3.746**
专业尊敬	0.304	0.102	1.15

注：*表示 $p<0.05$，**表示 $p<0.01$，***表示 $p<0.001$。

从表8-14来看，从回归效果来看，$F=54.99^{**}$，水平显著。忠诚和贡献因子对组织信任有显著的预测作用，且回归方程可解释47.0%的变异。因此，领导—成员交换可以作为组织信任的预测指

第八章 领导—成员交换关系对员工反生产行为的影响研究

标,由此得到领导—成员交换对组织信任有正向的预测作用,因此 H1 可以得到较好的验证。

在假设的基础上,在经过其他分析后,本研究进一步采用分层回归法验证组织信任与员工反生产行为关系。首先在控制人口变量的基础之上,将组织信任放入以反生产行为为因变量的回归方程中,通过表 8-15 可看出数据,($p = -0.832$,$p < 0.001$),即组织信任能较好地预测反生产行为。然后,从组织信任与反生产行为来分析两者间的关系,从表 8-12 中可看出它们之间初步的关系,组织信任对他人行为、组织行为皆为显著负相关,即组织信任能较好地预测反生产行为两个不同维度,因此 H3 可得到较好的验证。检验结果见下表 8-15 和表 8-16。

表 8-15　组织信任与员工反生产行为回归分析及检验结果

	变量	反生产行为（β）	
		模型 1	模型 2
第一步	性别	-0.054	0.004
	年龄	-0.096	-0.022
	最高学历	0.075	0.048
第二步	组织信任		-0.832***
	F	0.968	90.675***
	R^2	0.020	0.689
	△R^2	0.020	0.669***

注：* 表示 $p < 0.05$,** 表示 $p < 0.01$,*** 表示 $p < 0.001$。

表 8-16　组织信任与员工反生产行为两维度回归分析及检验结果

	变量	对他人行为		对组织行为	
		模型 1	模型 2	模型 1	模型 2
第一步	性别	-0.089	-0.041	-0.009	0.044
	年龄	-0.085	-0.024	-0.082	-0.014
	最高学历	0.100	0.077	0.036	0.011

续表

	变量	对他人行为		对组织行为	
		模型1	模型2	模型1	模型2
第二步	组织信任		-0.685***		-0.762***
	F	1.714	39.013***	0.486	54.421***
	R^2	0.035	0.488	0.010	0.571
	$\triangle R^2$	0.035	0.453***	0.010	0.561***

注：*表示 $p<0.05$，**表示 $p<0.01$，***表示 $p<0.001$。

六 组织信任中介作用分析

通过模型间的比较，本研究认为领导—成员交换直接影响组织信任，组织信任直接影响员工反生产行为，领导—成员交换间接影响员工反生产行为。接着，本研究将进一步研究领导—成员交换关系是如何通过组织信任这个中介变量来影响员工反生产行为的。

Baron 和 Kenny（1986）认为，要检验变量的中介作用，则必须要与自变量、中介变量和因变量联系起来，并且要在这三者的关系显著相关的基础上进行。由表8-17（a）可看出，前三者都满足条件并且显著相关，因此可以进行中介作用分析。

表8-17（a） 各研究变量的相关系数矩阵

	领导—成员交换	组织信任	对他人行为	对组织行为
领导—成员交换	1.00			
组织信任	0.71**	1.00		
对他人行为	-0.53**	-0.49**	1.00	
对组织行为	-0.69**	-0.62**	-0.45**	1.00

注：*表示 $p<0.05$，**表示 $p<0.01$，***表示 $p<0.001$。

本研究通过建立并比较三个模型的拟合指标，旨在分析组织信任存在中介作用的同时验证其存在何种中介作用。

（1）组织信任作为中介因素，在领导—成员交换（LMX）与员

第八章 领导—成员交换关系对员工反生产行为的影响研究

工反生产行为建立 3 种结构模型：模型 A 的设计路径为领导—成员交换—员工反生产行为，领导—成员交换—组织信任，组织信任—员工反生产行为，该模型认为组织信任在领导—成员交换关系和员工反生产行为之间并未出现明显的中介作用。模型 B 在模型 A 的基础上将领导—成员交换—员工反生产行为设为固定路径，将领导—成员交换—组织信任，组织信任—员工反生产行为设为自由估计路径，该模型认为组织信任完全中介了领导—成员交换和员工反生产行为的关系。模型 C 在模型 B 的基础上将领导—成员交换—员工反生产行为看作另外一条自由路径，该模型认为组织信任部分中介了领导—成员交换和员工反生产行为的关系。

通过表 8 – 17（b）和表 8 – 17（c）可以看出，模型 A 与模型 B 的拟合指标并不是很好，$\triangle \chi^2 = 13.25 > 6.58$，即 χ^2 的减少量显著，模型 B 优于模型 A；同样，对于模型 C 来说，模型 B 减少了一个自由度，结果显示 $\triangle \chi^2 = 9.33 > 6.58$，由于该值显著减少，所以模型 C 较模型 B 来说更为合适，并且模型 C 的各项拟合指标也都优于模型 B，因此，相对于模型 A、B 模型 C 为最优模型，组织信任部分中介于领导—成员交换和员工反生产行为。

表 8 – 17（b） 组织信任中介作用模型比较结果

模型	χ^2	df	χ^2/df	$\triangle \chi^2$	$\triangle df$	RMSEA	GFI
A	202.47	127	1.594	—	—	0.045	0.929
B	189.22	126	1.502	13.25	1	0.042	0.932
C	179.89	125	1.439	22.58	2	0.039	0.935

表 8 – 17（c） 组织信任中介作用模型比较结果

模型	AGFI	NFI	NNFI	CFI	IFI	RFI	SRMR
A	0.905	0.941	0.973	0.977	0.977	0.928	0.057
B	0.908	0.943	0.975	0.979	0.979	0.930	0.058
C	0.911	0.945	0.978	0.982	0.982	0.933	0.058

员工的积极行为强化与消极行为抑制机制研究

（2）组织信任部分中介于领导—成员交换和反生产行为的影响效果分析

表8–17（d） 组织信任部分中介作用结构模型标准化路径各项效果分解说明

自变量	效果来源	因变量			
		组织信任		员工反生产行为	
		影响效应	t	影响效应	t
领导—成员交换	直接效果	0.67	6.09**	-0.47	-4.88***
	间接效果			-0.21	
	整体效果	0.67	6.09**	-0.68	
组织信任	直接效果			-0.31	-3.11**
	间接效果				
	整体效果			-0.31	-3.11**

注：*表示 $p<0.05$，**表示 $p<0.01$，***表示 $p<0.001$。

由上表数据可知，领导—成员交换关系对组织信任以及组织信任对员工反生产行为的影响数据分别为0.67和-0.31，效果较为明显。因此，我们可以认为领导—成员交换关系有着间接的影响作用。同时，通过观察，也可得到领导—成员交换关系对于反生产行为的影响数据为-0.47，效果显著，因此本研究认为领导—成员交换关系直接影响着反生产行为，H2成立。组织信任部分中介于领导—成员交换与员工反生产行为结构模型见图8–3。

第四节 结论与讨论

一 研究结论

本章通过对国内外领导成员交换、组织信任与员工反生产行为相关文献的借鉴、解读和总结，发现文献对于这些变量的研究比较孤立而且只是停留在文献综述上，两两变量间的研究联系不是十分紧密。

第八章 领导—成员交换关系对员工反生产行为的影响研究

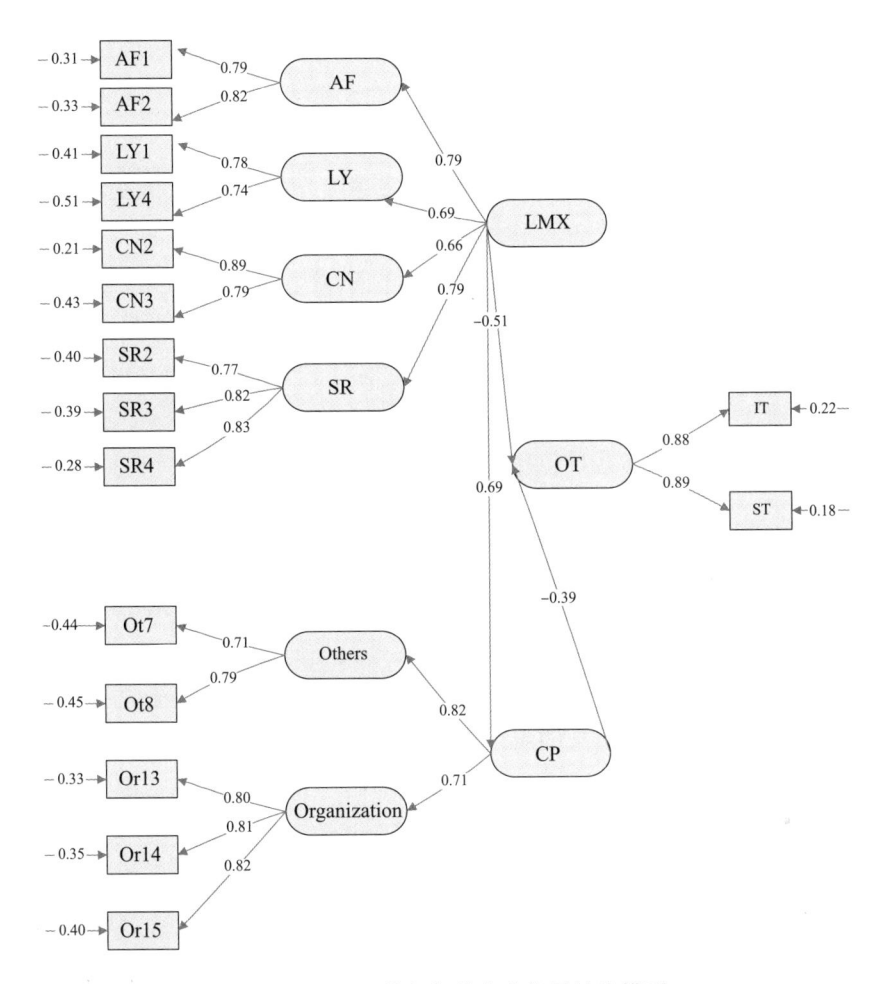

图 8-3 组织信任部分中介作用结构模型

因此，本章以组织信任为中间变量，探索领导—成员交换对员工反生产行为的影响，也探索和验证组织信任作为中间变量的中介作用，丰富了领导—成员交换和组织信任，组织信任和员工反生产行为相关关系的研究。在确定了构想和思路后，结合现实情况，提出了本章的假设。本章通过问卷调查，将收集的数据通过 SPSS 18.0 和 AMOS 7.0 软件对其进行实证研究。验证了设计阶段提出的领导—成员交换、组织信任以及员工反生产行为关系的相关假设。

通过实证分析，本章的研究结论可归纳为以下两点。

第一，本章使用的领导—成员交换关系量表、组织信任和员工反生产行为量表都具有较好的可靠性和科学性。

第二，通过使用 SPSS 13.0 软件进行相关数据处理分析发现，高品质的领导—成员交换关系和员工反生产行为存在着显著的负相关关系；领导—成员交换关系和组织信任间存在着显著的正相关关系；不同类型的组织信任在两者之间存在着调节效应，且调节强度较为接近。

尽管不同类型的组织信任在两者间的中介作用相差不大，但并不意味着人际间信任和系统信任能够混为一谈，管理者应该细心去发现这两者微小的差别所带来的结果，并加以充分利用。

二 领导—成员交换关系与员工反生产行为的关系讨论

所谓被看作"圈内"的成员，即具有高品质的领导—成员交换关系的成员，往往被领导看作自己人而不断地培养，从而给予这些成员大的支持，最终形成较高的组织信任，由于以往的文献仅仅只是轻描淡写地描述它们之间的关系，或者只是提出了部分相关关系理论，而未通过实际调查来验证。本章通过问卷调查和对数据进行处理统计，分析验证了领导—成员交换与组织信任的相关关系。本章运用描述性统计、相关关系以及回归分析等方法，充分验证了领导—成员交换与组织信任有着显著的正相关关系。在高品质的领导—成员交换关系中，双方的交换不仅只是工作上相互帮助、相互支持，二者之间的理解、尊重和信任也会不断加强，下属能够获得更多的信息，得到更多来自领导的帮助和支持，因此下属不仅会表现出对工作的热爱，而且还会改变对组织的认知和态度，进而会产生很强的组织信任。

本章认为在中国情景下来研究和讨论领导—成员交换与员工反生产行为关系比较合适也颇具意义。中国是个"关系"大国，在家庭中，在社会上，都讲究感情，注重人情，关系好，一路顺风，关系不好，可能寸步难行。在企业里也同样如此，员工比较注重和上司的关系培养，员工千方百计和上司搞好关系对于他们的晋升有帮助，高品

第八章 领导—成员交换关系对员工反生产行为的影响研究

质的领导成员关系会使得员工更加卖力地为企业创造财富，如果领导员工间的关系不和谐就可能导致员工相互间出现负面影响，罢工，离职甚至破坏企业财产、形象等。以往文献关于领导—成员交换对于一些有着正面影响的因素研究颇多，诸如工作满意度、创造力等，而反生产行为属于负面影响因素。通过本章的实证调查研究，从相关性方面验证领导—成员交换与员工反生产行为呈显著的负相关关系，由此得出结论，领导—成员交换对员工反生产行为有显著的负向影响。与此同时，我们根据理论与实际的要求，得出领导成员关系越好，品质越高，员工会更倾向于表现出更少频率的反生产行为。

我们知道著名的"Y理论"：人们往往希望不受管束，倾向自由地去安排和规划自己要做的事情。从另一个角度来说，人们喜欢被别人信任，相信自己能把事情做完，做好。员工不被信任，甚至被怀疑，就会让员工焦虑，产生不自在感，久而久之就会出现消极怠工，浑水摸鱼等行为。不同学者研究组织信任与员工反生产行为关系得出的结论并不一致，有些认为组织信任与员工反生产行为没有显著关系，而有些认为二者负相关。本章分析结果表明，组织信任与员工反生产行为有着显著负相关关系，并通过回归分析的方法得出结论，组织信任对员工反生产行为有显著的负向影响，这说明，员工对组织的心理依赖感越强，表现出对组织的信任感越强，其工作表现越好，出现反生产行为的概率越低。

本章在验证领导—成员交换、组织信任和员工反生产行为的两两相关关系上，进一步分析了组织信任在领导—成员交换与员工反生产行为之间的中介作用。分析结果显示，组织信任在领导—成员交换与员工反生产行为间起着较明显的部分中介作用。领导—成员交换一方面是通过影响组织信任，从而影响员工对工作的信心和态度以及认可程度，继而影响员工的反生产行为；另外，领导—成员交换对员工的反生产行为直接影响。这表明，一方面，领导与下属之间关系处理得好，使得员工对领导，对组织的信任增强，进而可以影响员工的工作态度，增强员工对组织的心理依赖感，从而使员工在工作上有更好的表现，促使工作绩效提高，降低反生产行为发生的概率；另一方面，领导与员工之间良好的关系，可以直接影响员工在工作上的表现，出于对领导的回馈，员工更多的是维护领导，进行不会做出影响组织的事情，从而降低反生产行为发生的概率。如果领导与员工有着高品质的关系，员工信任组织，同时组织也会表现出对员工的信任，员工心里就会产生满足感，而会在工作中拿出更好的成绩，最终少出现或者不会出现反生产行为。综上所述，组织信任在领导—成员交换和员工反生产行为中发挥了中介作用。

第五节 管理启示及未来研究展望

一 管理启示

本章研究不仅对领导员工关系、组织信任和员工反生产行为两两关系进行了探索性验证，同时也验证了组织信任的中介作用。这不仅丰富了相关理论而且对企业的管理也有着重要的意义，具体如下。

（1）注重建立高品质的领导—成员交换关系，增强员工工作积极性，减少员工反生产行为。在中国传统文化下，人际关系显得尤其重要，这种关系概念的存在很大程度上影响着中国企业管理制度的建立和运行。关系互动，特别是领导与员工之间的关系的好坏对员工反生产行为有着很大影响。早在德鲁克《管理的实践》中就提出人情管理的必要性和重要性，认为企业在进行制度管理的同时不能丢掉人情管理，这也显示出关系的重要。员工不仅希望在工作中表现得突出，同时也希望感情和关系得到进一步的发展。领导与员工建立良好的互动，不仅可以满足员工的心理需求，也可以增强员工工作的积极性，进而降低员工反生产行为的发生。

（2）建立良好的组织信任对于企业留住人才和引进人才有着正向的催化作用。早在"Y理论"就提到，较大部分人们希望自己不被管束，自由地去安排工作，也希望得到别人的信任。随着时代发展速度的加快，人们普遍希望将工作从大企业搬到家庭中，在家办公，这就需要极大的自律性，也需要来自组织的极大信任。来自组织的信任会在较大程度上增强员工的归属感，员工会将企业当作自己的家看待，这对于留住员工有着积极的作用。与此同时，员工出于对"家"的热爱，也会对"家"进行精心打造，无形中将这个集体宣传出去，引来更多对这个集体向往的人才。

（3）建议高品质领导成员关系和高度的组织信任，打造自我管理团队，营造良好的组织互动氛围，使得员工更有活力。在我国，社会权力差距较大，员工往往喜欢沉默，缺乏主动性，害怕说话做事没有分量甚至被领导、组织置之不理。员工生活在高标准严要求下，很难有所作为，更不用说能激发创造力了。领导对于在改变这种情况和激发员工积极性中扮演着重要的角色。在工作中，当员工得到上级的关心和支持，会产生较强烈的感激报恩意识，从而积极地提出建设性意见使企业获得巨大发展。

二　研究展望

虽然本章对于预先的假设实施了验证，并且填补了实证部分的空缺，但是由于研究条件不充分，而且也存在许多的局限。具体总结如下：（1）由于人力、物力和时间上的限制，调查对象主要集中于基层、中层管理人员，并且主要是武汉部分代工企业，虽然样本采集的数量比较大，但是由于地域的单一性，就此下结论可能会出现偏颇，产生"黑天鹅"现象。（2）本研究问卷均采用个人填表的方式进行，这种方式可能存在着较大的主观性，进而使得数据稳定性和准确性不高。（3）由于领导—成员交换，组织信任和员工反生产行为两两有联系的相关文献较少，因此本研究对于相关文献的研究和分析并不特别准确，今后对于研究模型的确立可以进行更深入的研究。

针对本章研究的一些限制因素，后续的研究可以从以下几个方面进行修正和深入：（1）扩大研究对象的范围，员工反生产行为不仅仅出现在代工工厂中，酒店、医院、学校也可以作为被研究的对象。公务员的工资是最近较为热的话题，由于部分地区公务员工资水平较低，晋升渠道狭窄，我们也可以将该研究放入一些行政事业单位去研究；员工反生产行为是个体所应具有的行为，除了将范围扩大到其他行业外，还应将范围延展到其他的地域，突破地域差异性，使研究更具全面性。(2) 在调查的方式方法上，可以在单一问卷的基础上再添加一些元素：比如，让员工代表参与问卷项目的讨论和修改，让研究的项目更贴近实际；可以深入企业与被调查对象进行面对面讨论和交流，将谈话内容具有建设性意义的文字写入文章中，增加说服力。(3) 由于本研究参考多篇英文文献，在翻译时可能会出现误差，并且对于可能出现歧义的文字把握不太准确，今后在研究过程中会通过大量的自我学习，多向专家请教，减少由于主观翻译带来的偏差。

中国相比全球其他国家来说有着特殊的文化背景，而且大部分实证研究都以欧美文化为背景展开，国内的学者基本都是引用国外的量表来进行研究，这可能和中国文化有很大出入，所以将涉及的关于领导—成员交换关系的论文摆在较高的位置上来研究具有重要的战略意义。西方国家和中国对于关系的观点和看法是截然不同的，这就需要国内的学者对于研究的量表进行创新设计，以符合中国的文化情境。在中国的组织中，领导与员工表现出的关系除了为严格意义上的上下级外，可能还存在着伦常关系，任人唯亲这种思想对于组织信任的研究往往也会起到关键作用，那么构建本土化的组织信任量表就显得特别重要，与此同时也暗示着调查不能局限在纸上，必须要深入到实际中去。

第六节 结语

本章在综合国内外关于领导—成员交换关系、组织信任和员工反生产行为的研究基础上，以国内代工企业员工为研究对象，在现有的量表基础上经过整合、筛选，通过发放和再发放初试，将适合的项目整理出来并正式发放并回收调查问卷，运用 SPSS 13.0 软件对搜集的数据进行处理并分析。本章得出以下几点研究结论。

(1) 本章使用的领导—成员交换关系、员工反生产行为量表和组织信任量表都具有较好的可靠性和可行性，适合以我国企业为背景的实证研究，为探究员工反生产行为的形成机制提供了技术支撑。

(2) 通过使用 SPSS 软件进行相关性分析发现，高品质的领导—

第八章　领导—成员交换关系对员工反生产行为的影响研究

成员交换关系与员工反生产行为存在着显著的负相关关系；不同类型的组织信任与员工反生产行为存在着显著的负相关关系。

根据研究结论，本章提出了以下管理建议：(1) 充分重视和利用领导—成员交换中的不同维度因素与员工进行的交换关系，充分利用信任所带来的激励导向作用，以规避员工出现反生产行为；(2) 建立和完善自上而下的系统信任机制，领导员工间沟通交流机制以及意见反馈机制，从而更有效地减少员工不良行为发生的可能。

第九章 相对领导—成员交换关系对员工工作态度与行为的影响研究

第一节 问题提出

管理实践表明，员工在组织发展过程中起着不可估量的作用。面对快速发展的社会，组织要在市场竞争中获得优势，除了离不开组织的战略以外，也离不开组织成员的努力。当然，战略的执行还需要领导者组织并带领员工一起去实现，由此可见，组织的发展在很大程度上依赖于领导与成员之间共同合作。有研究表明，组织绩效、员工工作效果等都与组织中领导和成员之间的关系有莫大的联系。

在科技日趋发达、技术不断发展的时代背景下，团队作为一种灵活的组织形式已经成为企业积极应对环境挑战的有力武器。与此同时，这种组织形式又影响着员工的工作表现。在团队中，领导要想与所有员工保持整齐划一的关系几乎不可能实现，而关系上的差异又将逐步反映到员工的工作态度和行为上。不少研究提出，员工在工作中的态度和表现是否积极与该员工跟领导所保持交换关系的绝对质量高低密切相关。但这些研究忽略了一点，员工作为团队中的一员，不仅会受到领导对自己支持和关心程度的直接影响，还会将这种关系在团队中进行比较，从而对自己的行为和态度产生间接影响。以往研究，较少关注在整个团队中不同员工与领导交换关系的相对性，这可能存在两个方面的原因：其一，在围绕交换关系理

第九章 相对领导—成员交换关系对员工工作态度与行为的影响研究

论展开的研究中,差异化对待受到很大的重视。学者们聚焦于领导与单个员工之间交换关系的绝对质量,忽略了这种关系质量的高低可能引起的连锁效应,如社会比较现象。其二,团队这种组织形式虽然早在20世纪初就已经出现在组织当中,但其重要性直到近年来才逐渐显现出来,因此,近期研究更多地从团队层面研究整个团队的领导—成员交换关系的平均水平,这在一定程度上也导致学者们较少关注团队中这种交换关系的横向比较。随着研究的发展,不管是个体层面的研究还是团队层面的研究,仅仅关注交换关系质量的绝对性都具有一定的局限性,因为受同一上级领导的多位员工会相互比较自己与领导的关系,而比较的过程及结果可能对员工的行为和态度有更显著的影响。因此,从团队内个体层面来研究因关系分配不均所带来的相对领导—成员交换关系对员工的影响具有实际意义。

如今,理论界开始重视这种相对交换关系的意义,现有研究也在相对领导—成员交换关系积极影响员工态度与行为方面给予了一定的支持,但这一作用的内在机制有待进一步深入。由于在客观实际引起人们行为和情感变化的过程中,人们的心理感知发挥着承接作用。虽然以往不少研究运用社会交换理论、互惠心理、社会比较理论等从定性方面解释了交换关系的差异如何透过心理变化从而反映到员工的表现当中,但少有研究从定量方面分析员工的某一心理或某些心理具体是如何发挥作用的。因此,本章尝试基于社会比较视角引入社会比较交换关系这一主观感知变量,拟通过实证方法分析其在相对领导—成员交换关系影响过程中所发挥的作用。

由于相对领导—成员交换关系的概念本身就包含了社会比较过程,因此与团队的情景及成员在社会比较方面的差异有必然的联系,因而,本章尝试从团队和个体两个层面出发,分别探讨团队内交换关系的差异化程度和员工的社会比较倾向在"相对领导—成员交换关系影响工作满意度、组织支持感及组织公民行为"过程中所起到的作用,试图进一步完善相对领导—成员交换关系相关研究,并为促使员工保持积极的工作态度与行为提供启示。

第二节 相关文献综述

一 相对领导—成员交换关系的提出

相对领导—成员交换关系（Relative Leader-Member Exchange，RLMX）是基于领导—成员交换关系（Leader-Member Exchange，LMX）拓展而来的构念。RLMX 的提出得益于一种测量方式。Graen 和 Liden 等（1982）首度将个人的 LMX 与团队 LMX 的平均值进行综合处理，认为两者的差值即反映成员个体 LMX 不同于团队其他成员 LMX 的差异化程度。其实证结果也表明，员工离职率与这种差异化程度相关。但在那个时期，并没有为这个差值概念冠以确定的名称。直到近年来，Henderson 和 Wayne 等（2008）正式提出并界定了该概念，认为 RLMX 是指与团队内平均交换关系相比，单个员工与领导所保持的相对交换关系质量。RLMX 反映了员工 LMX 在团队中所处的实际相对地位，是团队内个体层面的变量。虽然 RLMX 与 LMX 的研究对象都是领导与员工之间的关系，但随着时代的更替，研究者对这一关系研究的侧重点在不断变化，研究的层面也有所不同。总的来说，RLMX 得以提出的过程可以分为三个阶段来梳理：

阶段一，个体层面的研究。因为领导者受到内外条件的约束，很难将资源完全平等地分配给每一个员工，也很难对所有员工保持完全一视同仁的态度，因而与员工之间的关系会存在差别。这种差别可能表现为，某个员工获得领导更多的信任、关照和支持，而另一员工则无法享受到这种优待。在过去 30 年里，关于领导—成员交换关系的研究集中探讨了不同质量的 LMX 是如何影响员工的，多基于单一层面孤立地看待交换关系，侧重点在于这种交换关系的绝对质量。

阶段二，团队层面的研究。随着研究的深入，团队在交换关系中的作用不断凸显，团队内交换关系的平均水平和差异化水平作为团队层面研究的两个方面也得到了重视。其中，领导—成员交换关系差异（LMX differentiation，DLMX）是指这种关系在团队中的变动范围和差异程度。Dienesch 和 Liden（1986）发现，交换关系差异作为团队的

第九章　相对领导—成员交换关系对员工工作态度与行为的影响研究

一种常见现象，是部分领导者刻意制造出来以体现成员角色的不同的。然而，Liden 和 Erdogan（2006）则认为，DLMX 的出现可能并不存在一些战略性目的，因为它普遍存在于各个工作团队中。不管 DLMX 的出现是否是领导者有意为之，但 DLMX 的存在就意味着团队成员与领导接触的难易程度和所收获的优势都是具有差异的，但这并不意味着员工完全不能接受这种差异。事实上，因为成员的贡献、忠诚度以及建立进一步关系的兴趣都有所不同，因此，有学者认为这种区别对待是可以被接受的，甚至还可能被预期到。

阶段三，团队内个体层面的研究。由个体与团队层面的研究可知，同样的交换关系质量在不同的团队中可能被认为是高质量的，也可能被认为是低质量的。另外，团队中关系差异所带来的高质量与低质量其实是存在于同一个团队中的相对概念，如果不放置于具体的团队情景中，则没有绝对基准点作为参考以区分 LMX 的高低。因此，一些学者开始提出，在运用 LMX 理论解释员工态度和行为的过程中，可能从团队内个体层面出发才是最合适的。随着时代的发展、企业的进步，人们也意识到一种现象：领导往往需要同时管理多名员工，而不是一对一地独立领导，领导与不同员工之间所形成的差异化关系会引发团队成员间的相互比较，而比较后的结果又反过来影响参与比较的员工。至此，相对交换关系开始得到理论界和管理实践者的重视。

二　相对领导—成员交换关系的测量

关于 RLMX 的测量，有直接和间接两种方法，现有研究普遍采用的是前者。直接测量方法是以个体层面的 LMX 为前提，先使用 LMX-7 问卷测各成员的 LMX 值；然后从团队层面出发，计算团队内 LMX 的平均值（Average of LMXs，ALMX）；再运用数据计算出个体 LMX 减去 ALMX 的差值，即为各成员的 RLMX 测量值。Graen 和 Hoel 等（1982）、Henderson 和 Wayne 等（2008）、Tse 和 Ashkanasy 等（2012）都是采用的这种直接合成测量方法，这种测量结果有着既定的含义，当 RLMX 值为正时，表示该员工与领导的交换关系比团队中多数成员与领导的交换关系都要好；当 RLMX 为负时，则意味着该员工与领导的交换关系不如多数成员。另外一种测量 RLMX 的方法是间接测量方法。顾名思义，这种方法并不是利用差值直接合成 RLMX，而是将 LMX 与 ALMX 分别视为个体层面变量和团队层面变量，并将这两个变量同时放入同一个阶层回归方程，分别求出两者对结果变量的回归参数，再将两个参数值相减便是 RLMX 对结果变量的回归参数。虽然 Vidyarthi 和 Liden 等（2010）、Hu 和 Liden（2013）都是运用的这种间接测量方法，但由于这种方法只能求出对因变量的回归系数，并不能直接得到 RLMX 的值，因而这种方法的运用受到了一定的限制。

三 相对领导—成员交换关系影响机制的研究

（一）对工作态度及心理感知的影响研究

由于每个领导所能掌握与支配的资源是有限的。因此，有研究从资源分配的角度分析，当领导将优势资源和机会不均等地分配给团队成员时，就会导致领导与成员的交换关系有所差异，从而基于公平理论可知，这将促使员工产生不同的心理感知和工作态度。不同质量 RLMX 促使员工形成不同的心理感知和工作态度，这在理论方面已经得到了一定的支持，但具体探讨 RLMX 对员工态度影响的实证研究并不算多，这些研究所探究的与员工工作态度及感知相关的变量仅涉及心理契约、自我效能感和工作满意度，如 Henderson 和 Wayne 等（2008）在控制 LMX 的条件下，发现 RLMX 与心理契约履行正相关；Hu 和 Liden（2013）发现，RLMX 与工作满意度正相关。此外，RLMX 还可以通过影响自我效能感，从而间接提高员工的工作满意度。

（二）对行为与表现的影响研究

员工的行为是多重因素共同影响的结果。在将相对领导—成员交换关系视为影响因素的研究中，主要讨论了其对员工的离职行为、组织公民行为的影响。

Graen 和 Hoel 等（1982）探讨了 RLMX 对员工离职行为的影响。虽然他们并不是直接引用了 RLMX 这一概念，而是采用一种测量方法

第九章 相对领导—成员交换关系对员工工作态度与行为的影响研究

以反映单个员工的 LMX 与团队 LMX 均值的差值,并且通过研究发现这一差值与员工离职率之间呈负相关关系。

在 RLMX 研究的结果变量中,组织公民行为(Organizational Citizenship Behavior,OCB)是一个重点。Vidyarthi 和 Liden 等(2010)发现,在控制 LMX 的前提下,RLMX 既会直接影响 OCB,也会通过 LMXSC 的部分中介作用进而影响员工的 OCB;Hu 和 Liden(2013)表明,RLMX 通过自我效能感的完全中介作用影响组织公民行为;此外,Henderson 和 Wayne 等(2008)已证实,RLMX 会通过心理契约履行的完全中介作用影响员工的运动员精神(组织公民行为的子维度);薛婷婷与王晶晶(2013)也表明在团队中与领导保持更优的关系可以提升其工作满意度,进而间接促使员工表现出更多的组织公民行为。尽管这些学者的研究在一定程度上证明了 RLMX 与 OCB 之间确实存在联系,但是 Li 和 Feng 等(2014)却发现,RLMX 与 OCB 之间并无明显相关性;Henderson 和 Wayne(2008)的研究则认为 RLMX 不能直接影响 OCB 的多个维度。因此,要想从这些矛盾的结论中厘清 RLMX 与 OCB 的关系,可能还需要考虑一些边界条件。

此外,RLMX 还被证明与工作绩效相关。Henderson 和 Wayne 等(2008)发现 RLMX 会通过影响员工的心理契约履行进而影响其工作绩效;Vidyarthi 和 Liden 等(2010)表明,RLMX 会通过社会比较交换关系(LMX Social Comparison,LMXSC)的间接作用进而提升员工的工作绩效;Tse 和 Ashkanasy 等(2012)提出,RLMX 可以提高员工的社会认同,从而提高员工的工作绩效;Hu 和 Liden(2013)也发现,RLMX 通过自我效能感间接影响工作绩效。

当然,RLMX 的影响机制中也存在一些边界条件,如团队认同感、团队支持氛围、关系差异等都对 RLMX 的影响起到强化作用,而负面情绪与 RLMX 的交互项对社会认同感产生消极影响,并且这种消极作用还会进一步反映到员工的工作绩效上。

四 前期研究总结

总的来说,相对领导—成员交换关系的提出离不开前期各个阶段的发展，虽然以往研究从个体层面关注关系质量的高低、从团队层面强调关系的差异程度都只看到了领导—成员交换关系的绝对性，也正是随着这些研究的不断发展，人们才逐渐意识到，领导—成员交换关系对员工的影响不仅仅在于关系本身，还跟所处团队中其他成员与领导的交换关系密切相关，因而这种关系的相对性也得到了进一步的关注。本章对相对领导—成员交换关系得以发展的历程进行梳理，将各阶段的研究视角、研究侧重点、代表人物与主要观点归纳如表9-1所示。

表9-1　　　　　相对领导—成员交换关系的发展

研究层面	研究重点	视角	代表人物	主要观点
个体层面	关系质量的高低	交换关系的绝对性	Gerstner 和 Day（1997） Sparrowe 和 Liden（1997） Erdogan 和 Liden（2002） Ilies 和 Nahrgang 等（2007）	高质量LMX的员工表现出更积极的工作态度和工作表现
团队层面	关系的差异程度	交换关系的绝对性	Dienesch 和 Liden（1986）	差异性是领导者刻意制造出来的
			Liden 和 Erdogan（2006）	领导与员工之间关系的差异是团队的普遍现象，不具有战略性
			Ford 和 Seers（2006） Hooper 和 Martin（2008）	LMX的变动可能带来消极影响，如冲突和低的工作满意度
			Erdogan 和 Bau（2010）	DLMX如何影响与情境相关
团队内个体层面	团队中的相对地位	交换关系的相对性	Graen 和 Hoel 等（1982）	员工个体的LMX与团队LMX均值的差值与心理契约履行、组织公民行为正相关
			Henderson 和 Wayne 等（2008） Vidyarthi 和 Liden 等（2010） Tse 和 Ashkanasy 等（2012） Hu 和 Liden（2013）	RLMX对员工工作态度和行为具有重要影响

作为一种相对地位的体现，RLMX对员工既有直接影响也存在间接影响。本章按照结果变量的不同对以往实证研究中具代表性的结论进行梳理，以工作绩效、工作态度和组织公民行为为结果变量，将RLMX的影响研究进行归纳（见图9-1）。

第九章 相对领导—成员交换关系对员工工作态度与行为的影响研究

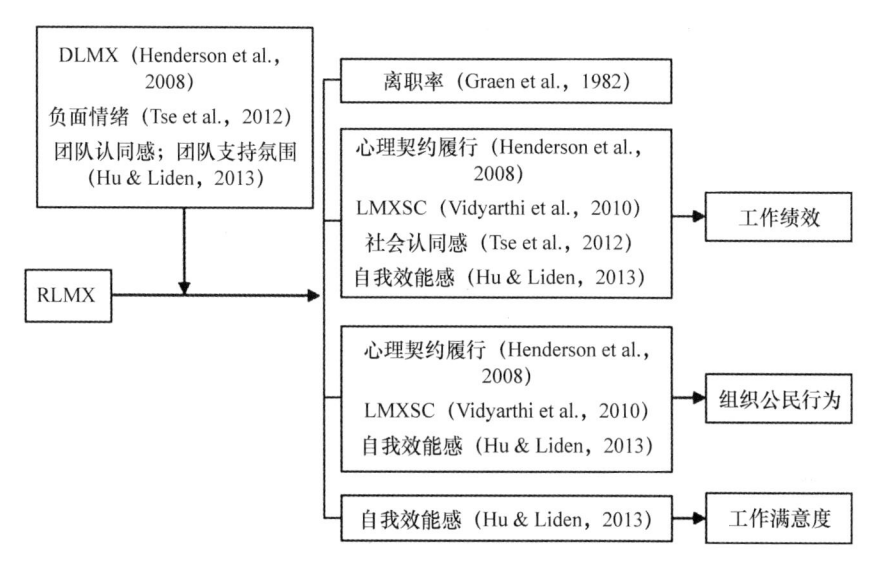

图9-1 RLMX前期实证研究关系

通过梳理，发现以往研究存在以下几点不足：

首先，以往实证研究多从LMX的绝对性入手，较少关注LMX的相对性。LMX的实证研究可归为两大类：第一类，基于个体层面，探究交换关系的绝对质量对员工的影响，但这些研究忽略了"关系不均"这一客观情境的存在；第二类，团队层面的研究，虽然意识到了团队中交换关系分布不均的现象，但重点关注的是整个团队的关系差异化程度。这些研究都侧重分析了交换关系本身所发挥的作用，而忽略了员工在团队会相互比较，因而对LMX中所处的相对地位（RLMX）关注得比较少。虽然RLMX与DLMX都强调团队中领导对下属的区别对待，但这两个构念的差异很大。RLMX强调个体LMX与团队中平均LMX水平之间的关系，反映的是个体在团队中所处的相对而独特的地位，研究的是团队内个体层面的关系。而DLMX属于团队水平的一种现象，是整个团队中LMX的变动或差异程度。总的来说，有关DLMX的理论和实证支撑都相对丰富，而RLMX的相关研究才刚刚开始，我国学者杨晓和师萍等（2013）、王震和仲理峰（2011）对RLMX有所提及，但这些研究大都停留于理论层面。因

员工的积极行为强化与消极行为抑制机制研究

此，关于 RLMX 影响机制的研究，尤其是实证方面的探讨还有待学者进一步深入研究。

其次，基于社会比较视角的相关研究对员工个体差异的重视程度不够。第一，探讨主观感知的实证研究较少。由于 RLMX 是基于社会比较理论发展起来的概念，因而与其相关的研究大都运用社会比较的相关知识点进行理论分析，但从实证的角度并基于社会比较视角探讨主观感知具体作用的研究较少，仅 Vidyarthi 和 Liden 等（2010）引入并探究了社会比较交换关系这一主观感知变量，并且仅讨论了其在 RLMX 影响员工行为方面发挥的作用。第二，员工的认知差异没有得到充分重视。在将社会比较理论与领导—成员交换关系理论相结合的研究领域中，学者们侧重关注了社会比较的情境因素，而对于比较主体的分析较少。但个体作为社会比较的主体，是社会比较的核心影响因素，比较客体的选择、对比较情境的认知等都要通过影响比较的主体才能发挥作用，理应得到更多的重视。因而，在探究 RLMX 对员工工作行为及态度的影响机制时，将员工在进行社会比较时的认知差异和具体心理感知考虑在内是有必要的。

此外，RLMX 对组织公民行为的影响结论存在不一致。虽然有不少研究支持了 RLMX 与组织公民行为正相关，但 Li 和 Feng 等（2014）却发现，RLMX 与 OCB 之间并无明显相关性。因此，要想从这些矛盾的结论中厘清 RLMX 与 OCB 的关系，可能还需要考虑一些边界条件。

最后，以往研究未关注 RLMX 对不同指向组织公民行为的差异影响。在 RLMX 的前期研究中，仅 Henderson 和 Wayne 等（2008）将对组织公民行为划分了维度，并通过实证表明 RLMX 与运动员精神正相关，而其他研究大都将组织公民行为视为一个整体。Staw（1983）提出，对组织公民行为的研究一定要系统考虑个体指向与组织指向两个方面。陈佳琪和陈忠卫（2014）也发现，同一个影响因素对个体指向组织公民行为和组织指向组织公民行为的影响程度有所不同，确实值得关注。因此，RLMX 是否会对不同指向组织公民行为产生差异化的影响，也是未来需要研究的方向。

第九章 相对领导—成员交换关系对员工工作态度与行为的影响研究

第三节 理论基础与研究模型构建

一 社会交换理论

20世纪中期，社会交换理论（Social Exchange Theory）得到广泛关注。这种理论是在古典功利主义思想的基础上得以发展的，以"经济人"假设为前提，认为人们的所有行为都是出于追求最大利益的目的，将人们之间的相互行为视为人在计算得失后而采取的回馈行为。

有不少学者对社会交换理论的提出做出了巨大贡献，其中乔治·卡斯伯·霍曼斯（George Caspar Homans）发挥了不可忽视的作用，此外，彼得·迈克尔·布劳（Peter Michael Blau）、理查德·埃莫森（R. Emerson）等人也在很大程度上促进了该理论的发展和完善。

社会交换理论中有两种占据重要地位的观点，其一是行为主义交换论，其二是结构交换论。

行为主义交换论的代表人霍曼斯认为，分析人的社会行为其实质是需要分析人的心理，并据此将经济学中的人性假设用于解释人的社会行为。他认为，人的行为实际上是一种社会交换，目的是为了最大限度地获得利益。这种行为主义交换论的核心在于工具理性。但实际上，现实生活中的人往往更多地表现出非理性的行为。

与行为主义交换论不同，虽然结构交换论也将追求内外报酬的交换看作人的基本动机，但布劳却提出，促成人与人之间进行交换的其实是一种"社会引力"（Social Attraction），即与他人进行交往的倾向。当有了这种社会引力，员工就会为了自己的所得来付出相应的回报以维持社会交往。布劳假定互惠原则（Reciprocity Principle）是这种社会交换的前提，即得到多于付出的那一方应当履行回报的义务。倘若不能遵守这种规则，那么交换也将无法维持下去。

近年来，不少研究从定性的角度出发，将社会交换理论用于解释员工与组织、员工与领导之间的关系。一些实证研究的结果也在很大程度上支持了用社会交换理论来理解员工与领导的关系。

Liden 和 Graen（1980）在研究领导与员工的关系时，引入了社会交换理论，提出领导与员工之间存在两种性质的交换：经济交换和社会交换。前者是以利益得失为基础的、发生在合约和制度要求以内的互换行为；而后者是在领导和员工相互信赖的基础上、超出合约和制度要求范围的互换行为。这两种不同的交换不仅会在作用时期上存在差异，而且还会致使领导与员工的关系呈现出质量水平高低不一的现象。通常，员工与领导之间的社会交换越频繁，二者的交换关系水平越高，员工也会因此收获更高水平的组织回报。学者还发现，领导与员工间的社会交换关系在分析员工的工作态度变化和行为表现方面有很强的解释力。

二 社会比较理论

现实生活中存在这样一种现象，即为了更好地、更精确地了解自己，人们往往会通过相互间的比较来实现这一目的。在此背景下，社会比较理论得以提出。Festinger（1954）认为，自我评价是人类的一种普遍倾向，如果在评价的过程中无法找到客观现实的参照标准，那么人们就会自发地通过与他人进行比较从而来评估和认识自己。而这种比较的结果可能涉及认知、情感及行为等多个方面。

上行比较观点一直被认为是社会比较理论的源头。Festinger 认为人们更愿意与比自己优秀的人进行比较。自该观点提出以来，社会比较理论得到很大的发展。

之后，学者们根据研究的侧重点不同也提出了一些观点。涉及压力和自我不确定性（即基于畏惧）的社会比较理论从比较动机出发，认为人们出于减压和自我定位的需要，会主动地与他人比较。从比较的方向出发，除了上行比较观点之外，还存在一种强调下行比较的理论，认为人们会与不如自己的人进行比较，并且在此过程中获得更积极的感受。还有学者关注个体差异，分析不同人群在社会比较中的差异。不管这些社会比较理论所强调的是哪一方面，但只要个人与他人进行比较，比较后一般只可能带来某种比较效应（即对比效应或同化效应）。如果在进行社会比较的过程中，人对自身评价的水平与比较的对象相背离即对比效应（Contrast Effect），与比较的对象相趋同就

第九章　相对领导—成员交换关系对员工工作态度与行为的影响研究

形成了同化效应（Assimilation Effect）。也就是说，当进行上行比较时，人们对自己有更高的评价即同化效应，若对自己的评价变低了，则是对比效应发挥了作用；同理，当进行下行比较时，个体对自己有更高的评价则是对比效应，反之，则是同化效应的结果。

社会比较理论常被用来分析组织中差异化的交换关系所带来的比较现象。当领导区别对待员工时，自我评价需求会促使员工展开相应的社会比较活动。当然，员工既可能进行上行比较，也可能进行下行比较。杨晓和师萍（2013）认为，在这种社会比较过程中容易产生异化效应。因为与领导保持相对更好交换关系的员工往往倾向于进行下行比较，并因此感觉自己获得了领导给予的更多的信任、关心、机会和其他资源，从而在心理上形成优势有更高的自我评价；相反，与领导保持相对更差交换关系的员工则更倾向于上行比较，从而对自己在团队中的相对地位有较低的评价。

情境作为社会比较的重要影响因素，也是学者们研究的重点。对于同一个工作团队中的成员而言，由于工作内容相近、任职资格相仿，并且有共同的领导，彼此容易相互影响，这为社会比较过程奠定了基础。同时，团队的一些特征同样也形成了社会比较的情境。团队中交换关系存在差异是十分普遍的现象，Henderson 和 Wayne（2008）则将这种交换关系的差异视为团队的情境，认为这种差异不仅为员工理解自己与领导的关系提供了参照标准，还能帮助员工更好地认识自己在团队中的综合地位。

总而言之，社会交换理论和互惠理论虽然可以在一定程度上分析领导—成员交换关系，但是 Goodman 和 Haisley（2007）、Greenberg 和 Ashton-James 等（2007）认为，在组织内部研究中有必要引入社会比较理论。因为社会比较理论既关注了员工的社会认知，还强调了社会比较的过程，所以在解释组织内的人际关系方面更为系统。因此，本研究也将社会比较理论作为重要的理论基础。

三　公平理论

公平感作为社会比较的一种结果，是学者们十分重视的主题。

员工的积极行为强化与消极行为抑制机制研究

Adams（1965）在深入研究社会比较的基础上，提出了公平理论。他以利益的分配为研究对象，分析了薪酬分配的公平性与员工工作态度的关系，强调员工在关注收入高低的同时还关注自己收入状况的变化，而且他们更在意的是将自己的收入与他人的收入进行比较后的相对收入。

是否公平，需要进行两个方向的比较。纵向比较，即将现在的所得与付出之比与过去的所得与付出之比进行比较，如果现在的所得与付出之比不如过去，则会产生不公平感，此时，可能希望通过提高自己的所得或者降低自己的付出来维持平衡；如果现在的所得与付出之比高于过去，同样也会产生不公平感，此时，人们并不会觉得是自己的所得过高，反而会通过降低自己的付出来维持公平感。横向比较，即与他人的所得与付出之比进行比较，如果自己的所得与付出之比较低，则产生不公平感，因而可能通过降低自己的付出来维持内心的平衡；相反，如果自己的所得与付出之比更高或持平，则会产生公平感。

此外，公平理论还研究了公平感的维度。关于公平感的结构维度有很多种分法。最常见的是将公平感划分为分配公平和程序公平两个维度；也有学者认为需要在此基础上加上互动公平才算完整；也有一些学者支持四维度分法：分配公平、程序公平、人际公平和信息公平。这些维度的划分有助于对公平感的细化研究。

公平理论的适用范围早已不局限于最初探讨的薪酬问题，领导与成员交换关系的研究中也不可避免地涉及公平理论。

由资源理论可知，每个领导所能掌握与支配的资源都是有限的。而将这些资源分配给员工时，往往无法保证绝对的分配公平。因此，在团队中则可能出现几种情况。当领导将既定有限的资源分配给大部分员工、与绝大多数员工保持较高水平的领导—成员交换关系（LMX）时，则团队中低于平均 LMX 的员工较少。此时，在横向比较的过程中，大部分员工会感觉领导对自己是公平对待的，当然，也有少部分与领导保持低质量交换关系的员工容易产生严重的不公平感；其次，团队中还可能存在另外一种情况。因为领导一般倾向于与他认为有潜力表现得更优秀的人保持更高的交换关系，因此可能将大部分

第九章 相对领导—成员交换关系对员工工作态度与行为的影响研究

优势资源分配给少数成员，而与大多数员工保持较低的交换关系。此时，不公平感就很可能在团队中蔓延。

虽然公平理论得到了一定的发展和应用，但其存在一个很大的不足，即忽略了不同个体在比较过程中的差异性，因此对管理实践的意义打了折扣。

第四节 研究方法

一 概念的界定

（一）RLMX。由于团队成员具有相互依赖性，因而个人的 LMX 不可能独立于其他成员的 LMX 而存在，正如 Hogg 和 Martin 等（2005）所提出的，团队中的 LMX 不仅是一个绝对概念，还是一个相对概念。保持同等水平 LMX 的员工在不同的团队中所获得的优势和自我的评价可能截然不同。因此，Henderson 和 Wayne 等（2008）从团队内个体层面思考 LMX，认为 RLMX 是指员工自己与领导的交换关系在团队中所处的相对地位，并提出可由员工个人的 LMX 与团队 LMX 均值的差值来反映 RLMX 的大小。本研究采用这一观点，用 RLMX 值的大小表示员工在所处团队中的客观相对地位。

（二）LMXSC。Vidyarthi 和 Liden 等（2010）认为社会比较交换关系（LMX Social Comparison，LMXSC）是指员工对自己与上级交换关系的主观评价和感受。由于每个员工将自己与上级的这种交换关系同团队中其他人的交换关系进行比较后会形成不同的主观感知，进行不同的心理定位。因此本研究运用 LMXSC 来反映员工在团队中的主观相对地位。

（三）DLMX。领导—成员交换关系差异（LMX Differentiation，DLMX）是指具有差异化的领导—成员交换关系在团队中的变动范围和差异程度。Epitropaki 和 Martin 等（2013）提出，DLMX 是团队员工进行社会比较的一种情境因素，很可能使员工产生对相对地位的偏差理解。由此可见，将团队中的交换关系差异作为一种情境来讨论是很有必要的。因此，本研究按照团队中交换关系差异程度高低将团队分为两种情境进行讨论。

（四）社会比较倾向。不同个体在社会交往过程中进行社会比较的意愿大小和程度综合反映为社会比较倾向（Social Comparison Orientation，SCO）的高低。面对同一事物，一部分人会习惯或喜欢通过比较来作出自我判定，而另一部分人则不会或较少依靠社会比较，这种差异就反映出人们在社会比较过程中的个性差异。因此，本研究按照这种倾向性的高低程度将员工进行分类讨论。

（五）组织公民行为。员工在工作中可能同时表现出多种行为，其中在正式契约规定以外的、员工出于互惠心理而表现出来的行为即为组织公民行为（Organizational Citizenship Behavior，OCB）。员工超越正式职责规定而表现出来的这些职责外行为能正向影响组织效能。按行为的利益趋向原则可将组织公民行为分为两类：个体指向组织公民行为（Organizational Citizenship Behaviors that Immediately Benefit Specific Individuals，OCBI）和组织指向组织公民行为（Organizational Citizenship Behaviors that Benefit the Organization in General，OCBO），其中个体指向组织公民行为是指直接有利于组织中某个特定对象的行为，比如当其他同事不上班时主动帮其完成任务等行为；组织指向组织公民行为是指员工做出的有益于整个组织的行为，如遵守正式规章制度以维持组织秩序等行为。本研究将OCB划分为两种不同指向的行为，比较分析相同的影响因素对二者的差异化影响。

（六）工作态度。研究表明，员工的满意度与组织的生产效率显著正相关，而员工的组织支持感有效缓解离职现象，这些都有利于企业的发展。并且研究还发现，领导—成员交换关系的绝对质量会引起员工工作满意度和组织支持感的变化，但员工的领导—成员交换关系在团队中所处的相对地位是否会对员工的这些表现产生影响以及如何影响值得进一步探讨。因此，本研究涉及的工作态度特指工作满意度和组织支持感。

二 RLMX与员工工作态度及组织公民行为的关系

由于高RLMX员工在团队中处于一种更优越的相对地位，因而从

第九章 相对领导—成员交换关系对员工工作态度与行为的影响研究

领导处得到的关心与支持更加丰厚,在与其他成员进行比较时很容易进行下行比较,从而在心理上形成一定的相对优势。这种有利条件也促使员工更加积极地看待自己的未来,从而保持更高的愉悦感。这些优势资源同时也意味着上下级之间有更多的信任和认可,这在缩短彼此间心理距离的同时,还有助于彼此分享资源信息,有助于相互间的合作,这对于提升员工满意度大有裨益。

当然,高 RLMX 者也可能在与他人进行比较的过程中发觉组织对自己已经尽了最大的义务,因而产生较高的组织支持感;由于领导的支持程度是员工对组织支持程度感受最直接的一部分,因而也是决定员工组织支持感高低最重要的指标之一,所以 RLMX 不高的员工在与同事进行比较的过程中,会认为领导对自己的支持度不够,进而判定组织对自己的支持度也是不够的,因而组织支持感会维持在较低水平。

总而言之,不同质量 RLMX 带来的差异性资源将引发员工之间的比较,而比较后的相对优势可能进而在员工的工作态度上有所体现。因此,本研究提出假设:

H1a:RLMX 与工作满意度正相关;

H1b:RLMX 与组织支持感正相关。

由于 RLMX 本身涉及社会比较的过程,因而员工对社会比较过程的理解程度在一定程度上决定了他们的行为反应。高 RLMX 员工通过与他人进行比较,认为组织对自己已经尽了较多的义务,因此自愿表现更多的组织公民行为作为回报,同时也可能与组织中的其他成员分享经验、帮助新同事融入群体等,主动维系组织内部的和谐关系、促使整个团队获得成功;而对 RLMX 较低的员工而言,他们通过一系列比较来判定组织对自己所履行义务的多少,进而会意识到自己所受到的不公平待遇。当然,他们并不会简单地忽略这种差异对待所带来的不满,作为回应,这类员工更可能减少有利于组织和个人的行为。另外,相关实证研究已表明,RLMX 不仅直接影响员工的工作表现和组织公民行为,还会通过员工的工作满意度、社会比较交换关系间接影响组织公民行为。因此,本研究提出以下假设:

H1c：RLMX 与个体指向组织公民行为（OCBI）正相关；

H1d：RLMX 与组织指向组织公民行为（OCBO）正相关。

综合上述分析，可提出假设：

H1：相对领导—成员交换关系（RLMX）与员工工作态度及组织公民行为正相关。

三 RLMX 与 LMXSC 的关系

因为个体的主观评价与客观实际密切相关，所以员工对自己的能力水平进行主观评价时很有可能将自身在团队中的实际地位作为依据。另外，如果员工被认为是有能力的，那么领导则更愿意与之保持更好的关系，这就意味着，RLMX 越高，员工的能力越能得到领导的肯定，因而员工对交换关系的主观评价也会越高。同时，高 RLMX 暗示着个体获得领导更多的信任，而被领导信任的成员也会更加容易获得其他成员的信任，因而员工在团队中会感觉自己占据一个相对较高的地位。此外，当员工的 RLMX 质量越高时，员工获得的相对于其他团队成员的优势资源也更多，员工自然也会认为自己在团队中更有优势。因此，在关于领导所提供资源和帮助的社会比较过程中，高 RLMX 者会对自己在团队中所处的相对地位有较高评价。

总而言之，LMX 质量的差别化为人际比较创造了心理边界，这也将帮助员工更好地明确自己在团队中的位置。经过相互比较后，占据客观相对地位越高的员工在主观上也会感觉到自己处于相对较高的地位。因此，以下假设得以提出：

H2：相对领导成员交换关系（RLMX）与社会比较交换关系（LMXSC）正相关。

四 LMXSC 与员工工作态度及组织公民行为的关系

研究结果显示，员工的工作态度受到其感知的影响。一方面，LMXSC 作为员工对其与领导的交换关系的一种主观感知，反映了员工对领导、对组织的信任和认可程度，这将进一步体现在员工的工作满意度上。另一方面，高 LMXSC 还是一种享受特权的精神优越感。

第九章　相对领导—成员交换关系对员工工作态度与行为的影响研究

当员工感觉自己从领导处获得的权力越多时会认为自己的能力越强，在工作中也会变得更加主动，其工作满意度也会随之提高。尹俊等也发现，当员工感受到较高的内部人身份时会保持较高的工作满意度。LMXSC 是员工对自己在团队中相对地位的一种感受，如果 LMXSC 越高，则该员工越能感受到较高的身份和地位，因而可能提升员工的满意度。此外，员工组织支持感的形成不仅离不开组织的努力，更加离不开领导在其中所发挥的重要作用。凌文铨等（2006）发现中国员工的组织支持感与其在工作中获得的支持及利益密切相关。而中国人在处理人际关系的过程中往往又会体现出差异性，因此，员工在判定自己的利益是否得到重视时，可能会将交换关系的比较结果作为参照依据；而在判断自己是否受到组织的支持时，可能会通过比较感知组织与领导所提供帮助的多少和给予关心的程度等来作为衡量标准，这些比较的感知又将反映在员工组织支持感的水平之上。

由社会交换理论和互惠原则可知，领导与下属建立起差异化的人际关系，得到领导优待的员工会形成一种责任感，认为自己有义务去回报以同等的态度和行为。并且组织公民行为带有自发性，所以当员工受到优待时更可能表现出更多的公民行为。不少学者探究了 LMX 与组织公民行为的关系，但很少考虑员工将 LMX 进行比较后所形成的主观感知对员工组织公民行为的作用。当员工将领导对自己和领导对别人的区别对待综合考虑后，可能对自己 LMX 的感知发生变化，进而调整自己的组织公民行为。而组织公民行为又分为有利于个人和有利于组织两种指向。当员工感知到自己的 LMX 在团队处于一种优势地位（高 LMXSC）时，可能不容易感受到团队中因关系分配不均所带来的竞争压力，所以能够与同事之间保持一种更加和谐、密切的关系，也更可能表现出乐于帮助同事的行为；同时，感觉自己处于较高相对地位（高 LMXSC）的员工为了报答领导对自己的照顾和帮助，也更可能自发地表现出有利于组织和团队发展行为。相反，感觉到自己的 LMX 处于劣势地位（低 LMXSC）的员工，通过比较后容易产生嫉妒和不公平心理，因而可能阻碍其表现出个体导向和组织导向的组织公民行为。

综上，当员工对领导提供的资源、机会、关心和重视程度的整体主观评价较高时，会感知到自己处于较高的相对地位（高 LMXSC），这有助于员工在工作中保持积极的态度和组织公民行为。根据上述分析，下列假设得以提出：

H3：社会比较交换关系（LMXSC）与员工工作态度及组织公民行为正相关；

H3a：社会比较交换关系（LMXSC）与工作满意度正相关；

H3b：社会比较交换关系（LMXSC）与组织支持感正相关；

H3c：社会比较交换关系（LMXSC）与个体指向组织公民行为正相关；

H3d：社会比较交换关系（LMXSC）与组织指向组织公民行为正相关。

五 LMXSC 的中介作用

在交换质量存在差异的团队中，员工进行社会比较的主观感知与评价都受到实际相对地位的影响。一方面，RLMX 体现着员工在团队中的实际地位，形成了员工进行主观评价的前提条件。当员工的相对地位越高时，则与领导有更多的接触机会，并能在领导的指导下更快地提升自己，因而他们也更容易产生一种组织和领导很重视自己的感受，对自己的能力和地位也会相应地有更高的评价。同时，高 RLMX 所伴随的优于他人的权力、支持和信任也会促进员工提升对相对地位的主观感知。而员工对其相对地位的主观感受（LMXSC）又会进一步影响员工的工作态度及组织公民行为。因为社会比较而产生的自我评价和主观感知是认知、情感和行为动机的基础，不同 RLMX 的员工通过在团队中进行比较，判断自己是否受领导信任、自己的努力是否得到认可、利益是否得到重视，从而形成各自的感知，这些感知又将成为员工保持不同程度的工作满意度与组织支持感的基础，也将决定员工是否愿意在组织中表现出有利于组织和其他成员的组织公民行为。总体而言，高 RLMX 所带来的优势会通过强化员工对其相对地位的主观感知，并进一步提升其工作满意度、组织支持感和组织公民行

第九章 相对领导—成员交换关系对员工工作态度与行为的影响研究

为。由此,提出以下假设:

H4:社会比较交换关系(LMXSC)在相对领导—成员交换关系(RLMX)与员工工作态度及组织公民行为之间发挥中介作用;

H4a:LMXSC 在 RLMX 与员工工作满意度之间发挥中介作用;

H4b:LMXSC 在 RLMX 与员工组织支持感之间发挥中介作用;

H4c:LMXSC 在 RLMX 与个体指向组织公民行为之间发挥中介作用;

H4d:LMXSC 在 RLMX 与组织指向组织公民行为之间发挥中介作用。

六 社会比较倾向的调节作用

一般而言,当员工认为自己获得了更多的资源和优势时,会维持更积极的工作情感和工作表现。但也有研究表明,即便感知与上级保持领导—成员交换关系的质量相同,不同员工的工作态度也会不尽相同。这可能是因为员工在感知这种交换关系的过程中还受到其他因素的影响。

Buunk 和 Nauta 等(2005)发现,人们的社会比较倾向会影响他们自己的认知评价。如果某个个体的社会比较倾向很强,其往往呈现出十分敏感的特征。这类人如果存在于组织的团队中,他们可能会更多地关注团队其他成员与上级的交换关系,并通过多重比较进而形成对相对地位的主观感知。员工的这种特质可能从两个方面发挥作用:其一,通过比较结果的作用。社会比较倾向越强的人,越在乎比较的结果,因而也更容易受到其所带来的消极影响。所以,即便是主观交换关系较高的员工,在上行比较过程中,也容易产生不如他人的感受,因而在一定程度上抵消主观相对地位的积极作用。其二,通过自我预知的作用。郭淑斌等(2010)表明,社会比较倾向较强的人,会在下行比较过程中预测自己将处于一种更差的情境。所以,高社会比较交换关系的员工可能预测自己未来的地位将大不如从前,因而在工作中的态度可能会大打折扣。根据以上分析,提出以下两个假设:

H5a:社会比较倾向(SCO)在 LMXSC 与员工工作满意度之间起负向调节作用;

H5b:社会比较倾向(SCO)在 LMXSC 与员工组织支持感之间起

负向调节作用。

LMXSC 在影响员工组织公民行为的过程中，也可能受到社会比较倾向的边界作用。主要从两方面进行思考：第一，由高 SCO 个体的特征所导致。Gibbons 和 Buunk（1999）提出，对自我的不肯定和对他人的敏感性是高 SCO 个体两大明显特征。这在上下级进行社会交换的过程中可能引发员工之间的比较。即使员工本身感觉自己在团队中的相对地位并不低，只要他们发觉有人比自己的地位更高，则会敏感地意识到当中的不公平性，并可能因此对自己能力的评判提供不确定性的信号，从而降低其主动为组织谋利益的意愿。第二，由 OCB 所涵括的互惠性所决定。武欣和吴志明（2005）认为，OCB 可以看作员工基于互惠原则做出的行为。但传统研究中的互惠原则仅涉及当前回报，即员工做出努力以回报领导过去和现在对自己的特殊关照。其实互惠原则还可能涉及一种对未来回报的评价。由于高 SCO 的个体可能在下行比较中对自己未来的境遇作出不好的预测，所以当他们认为自己与领导间的关系会变得很差时，可能会通过减少自己的组织公民行为来回应这种不好的预期。

根据以上分析，高的社会比较倾向会弱化 RLMX 对 OCB 的积极作用，因此，可以提出以下假设：

H5c：社会比较倾向（SCO）在 LMXSC 与个体指向组织公民行为（OCBI）之间起负向调节作用；

H5d：社会比较倾向（SCO）在 LMXSC 与组织指向组织公民行为（OCBO）之间起负向调节作用。

总的来说，可以提出假设：

H5：社会比较倾向（SCO）在 LMXSC 与员工工作态度及组织公民行为之间起负向调节作用。

七　领导—成员交换关系差异的调节作用

就个体而言，他们侧重于关注自己与领导交换关系的质量。但当同等质量的关系放置于不同的团队中时，往往会呈现出不同的效果，这可能是由整个团队内交换关系的差异程度所决定的。在高关系差异

第九章 相对领导—成员交换关系对员工工作态度与行为的影响研究

的团队中,可能产生两极分化的现象,即领导与一部分成员维持高质量关系的同时,与另一部分成员保持十分低质量的交换关系。如此,整个团队中交换关系的浮动幅度十分大。这在一定程度上不利于团队成员之间的相互交流,也不利于彼此间维持良好的同事关系。但关系差异作为团队的特征之一,也可能带来一些积极效应。首先,从公平方面来谈。关系差异可以让员工意识到自己是受到优待的,此时,感觉自己处于优势地位的员工很可能在工作中表现得更加积极。其次,从社会比较方面来谈。团队中的关系差异越大,为员工提供的比较情境也越鲜明,同时也能让员工更清晰地对自己的相对地位做出准确的评价,此时,感觉自己主观相对地位越高的员工,在工作中可能表现出更多的有利于组织和团队成员的行为。相反,在关系差异不明显的团队中,大多数成员与领导的关系维持在一种平均、一般的水平,成员间并不存在太多差异。虽然一视同仁的氛围对一部分员工公平感的形成是有帮助的,但同等对待的环境会弱化员工原本所具备的优势,不利于高 LMXSC 员工形成积极情绪,因此高 LMXSC 员工可能会为了抵制过度平等而减少其为组织谋利的自愿行为。

总的来说,由于在低 DLMX 团队中各成员的情况相仿,所以员工并不容易感觉到密切关系和额外资源所带来的相对优势,而在高 DLMX 团队中,这种优势会由于差异的存在而被放大。高 LMXSC 意味着员工感受到的来自领导的优待更多,因而随着团队中 DLMX 的增大,员工从相对地位中感受到的优势会得到增强,也将进一步促使员工表现出更积极的工作态度和更多的组织公民行为,即 DLMX 在 LMXSC 影响员工工作态度及组织公民行为的过程中起强化作用。由此,可以提出以下假设:

H6:社会比较交换关系差异(DLMX)在 LMXSC 与员工工作态度及组织公民行为之间起正向调节作用;

H6a:DLMX 在 LMXSC 与员工工作满意度之间起正向调节作用;

H6b:DLMX 在 LMXSC 与员工组织支持感之间起正向调节作用;

H6c:DLMX 在 LMXSC 与个体指向组织公民行为之间起正向调节作用;

H6d：DLMX 在 LMXSC 与组织指向组织公民行为之间起正向调节作用。

第五节　研究结果

一　实证研究过程设计与数据收集

本研究通过理论分析对研究构思进行了初步探索和分析，为了检验理论构思的适用性，本章采用问卷调查的方式进行实证分析，以检验假设并修正研究构思。本研究所用问卷由八项内容组成：被试的人口学特征和研究所涉及的七个变量的测量题项。其中，被试的人口学特征变量包括员工个体的年龄、性别等六个方面。由于有研究表明，员工在工作中的表现可能受到这些因素的影响，因而在本研究中，对这些变量进行控制，从而使研究变量之间的相关性分析更顺利地进行。问卷涉及的变量有：

（一）相对领导—成员交换关系与领导—成员交换关系差异。由于相对领导—成员交换关系（RLMX）是团队内个体层面的变量，无法直接测量得出。本章依照大多数研究者所运用的办法分三步进行：首先，测出各成员的 LMX 值；其次，在团队内取均值；最后，计算出前者减后者所得的差值，结果即为 RLMX 的测量值。本章将领导—成员交换关系差异（DLMX）界定为客观存在的团队情景，因此参照 Erdogan 和 Bauer（2010）、Ford 和 Seers（2006）、Henderson 和 Wayne 等（2008）、Liden 和 Erdogan 等（2006）所采用的客观测量方法，先使用 LMX-7 问卷评估各成员的 LMX 值，然后再用方差来反映团队中领导与成员关系的差异程度。方差越大，意味着团队内交换关系的变动范围越大。RLMX 与 DLMX 的测量均需先测出 LMX 的值，所运用的量表为 Graen 和 Uhlbien（1995）编制的 LMX-7 问卷，样题如"即使我的上级不在场，我也遵照他做出的决定开展工作"。

（二）社会比较交换关系。尽管早在 2002 年，Liden 和 Erdogan 就提出了社会比较交换关系的概念并编制了相应测量量表，但这一变量直到 2010 年才由 Vidyarthi 和 Liden 等（2010）正式将其作为研究

第九章 相对领导—成员交换关系对员工工作态度与行为的影响研究

变量进行探讨，经 Vidyarthi 和 Liden 等（2010）验证表明该量表共包括 6 个项目，样题如"相比于团队中其他成员，我得到上级更多的支持""相比于其他多数成员，我与上级在工作上配合得更加有效"。

（三）社会比较倾向。本研究测量社会比较倾向的量表是采用 Gibbons 与 Buunk（1999）共同编制的爱荷华—荷兰比较倾向量表（INCOM），该量表中文版的信效度得到了王明姬等（2006）的检验。社会比较倾向量表主要用于测量不同主体在社会比较过程中的差异，得分高的个体一般比得分低的个体更乐于进行社会比较。该量表共包括 11 个项目。

（四）工作满意度。关于员工工作满意度的测量，学者根据不同的侧重点编制了不少测量量表，比较有名的有 MSQ 明尼苏达满意度量表、波特的需求满意度问卷（Need Satisfaction Questionnaire, NSQ），但这些问卷涉及面广且题量大，对问卷的长度和效度难以控制。由于本章研究的工作满意度侧重于员工对工作的整体满意度，故采用 Tsui 和 Egan（1992）编制的经典单维量表，该量表近年来多次被运用。共 6 个项目，样题如"我对所从事工作的性质感到满意"。

（五）组织支持感。组织支持感的测量已经发展得十分成熟，其中 Eisenberger 和 Huntington 等（1986）开发的组织支持感问卷（Survey of Perceived Organizational, SPOS）是实证研究中最常用的量表。不同研究根据实际需要对原表中 36 个条目进行精简，将负荷较高的 17 个条目或 8 个条目精简为短型量表，分析以往研究结果可知，8 项目短表包含了本研究所界定和强调的组织认同感的全部内容，并且具有很高的信度。因此本研究采用 8 项目短型量表，样题如"组织很重视我的工作目标与价值"等。

（六）组织公民行为。自 1983 年 Smith 编制组织公民行为的量表以来，不少学者依据不同的研究目的和不同的研究背景开发了相应的量表。这些量表都各有千秋。然而，本研究侧重研究领导与员工之间的关系在影响员工的组织公民行为时，对组织与对组织中的个人是否会表现出差异化，因而采用的是 Lee 和 Allen（2002）开发的量表，该量表分为组织指向和个体指向两部分，各 8 个项目。样题如"我即使在厌烦的事情或者私人场合上,也能够表现出对同事诚挚的关心和礼貌""我主动分享自己的经验和信息以帮助同事顺利完成工作""我主动提供能够促进组织良好运转的想法和建议"。

以上所有问卷均采用李克特(Likert)五点记分,用分数的大小对应体现调查对象对项目的同意程度(1——非常不同意,2——比较不同意,3——不确定,4——比较同意,5——非常同意)。其中,除组织支持感的测量量表与社会比较倾向测量量表中各包含两个反向记分项目以外,其余所有项目均为正常记分。

为了保证调研数据的质量,本研究在广泛调查之前还找了30名被试进行预测试,根据他们的意见,对问卷中存在歧义和多义的语句进行了修正。

正式调查的所有问卷主要集中于北京、上海、广东、湖南、广西等地区。在调查的过程中,或由研究人员或委托一位负责人将问卷带到被试企业中。首先,告知被调查对象问卷中所涉及的内容绝对保密,并且仅作为学术之用。然后对成员不少于三位的团队中的成员进行问卷调查,并将同属一个团队的成员数据作为一组。最后由负责人收回问卷。

数据收集跨时近三个月,本研究共发出750份问卷,收回630份,回收率为84%,剔除不符合条件及明显敷衍填写的问卷后,共计有效问卷584份,有效回收率为77.87%。

在对所收集的数据进行正式分析之前,本章先对所有有效被试的基本信息进行了描述性统计,其结果如表9-2所示。

表9-2　　　　　　　　样本特征情况($N=584$)

变量	类别	频次	比例(%)
年龄	25岁以下	488	83.56
	26—35岁	59	10.10
	36—45岁	26	4.45
	46—55岁	8	1.37
	56岁及以上	3	0.51

续表

变量	类别	频次	比例（%）
性别	男	311	53.25
	女	273	46.75
学历	专科以下	72	12.33
	大学专科	146	25.00
	大学本科	303	51.88
	硕士及以上	63	10.79
工作年限	1年以内	437	74.83
	1—3年	92	15.75
	3—5年	33	5.65
	5—10年	16	2.74
	10年以上	6	1.03
工作部门	生产/运营	97	16.61
	研发/设计	44	7.53
	销售/市场	166	28.42
	人事/行政	129	22.09
	其他	148	25.34
单位性质	国有企业	195	33.39
	民营企业	190	32.53
	外资企业	57	9.76
	合资企业	8	1.37
	其他	134	22.95

在被调查的对象中，男女比例比较均衡，虽然在年龄阶段，35岁以下的人数比较多，共占93.66%。但所选取的调查对象涉及生产/运营、研发/设计、销售/市场、人事/行政等多个工作部门，同时也包括了国企、外企等多种不同性质企业的员工，在一定程度上也意味着本研究后续结论是具有普遍适用性的。

二 数据分析与假设检验

信度，也就是可靠性，是指个体心理特征的差异反映到测量结果中的程度，实际上是一种系统变异。实际上，信度反映了测量结果的稳定性。

Cronbach's α 系数作为目前运用最广泛的信度测量指标，可以较准确地反映测量变量的内部一致性。一般认为，系数的值与信度正向相关，可以接受的 α 系数在 0.65—0.70 之间，当系数大于 0.70 时表示测量结果的信度比较好。本研究采用 SPSS 21.0 对研究数据进行信度分析，发现各测量变量的 α 系数都在 0.75—0.91 之间，均有很好的信度。结果见表 9-3。

表 9-3   各变量的信度分析

变量名称		题项数	α 系数	
领导—成员交换关系		7	0.831	
社会比较交换关系		6	0.870	
工作满意度		6	0.837	
组织支持感		8	0.786	
组织公民行为	个体指向	8	0.890	0.934
	组织指向	8	0.909	
社会比较倾向		11	0.760	

效度，是指所用的测量工具能准确测量目标对象的程度。由于本研究采用的量表皆为已经过检验的成熟量表，单个量表都具有良好的结构效度，所以本研究主要分析所采用的问卷的区分效度，因此，本研究采用 AMOS 21.0 对整个问卷进行验证性因子分析，分析结果如表 9-4 所示。五个模型中，单因子模型的拟合指标最差，卡方—自由度之比超过 4，RMSEA 也高于 0.08，IFI、CFI、NFI 远不足 0.90；此外，虽然四因子、五因子、六因子模型的拟合指标有逐渐变优的趋势，但仍有部分指标不合格；七因子模型的拟合指标最好，卡方—自由度之比远小于 4，RMSEA 低于 0.08，此外 IFI、CFI、NFI 三者的值都介于 0.89—0.93，接近 0.90，说明所测七个变量的区分效度是可接受的。

第九章　相对领导—成员交换关系对员工工作态度与行为的影响研究

表9-4　　　　　　　　　验证性因子分析结果

	χ^2	df	χ^2/df	RMSEA	IFI	CFI	NFI
单因子模型	4053.199	665	6.095	0.138	0.434	0.430	0.390
四因子模型	3270.174	664	4.925	0.126	0.551	0.548	0.483
五因子模型	2632.966	664	3.965	0.105	0.671	0.669	0.604
六因子模型	2305.599	662	3.483	0.091	0.746	0.744	0.703
七因子模型	2010.822	659	3.051	0.077	0.921	0.919	0.891

注：LMX为领导—成员交换关系、LMXSC为社会比较交换关系、JS为工作满意度、POS为组织支持感、OCBI为个体指向组织公民行为、OCBO为组织指向组织公民行为、SCO为社会比较倾向。七因子模型（LMX、LMXSC、JS、POS、OCBI、OCBO、SCO）、六因子模型（LMX、LMXSC、JS、POS、OCBI+OCBO、SCO）、五因子模型（LMX、LMXSC、JS+POS、OCBI+OCBO、SCO）、四因子模型（LMX+LMXSC、JS+POS、OCBI+OCBO、SCO）、单因子模型（LMX+LMXSC+JS+POS+OCBI+OCBO+SCO）。

由于整个问卷的题项都由员工回答，可能存在同源偏差，因此本研究从多方面进行了控制。在程序上，测量工具均采用成熟量表并修改表述以减少歧义；在调查过程中，强调"结果保密"、隐藏变量标题以减少调查对象的猜测；在统计方面本研究进行了两方面的检验。其一，Harman单因子分析。结果显示，未经旋转的首因子只解释了21.63%的变异，没有达到总变异（67.85%）的一半。其二，在潜在误差变量控制法的检验中，发现含有共同方法偏差因子的八因子模型的拟合优度为χ^2（654）= 1896.324，RMSEA = 0.068，IFI = 0.936，CFI = 0.933，NFI = 0.905。按照温忠麟等的准则，这并没有明显优于不含共同方法偏差因子的七因子模型。因此本研究认为，共同方法偏差不严重，不会对研究结论产生本质影响。

本研究所涉及变量的描述性统计分析结果见表9-5。首先，从领导与成员的交换关系对员工心理感知及工作态度的影响来看，相对领导—成员交换关系与社会比较交换关系相关性显著（$r = 0.431$，$p < 0.01$），其与员工的工作满意度及组织支持感也分别显著正相关（$r = 0.413$，$p < 0.01$；$r = 0.435$，$p < 0.01$）。

其次，从领导与成员的交换关系对员工组织公民行为的作用来看,相对领导—成员交换关系与个体指向组织公民行为显著正相关($r=0.358$,$p<0.01$),与组织指向组织公民行为也显著正相关($r=0.365$,$p<0.01$)。

此外,从员工感知到的相对地位对员工工作态度和行为的影响来看,社会比较交换关系与员工的工作满意度及组织支持感显著正相关($r=0.482$,$p<0.01$;$r=0.421$,$p<0.01$);与个体指向组织公民行为及组织指向组织公民行为也显著正相关($r=0.341$,$p<0.01$;$r=0.386$,$p<0.01$)。

由此可知,本研究所涉及的主要变量之间存在一定的相关性,为下文的检验奠定了基础。

表9-5　变量的均值、标准差、相关性系数分析结果($N=584$)

	1	2	3	4	5	6	7	8
1RLMX	1							
2LMXSC	0.431**	1						
3JS	0.413**	0.482**	1					
4POS	0.435**	0.421**	0.668**	1				
5OCBI	0.358**	0.341**	0.452**	0.405**	1			
6OCBO	0.365**	0.386**	0.546**	0.529**	0.705**	1		
7SCO	0.213**	0.256**	0.285**	0.285**	0.372**	0.398**	1	
8DLMX	0.001	0.009	0.119**	0.079	-0.033	-0.005	-0.054	1
均值	0.0001	3.1624	3.5046	3.3750	3.7250	3.7733	3.2786	0.3316
标准差	0.5314	0.7589	0.7570	0.6106	0.6442	0.6966	0.5362	0.2778

注:RLMX为相对领导—成员交换关系,DLMX为交换关系差异。其中,*表示$p<0.05$,**表示$p<0.01$,***表示$p<0.001$,本检验为双侧检验。

(一)RLMX与员工工作态度及组织公民行为关系的检验

本小节对主效应进行检验,即分析相对领导—成员交换关系(RLMX)对员工工作态度和不同指向的组织公民行为的影响。本研究理论部分推导出,RLMX对工作满意度、组织支持感及个体指向与组织指向的组织公民行为均有正向影响。本研究运用SPSS 21.0进行

第九章 相对领导—成员交换关系对员工工作态度与行为的影响研究

线性回归,其结果见表9-6。

首先在自变量第一层加入控制变量,再在第二层加入自变量RLMX,分别对工作满意度、组织支持感及个体指向与组织指向的组织公民行为进行四次回归,由表9-6可知,RLMX与员工工作满意度有显著的正向关系($\beta=0.422$,$p<0.001$);RLMX与员工组织支持感有显著的正向关系($\beta=0.440$,$p<0.001$);RLMX对个体指向组织公民行为有显著正向影响($\beta=0.366$,$p<0.001$);RLMX对组织指向组织公民行为有显著正向影响($\beta=0.370$,$p<0.001$)。这意味着,RLMX对员工工作满意度和组织支持感这两种工作态度及不同指向的组织公民行为都有直接的正向影响,因此,H1、H1a、H1b、H1c、H1d均得到支持。

表9-6　　相对领导—成员交换关系对员工工作态度及组织公民行为回归分析

	工作满意度		组织支持感		个体指向组织公民行为		组织指向组织公民行为	
	β	t值	β	t值	β	t值	β	t值
控制变量								
Age	0.077	1.282	0.014	0.239	-0.013	-0.215	0.085	1.379
Gender	0.100**	2.622	0.036	0.945	0.100*	2.532	0.080*	2.037
EB	-0.134**	-3.427	-0.081*	-2.081	-0.068	-1.700	-0.083*	-2.060
YW	-0.056	-0.920	-0.042	-0.688	0.009	0.140	-0.046	-0.741
DW	0.045	1.162	0.031	0.805	-0.009	-0.236	-0.034	-0.851
NU	-0.023	-0.568	-0.018	-0.444	0.093*	2.225	0.039	0.935
自变量								
RLMX	0.422***	11.317	0.440***	11.762	0.366***	9.536	0.370***	9.636
F值	20.985***		20.388***		15.037***		14.927***	
调整R^2	0.177***		0.193***		0.133***		0.136***	

注:EB为学历,YW为工作年限,DW为工作部门、NU为单位性质。其中,*表示$p<0.05$,**表示$p<0.01$,***表示$p<0.001$,下同。

(二) RLMX 与 LMXSC 之间关系的检验

本小节对相对领导—成员交换关系（RLMX）与社会比较交换关系（LMXSC）之间的关系进行分析。理论部分提出假设，RLMX 与 LMXSC 之间显著正相关。本研究运用 SPSS 21.0 进行线性回归，其结果见表 9–7。

在加入控制变量的前提下，RLMX 对 LMXSC 的回归系数显著（$\beta=0.427$，$p<0.001$），表示员工的客观相对地位（RLMX）对员工感知到的心理相对地位产生直接的正向影响，因此，H2 得到支持。

表9–7 相对领导—成员交换关系对社会比较交换关系的回归分析

	LMXSC (β)	t 值
控制变量		
Age	0.169**	2.857
Gender	−0.081*	−2.129
EB	−0.044	−1.151
YW	−0.110	−1.839
DW	0.040	1.038
NU	−0.132**	−3.298
自变量		
RLMX	0.427***	11.558
F 值	22.926***	
调整 R^2	0.181***	

(三) LMXSC 与员工工作态度及组织公民行为之间关系的检验

本小节分析社会比较交换关系（LMXSC）对员工工作态度和不同指向的组织公民行为的影响。LMXSC 对工作满意度、组织支持感及个体指向与组织指向的组织公民行为均有正向影响已经在理论上得到了支持，而实证方面，本研究采用线性回归对其进行检验，结果见表 9–8。

第九章 相对领导—成员交换关系对员工工作态度与行为的影响研究

在加入了控制变量的前提下,在自变量栏添加变量 LMXSC、在因变量栏添加变量工作满意度,经回归可知,LMXSC 对工作满意度具有正向影响($\beta = 0.500$,$p < 0.001$);以 LMXSC 为自变量、以组织支持感为因变量进行回归分析,发现 LMXSC 显著正向影响组织支持感($\beta = 0.434$,$p < 0.001$);以 LMXSC 为自变量、分别以个体指向和组织指向组织公民行为为因变量进行两次回归,得知 LMXSC 正向影响个体指向组织公民行为($\beta = 0.374$,$p < 0.001$);LMXSC 积极影响组织指向组织公民行为($\beta = 0.407$,$p < 0.001$)。因此,H3、H3a、H3b、H3c、H3d 均得到支持。

表 9-8 社会比较交换关系对员工工作态度及行为的回归分析

	工作满意度		组织支持感		个体指向组织公民行为		组织指向组织公民行为	
	β	t 值	β	t 值	β	t 值	β	t 值
控制变量							
Age	0.001	0.024	-0.048	-0.783	-0.067	-1.084	0.025	0.409
Gender	0.139***	3.777	0.069	1.786	0.128**	3.248	0.111**	2.859
EB	-0.098**	-2.639	-0.046	-1.180	-0.039	-0.972	-0.053	-1.329
YW	-0.008	-0.135	-0.003	-0.047	0.043	0.684	-0.008	-0.134
DW	0.020	0.533	0.007	0.193	-0.029	-0.741	-0.055	-1.401
NU	0.039	1.002	0.034	0.837	0.138**	3.292	0.089*	2.147
自变量							
LMXSC	0.500***	13.773	0.434***	11.344	0.374***	9.594	0.407***	10.564
F 值	30.025***		18.998***		15.200***		17.654***	
调整 R^2	0.241***		0.182***		0.135***		0.160***	

(四)LMXSC 的中介作用检验

本小节旨在分析社会比较交换关系(LMXSC)的中介效应。为了检验中介作用,本研究遵照 Baron 等(1986)建议的方法,第一步,检验主效应是否存在;第二步,验证自变量与中介变量间的关系;第三步,检验中介变量与因变量的联系;第四步,检验添加了中介变量后主效应的关系变化情况。表 9-9 为 LMXSC 在 RLMX 与员工工作满意度及组织支持感之间的中介作用回归结果，表 9-10 为 LMXSC 在 RLMX 与不同指向组织公民行为之间的中介作用回归结果。

表9-9　社会比较交换关系在 RLMX 与工作态度间中介作用回归分析

	工作满意度			组织支持感		
	模型1	模型2	模型3	模型4	模型5	模型6
控制变量							
Age	0.096	0.077	0.011	0.034	0.014	-0.036
Gender	0.097*	0.100**	0.131***	0.033	0.036	0.060
EB	-0.108*	-0.134**	-0.116**	-0.054	-0.081*	-0.068
YW	-0.070	-0.056	-0.013	-0.057	-0.042	-0.009
DW	0.034	0.045	0.029	0.020	0.031	0.019
NU	-0.031	-0.023	0.028	-0.026	-0.018	0.021
自变量							
RLMX		0.422***	0.257***		0.440***	0.314***
中介变量							
LMXSC			0.387***			0.296***
F 值	2.571*	20.985***	33.905***	0.587	20.388***	26.180***
调整 R^2	0.026*	0.177***	0.177***	0.006	0.193***	0.068***

在前面的检验中已经完成了中介效应检验的前三个步骤。在添加中介变量 LMXSC 后，RLMX 对工作满意度的影响系数从 0.422 下降为 0.257，此时 $p<0.001$；由表 9-8 也可看出，在 RLMX 对组织支持感的回归分析中添加 LMXSC 变量后，其影响系数从 0.440 下降为 0.314，影响作用仍显著。这意味着，LMXSC 在 RLMX 对员工工作满意度、组织组织感的影响过程中均起部分中介作用，H4a、H4b 得到支持。

第九章 相对领导—成员交换关系对员工工作态度与行为的影响研究

表9-10 社会比较交换关系在 RLMX 与组织公民行为间中介作用回归分析

	个体指向组织公民行为			组织指向组织公民行为		
	模型1	模型2	模型3	模型4	模型5	模型6
控制变量							
Age	0.003	-0.013	-0.057	0.102	0.085	0.034
Gender	0.097*	0.100*	0.121**	0.077	0.080*	0.104**
EB	-0.046	-0.068	-0.057	-0.060	-0.083*	-0.069
YW	-0.004	0.009	0.037	-0.059	-0.046	-0.013
DW	-0.019	-0.009	-0.020	-0.043	-0.034	-0.046
NU	0.086	0.093*	0.127**	0.032	0.039	0.079
自变量							
RLMX		0.366***	0.255***		0.370***	0.242***
中介变量							
LMXSC			0.262***			0.300***
调整 R^2	0.021	0.133***	0.054***	0.017	0.136***	0.070***
F 值	2.065	15.037***	18.899***	1.674	14.927***	20.748***

同样，在加入 LMXSC 变量后，RLMX 对个体指向及组织指向组织公民行为的影响系数从 0.366、0.370 分别下降为 0.255、0.242，这两组影响作用仍然在 $p<0.001$ 水平上显著。这表示，LMXSC 在 RLMX 对不同指向的组织公民行为的影响过程中也都起部分中介作用，H4c、H4d 得到支持。

综上可知，H4 得到支持。

（五）社会比较倾向与领导—成员交换关系差异的调节作用检验

本小节分析两个变量的调节效应：个体层面的社会比较倾向（SCO）和团队层面的领导—成员交换关系差异（DLMX）在 LMXSC 的影响中所发挥的调节作用。本研究依据温忠麟（2005）的观点，对各变量进行中心化处理。

回归分析时，在因变量栏添加工作满意度（组织支持感、个体及组织指向组织公民行为），在自变量栏逐一加入控制变量、LMXSC、

SCO及两者的交互项，根据不同的因变量进行了四次回归分析，由表9-11可知，强社会比较倾向会削弱LMXSC与组织支持感的正向关系（$\beta = -0.080, p < 0.05$），由此，H5b得到支持；社会比较倾向对LMXSC与工作满意度的正向关系没有明显的调节作用（$\beta = -0.031, ns$），因此，H5a没有得到支持；同样，社会比较倾向也削弱了LMXSC对个体指向组织公民行为和组织指向组织公民行为的影响（$\beta = -0.123, p < 0.01; \beta = -0.113, p < 0.01$），即H5c、H5d得到支持。综上，H5得到部分支持。

表9-11　　　　　　　社会比较倾向的调节作用回归分析

	工作满意度		组织支持感		个体指向组织公民行为		组织指向组织公民行为	
	β	t值	β	t值	β	t值	β	t值
LMXSC	0.455***	12.296	0.387***	9.994	0.301***	7.904	0.329***	8.812
SCO	0.180***	4.875	0.192***	4.961	0.301***	7.933	0.315***	8.453
交互项	-0.031	-0.889	-0.080*	-2.159	-0.123**	-3.371	-0.113**	-3.172
F值	27.080***		18.904***		21.983***		25.119***	
调整R^2	0.001		0.006*		0.015**		0.013**	

注：交互项为标准化LMXSC与标准化SCO之乘积。

为了进一步解释社会比较倾向在LMXSC的影响中所发挥的调节作用，本研究取SCO和LMXSC的均值加减一个标准差的值代入回归方程，并进行绘图。

由图9-2可知，当社会比较倾向弱时，员工的LMXSC与其组织支持感之间的关系仍然显著；当社会比较倾向强时，员工的LMXSC与其组织支持感之间的关系变得不显著。也就是说，在LMXSC影响组织支持感的过程中，强社会比较倾向所发挥的负向调节作用比弱社会比较倾向发挥的作用更显著。综合以上分析可知，H5b得到支持。

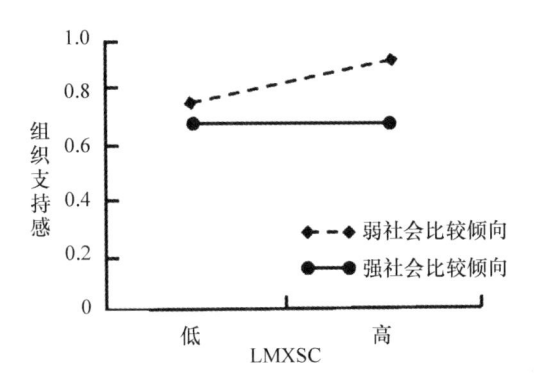

第九章 相对领导—成员交换关系对员工工作态度与行为的影响研究

图 9-2 社会比较倾向对 LMXSC 与组织支持感关系的调节效应图

由图 9-3 可知,当社会比较倾向弱时,员工的 LMXSC 与个体指向组织公民行为及组织指向公民行为之间的正向关系变得不显著;当社会比较倾向强时,员工的 LMXSC 与其个体指向及组织指向的组织公民行为之间的关系变得负相关。换言之,社会比较倾向会削弱 LMXSC 对组织公民行为的正向影响,并且相对于弱社会比较倾向而言,强社会比较倾向的负向调节作用更明显。综上分析,H5c、H5d 得到支持。

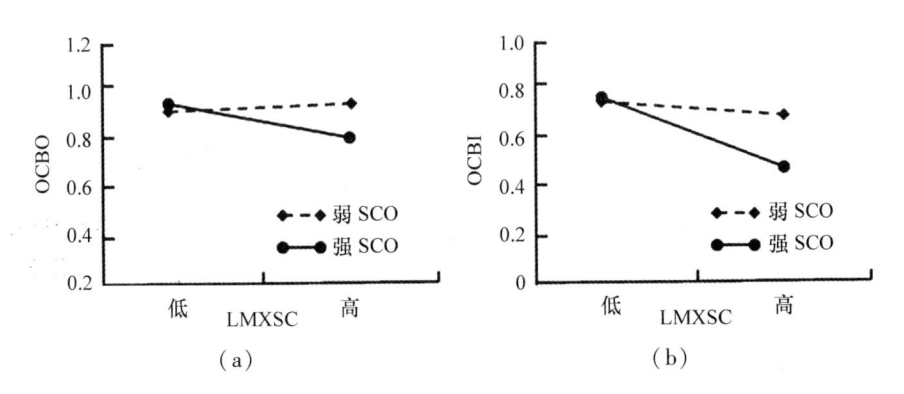

图 9-3 社会比较倾向对 LMXSC 与组织公民行为关系的调节效应图

为了分析团队层面的领导—成员交换关系差异（DLMX）在 LMXSC 的影响中所发挥的调节作用,本研究同样进行了四次回归分析，由表9-12可知，DLMX 会强化 LMXSC 与工作满意度的正向关系（$\beta=0.114$，$p<0.01$）；强化 LMXSC 与组织支持感的正向关系（$\beta=0.128$，$p<0.01$）；此外，DLMX 还会强化 LMXSC 对个体指向组织公民行为的作用（$\beta=0.136$，$p<0.001$）；使 LMXSC 与组织指向组织公民行为之间的关系得到增强（$\beta=0.152$，$p<0.001$）。这意味着在领导—成员交换关系差异越大的团队中，LMXSC 与员工工作满意度的正相关关系及 LMXSC 与组织公民行为之间的正相关关系越突出。由此可知，H6、H6a、H6b、H6c、H6d 得到支持。

表9-12 领导—成员交换关系差异的调节作用回归分析

	工作满意度		组织支持感		个体指向组织公民行为		组织指向组织公民行为	
	β	t值	β	t值	β	t值	β	t值
LMXSC	0.483***	13.355	0.415***	10.881	0.357***	9.180	0.387***	10.088
DLMX	0.098***	2.753	0.069	1.839	-0.057	-1.505	-0.026	-0.703
交互项	0.114**	3.185	0.128**	3.394	0.136***	3.553	0.152***	4.025
F值	25.949***		16.756***		13.746***		15.939***	
调整 R^2	0.013**		0.016**		0.018***		0.023***	

注：交互项为标准化 LMXSC 与标准化 DLMX 之乘积。

（六）有调节的中介效应检验

本研究根据温忠麟等提出的方法进行有调节的中介效应检验。第一步，做因变量（工作满意度、组织支持感、个体导向和组织导向组织公民行为）对自变量（RLMX）和调节变量（社会比较倾向）的回归，发现自变量（RLMX）的回归系数分别为 0.377、0.397、0.301、0.300（$p<0.001$）；做因变量（工作满意度、组织支持感、个体导向和组织导向组织公民行为）对自变量（RLMX）和调节变量（DLMX）的回归，发现自变量（RLMX）的回归系数分别为 0.422、0.440、0.367、0.371（$p<0.001$）。第二步，做中介变量（LMXSC）对自变量（RLMX）和调节变量（社会比较倾向）的回归，发现自变量 RLMX 的回归系数也显著（$\beta=0.391$，$p<0.001$）；做中介变量

第九章 相对领导—成员交换关系对员工工作态度与行为的影响研究

（LMXSC）对自变量（RLMX）和调节变量（DLMX）的回归，发现自变量 RLMX 的回归系数也显著（$\beta = 0.427$，$p < 0.001$）。第三步，做因变量（工作满意度、组织支持感、个体导向和组织导向组织公民行为）对自变量（RLMX）、调节变量（社会比较倾向）和中介变量（LMXSC）的回归，中介变量（LMXSC）的回归系数分别为 0.354、0.260、0.201 和 0.236（$p < 0.001$），此时 RLMX 的回归系数 0.239、0.295、0.222 和 0.208 相较于第一步中 RLMX 的回归系数显著降低；做因变量（工作满意度、组织支持感、个体导向和组织导向组织公民行为）对自变量（RLMX）、调节变量（DLMX）和中介变量（LMX-SC）的回归，中介变量（LMXSC）的回归系数分别为 0.385、0.294、0.263 和 0.301（$p < 0.001$），此时 RLMX 的回归系数 0.257、0.314、0.254 和 0.242 相较于第一步中的回归系数也显著降低。这说明 LMXSC 在 RLMX 与员工工作态度及组织公民行为之间发挥中介作用。第四步，检验有调节的中介效应。其中第一部分，做因变量（工作满意度、组织支持感、个体导向和组织导向组织公民行为）对自变量（RLMX）、中介变量（LMXSC）、调节变量（社会比较倾向）以及调节变量（社会比较倾向）与中介变量（LMXSC）乘积的回归，结果显示，交互项标准化系数分别为 $\beta = 0.003$，ns；$\beta = 0.032$，ns；$\beta = -0.098$，$p < 0.01$；$\beta = -0.092$，$p < 0.05$，这意味着 LMXSC 在 RLMX 与工作满意度、组织支持感之间发挥的中介效应没有受到社会比较倾向的影响；而 LMXSC 在 RLMX 与个体及组织导向组织公民行为之间的中介效应受到了社会比较倾向的显著负向影响，即有调节的中介效应显著。第二部分，做因变量（工作满意度、组织支持感、个体导向和组织导向组织公民行为）对自变量（RLMX）、中介变量（LMXSC）、调节变量（DLMX）以及调节变量（DLMX）与中介变量（LMXSC）交互项的回归，结果显示，交互项的回归系数分别为 $\beta = 0.033$，ns；$\beta = 0.028$，ns；$\beta = 0.060$，ns；$\beta = 0.083$，$p < 0.05$，这意味着 LMXSC 在 RLMX 与工作满意度、组织支持感及个体导向组织公民行为之间发挥的中介效应没有受到 DLMX 的影响；而 LMXSC 在 RLMX 与组织导向组织公民行为之间的中介效应受到了 DLMX 的显著

正向影响，即有调节的中介效应显著。

三 本章小结

本章基于问卷调查所获得的数据，通过计算各变量的 α 系数支持了所用数据具有良好的信度；运用 AMOS 软件对整个问卷的结构进行检验，结果显示问卷确实测量了 7 个变量，与预设的变量一致，因此具有良好的效度。通过多层线性回归分析检验假设，多数假设得到支持，具体结果汇总如表 9 – 13 所示。除此之外，本研究还发现，RLMX-LMXSC-OCB 路径中的中介效应会受到社会比较倾向和领导—成员交换关系差异的调节。

表 9 – 13　　　　　　　　假设检验结果汇总

假设内容	检验结果
H1：RLMX 与员工工作态度及组织公民行为正相关	支持
H1a：RLMX 与员工工作满意度正相关	支持
H1b：RLMX 与员工组织支持感正相关	支持
H1c：RLMX 与个体指向组织公民行为正相关	支持
H1d：RLMX 与组织指向组织公民行为正相关	支持
H2：RLMX 与社会比较交换关系（LMXSC）之间显著正相关	支持
H3：LMXSC 与员工工作态度及组织公民行为正相关	支持
H3a：LMXSC 与员工工作满意度正相关	支持
H3b：LMXSC 与员工组织支持感正相关	支持
H3c：LMXSC 与个体指向组织公民行为正相关	支持
H3d：LMXSC 与组织指向组织公民行为正相关	支持
H4：LMXSC 在 RLMX 与员工工作态度及组织公民行为之间发挥中介作用	支持
H4a：LMXSC 在 RLMX 与员工工作满意度之间发挥中介作用	支持
H4b：LMXSC 在 RLMX 与员工组织支持感之间发挥中介作用	支持
H4c：LMXSC 在 RLMX 与个体指向组织公民行为之间发挥中介作用	支持
H4d：LMXSC 在 RLMX 与组织指向组织公民行为之间发挥中介作用	支持

第九章 相对领导—成员交换关系对员工工作态度与行为的影响研究

续表

假设内容	检验结果
H5：社会比较倾向（SCO）在 LMXSC 与员工工作态度及组织公民行为之间发挥负向调节作用	部分支持
H5a：SCO 在 LMXSC 与员工工作满意度之间发挥负向调节作用	不支持
H5b：SCO 在 LMXSC 与员工组织支持感之间发挥负向调节作用	支持
H5c：SCO 在 LMXSC 与个体指向组织公民行为之间发挥负向调节作用	支持
H5d：SCO 在 LMXSC 与组织指向组织公民行为之间发挥负向调节作用	支持
H6：领导—成员交换关系差异（DLMX）在 LMXSC 与员工工作态度及组织公民行为之间发挥正向调节作用	支持
H6a：DLMX 在 LMXSC 与员工工作满意度之间发挥正向调节作用	支持
H6b：DLMX 在 LMXSC 与员工组织支持感之间发挥正向调节作用	支持
H6c：DLMX 在 LMXSC 与个体指向组织公民行为之间发挥正向调节作用	支持
H6d：DLMX 在 LMXSC 与组织指向组织公民行为之间发挥正向调节作用	支持

第六节 讨论与未来研究展望

一 本章总结

（一）RLMX 对员工工作态度和组织公民行为有显著的正向影响

国内以往的研究，较多地关注员工与领导的绝对交换关系对员工态度和行为产生的影响，鲜有研究探讨这种交换关系在团队中的相对性所发挥的作用。本研究引入国外的相对领导—成员交换关系（RLMX）概念，发现与团队中其他员工进行比较后的相对交换关系会显著影响员工的工作满意度和组织支持感这两种工作态度，这表明，团队的存在会强化团队内具有差异的交换关系对员工产生的影响，并进一步反映到员工的工作态度上；同时，本研究还关注了 RLMX 对不同指向组织公民行为的影响。在 RLMX 为数不多的研究中，仅 Henderson 将组织公民行为按照运动家精神和助人行为（sportsmanship and helping behaviors）划分了维度，而其他研究多将组织公民行为视为一个整体。Staw（1983）提出，对组织公民行为的研究一定要系统考虑个体指向与组织指向两个方面。本章采用 Lee 和

Allen（2002）的方法，分别测量了个体指向和组织指向的组织公民行为，并通过回归分析得知，RLMX 对个体指向组织公民行为与组织指向组织公民行为均有正向影响，这是对以往研究的一种补充。

（二）LMXSC 对员工工作态度和组织公民行为有更显著的正向影响

LMXSC 作为员工对自己在团队中客观相对地位（RLMX）的一种主观评价，是员工自己所感知到的主观相对地位。实证部分的结果显示，RLMX 对工作满意度、组织支持感、个体指向及组织指向组织公民行为回归方程的影响系数分别为 0.422、0.440、0.366 和 0.370，而 LMXSC 对结果变量的影响系数分别为 0.500、0.434、0.374 和 0.407。由此可知，不管是 RLMX 还是 LMXSC，对组织指向公民行为的影响均强于对个体指向公民行为的影响（0.370 > 0.366，0.407 > 0.374）；此外，LMXSC 的影响系数大都高于 RLMX 的影响系数，虽然其中 RLMX 和 LMXSC 二者对组织支持感的影响并不存在太大的差异，但就整体趋势而言，LMXSC 对员工工作态度和组织公民行为的影响比 RLMX 的影响更为显著。这意味着，当领导—成员交换关系在团队中有所差异时，员工不仅仅会受到这种客观相对地位的影响，还会对领导—成员交换关系产生不同的感知，由于客观相对地位是人为计算的个体与团队平均水平的差值，而每个员工本身对于差异的感知能力以及对差异所导致的现象是否公平持有各自的判断，因而，对自身地位的主观判断也会有所不同。从心理学角度来讲，个体的态度和行为是对自己所处情境的一种反应。而这种情境，更多的是个体主观感知到的情境，只有当员工自己真实地体验到了公平，体验到了团队的和谐关系等时，才会对自己的态度和行为产生直接的影响。因而，相比于客观的相对地位（RLMX），员工所感知到的主观相对地位（LMXSC）对员工的工作行为和态度有更直接的影响。

（三）LMXSC 在 RLMX 影响员工工作态度和组织公民行为中起中介作用

虽然有学者对上下级间不同质量的交换关系与员工的自信、满意度、受重视程度等情感因素的关系进行了相关研究，但都忽略了员工

第九章 相对领导—成员交换关系对员工工作态度与行为的影响研究

的主观感知在这些影响中发挥的作用。由于个体对所处环境的主观感知比客观存在更能影响个体的行为和态度，本章基于这样的理论基础，发现主观感知的交换关系质量（LMXSC）在客观存在的 RLMX 与员工的工作满意度、组织支持感以及组织公民行为之间起着部分中介作用。这一方面与 Vidyarthi 和 Liden 等（2010）关于 RLMX 与 LMXSC、LMXSC 与 OCB，Hu 和 Liden 等（2013）关于 RLMX 与工作满意度的研究结论基本一致；另一方面也证实了员工的心理感知所起到的重要作用。

（四）领导—成员交换关系差异发挥正向调节作用

本研究在考虑团队内个体层面的 RLMX 的基础上，还探讨了团队层面的交换关系差异在其中所发挥的调节作用。结果表明，在领导—成员交换关系差异较大的团队中，LMXSC 对 OCB 的影响程度将得到强化，相对于其在 LMXSC 对个体导向组织公民行为中的作用（$\beta = 0.136$，$p < 0.001$），这种强化作用在 LMXSC 对组织导向组织公民行为的影响中表现得更为明显（$\beta = 0.152$，$p < 0.001$）；当然，当团队中 DLMX 越大时，LMXSC 对员工的工作满意度和组织支持感的影响也会得到强化。这意味着，团队领导与不同成员所保持的差异化交换关系，会为员工提供进行相互比较的情境。团队中的交换关系差异越高时，感觉到自己处于较高相对地位的员工自然会产生更多的工作满意度，认为组织和团队为自己提供了更多的支持。与此同时，这些员工在团队中既会表现出对他人有利的行为，也会将团队利益与个人得失看作一体，表现出对组织有益的行为。研究还表明，团队中这种交换关系的差异不仅正向调节 LMXSC 对组织导向组织公民行为的影响，而且强化了 LMXSC 在 RLMX 与组织导向组织公民行为之间的中介效应。这意味着，在交换关系差异越大的团队中，员工所感知到的主观相对地位与组织导向公民行为之间的正相关关系变得更加显著；与此同时，在团队中占据较高相对地位的员工也更容易产生较高的主观感知，从而表现出更多有利于组织的行为。

（五）社会比较倾向发挥负向调节作用

研究还发现，员工在团队中感知到的较高相对地位并不必然带来更多的组织公民行为和更积极的工作态度。社会比较倾向作为一种个体特质，在 LMXSC 对组织公民行为的影响中发挥着重要的负向调节作用，即当员工的社会比较倾向越强时，高 LMXSC 员工表现出越少的组织公民行为。这主要源于强社会比较倾向的员工具有广泛比较和自我不确定性等特征，他们会在上行比较中认为别人的高地位是自己努力无法达到的，而在下行比较中对交换关系不如自己的员工所处的境遇感同身受，进而预期自己未来将处于很差的交换关系当中，因此，在上行及下行比较过程中都容易弱化其本身所处较高相对地位所带来的优势。此外，研究还发现，社会比较倾向还会减弱 LMXSC 在 RLMX 与个体及组织导向组织公民行为之间所发挥的中介作用，即员工的社会比较倾向越强，RLMX 通过影响 LMXSC 进而影响员工个体及组织导向组织公民行为这一途径的效应越弱。

虽然社会比较倾向在 LMXSC 与工作满意度之间的调节作用未得到证实，这可能是由于工作满意度是员工对工作任务和工作环境的整体感受，受到个人因素（如员工的工作能力、个性特点、工作态度等）、团队因素（如团队运作、团队特征、工作任务特点等）、组织因素（包括组织的层级结构和氛围、领导风格等）多方面的影响，而社会比较倾向作为个人因素之一，只能在众多因素的交互影响下发挥一定的作用，所以，虽然会对 LMXSC 与工作满意度之间的关系产生影响（$\beta = -0.031$），但在两者之间的调节作用并不显著。研究发现，社会比较倾向与 LMXSC 的交互项与员工组织支持感呈负相关，即员工的社会比较倾向强时，则尽可能多地将自己从上级处获得的支持、信任和关心等与其他成员的所得进行比较，进而主观感知自己在团队中的相对地位会发生变化，从而也会改变自己与组织进行交换关系的意愿，即降低组织支持感。这在一定程度上探究了在感知交换关系相同的情况下员工的态度出现差异的原因。

总的来说，本研究拓展了 Henderson 等（2009）与 Vidyarthi 和 Liden 等（2010）的研究，有助于我们理解在什么情况下员工的相对地位能更显著地影响其行为表现。

第九章 相对领导—成员交换关系对员工工作态度与行为的影响研究

二 研究不足与展望

受条件的限制，本章仍存在一定的局限性：

首先，本章主要探讨了团队层面的 DLMX 与个体层面的 SCO 的调节作用，以后的研究可以进一步拓展、挖掘这些层面是否还存在其他边界条件，甚至可以向更高层次进行探索相关变量的作用，进一步充实和完善 RLMX 和 LMXSC 的影响机制研究。

其次，团队层面变量 DLMX 的测量方法分为主观和客观两种，本研究依据研究内容选取了学者们普遍采用的客观方法，以后研究可考虑采用主观方法，比较分析不同的测量方法是否会对结果产生不同的影响。

最后，问卷采用员工自填式，虽然检验并不存在太大的同源偏差，若以后的研究从时间节点（不同时间点的纵向分析）和问卷结构（配对调查）两方面加以改进，将更有力地阐释研究变量间的关系。

第七节 结语

对于当今经济转型大背景下的企业而言，本研究的结论对如何拉近并调节领导和员工之间的关系，进而改善员工的工作态度及行为等问题具有重要的实践意义。

首先，领导应与不同的员工建立恰当的关系。因为领导与员工的交换关系可以直接影响到员工的工作态度和工作表现，所以领导须判断与不同的员工应保持何种关系才恰当。比如，在核心员工决定效益的组织和部门中，领导者首先需要根据"二八定理"识别出能够为组织带来80%绩效的那20%的员工，将有限的时间和精力与这部分员工建立更好的交换关系，使他们的工作态度变得更加积极，进而为组织创造更高的效益；当然，在员工发挥同等价值的团队中，领导者可以通过主动沟通、改善与下属沟通的环境、营造良好的组织文化和氛围，以及增设互动活动等，增进与每一位员工之间的关系，从而提

员工的积极行为强化与消极行为抑制机制研究

高员工普遍的满意感和支持感,并促使他们更积极地为团队和团队成员服务。此外,管理者还可以就在何种情况下得到特殊的交换关系这个问题与团队成员进行及时沟通,这既减少了员工的归因错误及不良行为和能明确员工努力的方向。

其次,团队领导应加强对员工心理感知状况的重视。由研究结果可知,客观的交换关系不仅会通过员工主观感知的交换关系对员工工作态度和组织公民行为产生间接影响,并且通过比较发现,员工的主观感知比客观事实对员工的影响更为显著。员工的主观感知受到多种现象的共同影响,比如近因效应(员工可能由于最近的一次批评就认为领导与自己的关系比较差)、首因效应(员工可能根据领导最初与自己建立的亲密关系认为自己处于较高的相对地位)、从众心理(员工可能根据他人对所处地位的评价而改变自己对相对地位的看法),而这些效应的影响效果很难控制,所以为了保证员工维持一种积极的心理状态,首先团队领导需要与员工之间建立起坚固的信任感,比如有针对性地给予员工机会和权力,并放手让员工在工作中充当独当一面的角色,从而使员工从心底相信领导是公平的,降低心理失衡的可能性。这既是对员工工作的一种支持,也有助于员工产生积极的工作态度;同时当出现一些批评和表扬时,一定要就事论事,将事情的原委跟员工交代清楚,避免将单一事件的感受泛化为对领导—成员关系的整体感受,形成晕轮效应。

再次,领导应确保团队中的关系差异维持在一个恰当的水平。虽然据研究结论可知,关系差异在一定程度上发挥着积极强化作用,但有一点同样也需要得到管理者的重视,即关系差异的出现同时也加剧了部分员工在资源方面的困难程度,这对部分员工的工作态度可能存在消极影响。为了调整团队内的关系差异,管理者可以尝试在团队中培养一种进取的文化以增大关系差异,或在团队中提倡团队导向或集体主义以削减这种差异的程度。此外,Erdogan 等发现,公平公正的团队氛围可以缓解 DLMX 的负面影响。因而团队领导在区别对待员工的同时,应注重团队中公平环境的建立,令员工从心里相信领导是公平、可信任的,进而更好地发挥 DLMX 的强化作用。

第九章 相对领导—成员交换关系对员工工作态度与行为的影响研究

最后，针对员工不恰当比较所导致的消极现象也需要采取措施尽快予以解决。一方面，管理者应重视员工的心理方面，通过安排相关辅导让员工加强对自我的认可程度；另一方面，人力资源部相关负责人还应根据组织内部的具体情况，及时安排培训课程，在建立员工恰当的比较意识并了解差异必然存在的基础上，进一步引导员工在比较过程中形成正确的理解和恰当的行为。除此之外，如果领导者能够在团队中营造互助、共享的氛围，这将对员工维持积极的工作态度和产生组织公民行为大有裨益。

第十章　企业营销人员胜任力与绩效关系研究

第一节　引言

在社会的发展进程中，推动社会进步、民众富裕、国家富强的重要力量是人才，当代国家之间竞争也由原来以经济、军事为主的竞争演变成以人才为主的竞争。在企业之间的相互竞争中，已经从物质资源的丰富性与生产技术的先进性的竞争转变为依赖人才的竞争。以人为本，已经不再停留在理论层面或者只是企业领导者在员工面前的几句口号。

胜任力理论是在以往基于智力因素的人才评测体系已经无法满足企业人力资源管理的需求的情况下应运而生的。企业通过将胜任力模型运用到员工招聘、培训、考核和晋升等人力资源环节，一方面，企业可以更加明确地界定相应职位所需的能力，促进"能—岗"相匹配，使得招聘和培训更加有效率；另一方面，可以帮助员工分清自身优势、找准定位、选对职业，对员工依据自身强项，选择合适并且有广阔成长空间的职业，具有积极的意义。

而企业要生存，就不能离开产品或服务的销售，没有销售就没有收入，企业便会因为没有收入而不复存在。企业营销人员是企业产品或服务销售的策划和执行人员，是企业得以生存和发展的铺路人。企业营销人员胜任力模型研究有助于企业实现对企业营销人员行为的有效管理，而进行企业营销人员胜任力与工作绩效之间的关系探索，可以为企业营销人员队伍的建设提供指导，同时也为企业营销人员自身能力素质的提高提供参考，进而促使企业营销人员认识到自身存在的不足，以便在日常的学习中可以有针对性地学习。

本研究以企业营销人员胜任力为起点，在理论分析的基础上结合实证研究，对企业营销人员胜任力要素进行分析，构建了企业营销人员胜任力模型，进而对企业营销人员胜任力与绩效之间的关系进行研究，分析企业营销人员胜任力各要素与绩效之间的关系。探索企业营销人员胜任力对绩效影响的作用机制，以发现营销人员的管理实践状况，为促进营销人员队伍的合理构建提供对策和思路。通过进行本土企业营销人员胜任力特征模型的开发，有益于本土基层胜任力模型的开发研究，而对企业营销人员的胜任力特征的研究将进一步丰富现有胜任力研究的理论体系，并为胜任力知识体系提供补充。

第二节 理论基础与研究模型构建

一 胜任力的来源及界定

胜任力来源于社会分工的细化，在社会分工细化的过程中，专业从事某一工作的个人或者团体也就应运而生。在英文文献中，通常用"competency""competence"来表示胜任力，但这两个词的含义是不同的。现在大多数的学者都将胜任力翻译为 competency。competency 是指与工作绩效有关的，能够提高个体或者团体的工作绩效的知识、个性特征、技术能力及其价值观等的统称。它更多的是强调了潜在不容易被发现却对绩效影响巨大的特征，比如价值观和成就特征。McClelland 于 1973 年在《美国心理学家》上发表了一篇名为 *Testing for Competency Rather Than Intelligence* 的文章。在文章中，他指出用智力测试的方法来对个人能力进行判断是不合理的，而且人们通常认为人格特征、智力水平、价值观等能够影响工作绩效的因素在实际当中影响程度并不是很强烈。因此，他强调要回归到现实当中，直接从自己所收集的资料中挖掘有价值的东西，去发现真正能够影响个人绩效水平的个人条件和行为方面的表现特征，而不是仅仅抓住那些无法通过实证研究证实的理论假设或者主观性的猜想，从而为组织工作效率的提高和人生事业的成功能够提出切实可行的建议。他把这些能够直接

员工的积极行为强化与消极行为抑制机制研究

使工作绩效受到影响的自身条件及行为表现方面的特征称为 competency（胜任力）。这篇文章开启了胜任力研究的大门，随后学者们投身到能力素质研究的浪潮中，并且纷纷从不同的角度对胜任力概念的界定进行阐述。

McClelland（1973）、Spencer（1993）、Elizabeth 和 Mary（1997）、Rosemary 和 James（2000）、Halley（2001）分别对胜任力进行定义，具体定义如表 10-1 所示。

其中广为运用的还是 Spencer（1993）的胜任力定义。总的来说，胜任力具有综合性、可识别性、动态性和工作紧密性的特点，如表 10-2 所示。依据学者们的研究，可以按照不同的标准将胜任力分为七类，如表 10-3 所示。

表 10-1　　　　　　　　　　　胜任力定义

学者	胜任力定义
McClelland	胜任力是与工作成果相联系的技能水平、知识程度、能力状况、行为动机或者个人特质
Spencer	胜任力是指能够区分出组织中表现优异者与表现平平者的潜在的特征，它是能够计量的，并且能够很明显地区分表现优异者与表现一般者的行为动机、个人特质、知识、价值观、形象等
Elizabeth 和 Mary	胜任力是可以在实践中展示出来的能处理好工作的一系列能力。胜任力是个人能够成功完成所分配任务的核心能力及特殊的行为，而且胜任力并非是个人全部经验的测量
Rosemary 和 James	胜任力是个人能够凭借知识、专业技能完成特定工作的能力，而且胜任力还包含态度、价值观、理念以及能够有效完成工作的判断力
Halley	胜任力是一组特质群，包括从动作技能到人格特征，能够使一个人出色地完成自己的工作，在自己的岗位上取得高绩效，而且包含知识、技能、个性、态度、动机和行动等多个方面

表 10-2　　　　　　　　　　　胜任力特点

项目	特点描述
综合性	胜任力是员工外在知识水平、技术能力以及自我概念、自身态度和动机等品质的相互结合

第十章 企业营销人员胜任力与绩效关系研究

续表

项目	特点描述
可识别性	胜任力是能够显著将高绩效者与一般绩效者区别开来的那部分知识与技能
动态性	胜任力是动态的,不是静态的,可以通过一系列的培训来开发,并且能够不断提升其深度和广度
工作紧密性	胜任力与员工能够高质量地完成工作有着紧密的关系

表 10 – 3　　　　　　　　　　　胜任力分类

类别	分类依据
个体的胜任力、组织的胜任力	个体的胜任力是能够将绩效优异者与绩效一般者区分开来,是对个体特征的深入分析。组织的胜任力有三方面可分辨:一是能够适应市场变化的潜能;二是对最终销售产品能够提供较高的贡献;三是具有竞争者难以模仿的优势
工作的胜任力、岗位的胜任力、职位的胜任力	依据人员所从事工作职位的不同,将胜任力划分为与工作相关的胜任力、与岗位相关的胜任力和与职务相关的胜任力三部分。工作的胜任力是能够影响员工的工作水平,能够预测出员工工作绩效;岗位的胜任力指拥有相关的知识水平和工作技能来完成某一工作任务或者进行专业活动;职位的胜任力指员工在职位上从事该行业工作所需具备的职位能力
硬性的胜任力、软性的胜任力	前者指员工能够达到预定工作目标所需具备的一些标准,后者则是代表员工自身的行为
管理的胜任力、人际的胜任力、技术的胜任力	依据员工在工作之中的行为表现,可以将胜任力分为管理的胜任力、人际的胜任力和技术的胜任力。管理的胜任力指员工的组织与领导力;人际的胜任力代表与人交往沟通的能力;技术的胜任力是指具有与工作相关的技术能力
通用的胜任力、可迁移的胜任力、专业胜任力	按照企业对专业以及技能的要求,可将胜任力进行三方面的划分。通用的胜任力能够反映企业对员工的整体要求,它往往具有文化特性;可迁移的胜任力是在技术能力的精通程度和重要性有所差别的胜任力;专业胜任力是从事特定工作所需要的专业性的能力
基准胜任力、鉴别胜任力、发展胜任力	基准胜任力是任职者从事工作所需具备的一些基本性的知识或者技能,它能够通过日常培训获得;难以通过短期培训或者说很难短期内发生改变的个人特质、行为动机、态度等是鉴别胜任力,它是从业者获得成功所必备的一些条件。难以在短期内发生改变的,能够区分出绩效优异者与绩效一般者的胜任力称为发展胜任力

二 胜任力模型的内涵

胜任力模型是在特定工作岗位上能够有效并且顺利完成各项工作任务的能力特征综合。它是个人特质、行为动机、知识水平、个人认知、价值观或者技术能力等个体特征的综合表现，而且能够将绩效优异者与绩效一般者区分开来。一般来说，胜任力具有行业差异性，反映的是该行业对行业内从业人员的素质要求；有企业差异性，反映的是该企业对企业内特定员工的要求，即使是在同一行业中的两个或多个企业，因存在企业文化、目标、战略的差异，即使对员工在能力上的要求相同，但在员工的行为方式上却是有所差异的；有阶段差异性，胜任力是与企业的成长阶段相联系的。在企业成长的特定阶段内，某项能力可能对企业来说是比较重要的，但当企业的目标或战略发生转变的时候，对胜任力的要求也就会随之发生改变。经典的胜任力模型有冰山模型、洋葱模型。

胜任力冰山模型（见图 10-1）指出人的胜任力由特质、动机、自我概念、知识和技能五个要素构成。冰山模型将个体的特征分为外显的和内隐的及可见的和不可见的，其中水上的冰山部分包括外在能够显现的知识与技能，是对胜任者的基本素质要求；水下的冰山部分则包含能够区分出绩效优异者与绩效一般者的不能轻易看出的自我概念、个人特质和行为动机等要素。冰山模型说明工作绩效不仅受到知识和技术能力的影响，而且还受到另外一些更重要的特征的影响，尽管它们不直接显现出来，但却影响着任职者的工作有效性和发展潜力。在冰山模型中，动机是指能够驱动员工为完成工作任务所实施的行动的内驱力。动机能够推动个人为实现目标而不断前进；特质是指个体面对环境所展现出来的一系列反应；自我概念是员工对自身的印象，以及处事态度和价值观；知识是员工掌握从事相应工作的各种信息；技能是员工能够运用知识完成工作中的各项任务的能力，反映的是对特定技术的熟练运用。

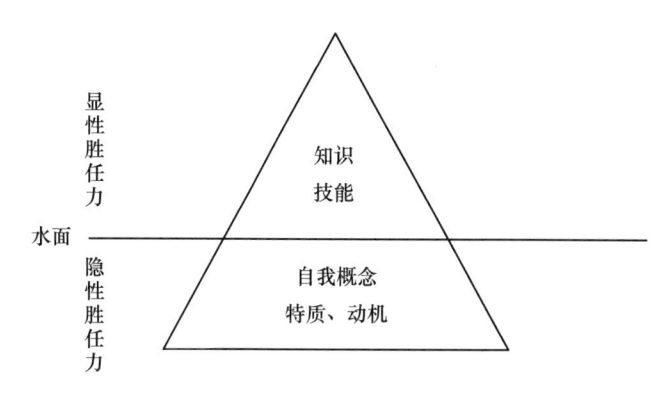

图 10-1 胜任力冰山模型

胜任力的洋葱模型是对冰山模型的解释，它对胜任力进行由外层到内层、由表层及里层的深入描述。表面的知识和技术能力能够比较容易地通过培训学习来获得，而处于洋葱模型内部的动机和个人特质则很难通过培训获得。

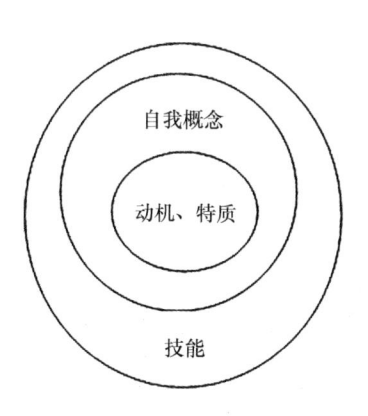

图 10-2 胜任力洋葱模型

三 绩效的界定

绩效是工作行为方式所产生的结果，它综合反映了工作成绩与工作成效，具有多因素性、多维度性和动态变化性的特点，其中多因素性是指员工绩效受到外部环境、机会、知识水平、技术能力、智力水平等因素的影响；多维度性是指要从各个方面、各个角度，去客观公正地对员工绩效的优劣程度进行评价,从而使得评价结果能够被员工容易接受;动态变化性是指员工的绩效水平会因时间不同或者职位变化而发生变化。

Borman 和 Motowidlo(1993)提出了任务绩效(task performance)与关系绩效(contextual performance)二维绩效结构模型,得到了许多学者的认可。任务绩效是与完成工作任务有关的活动,它是企业要求员工进行的活动;关系绩效则是指不与特定目标和任务相关,但是能够让个人团体和组织更有效、更成功地活动。关系绩效包括合作互助,主动履行角色外活动,坚持用热情和决心去完成任务,维护组织目标。任务绩效与关系绩效的区别如表 10-4 所示。

表 10-4　　　　　　　　任务绩效与关系绩效的区别

任务绩效	关系绩效
直接或间接对组织的技术核心做出贡献的行为,如为组织生产产品和提供服务	影响、支持社会和心理环境,如组织技术核心的运行环境
已经做出明文规定的行为	员工可以根据情况灵活应对的行为
与知识水平、技术能力有关的行为	工作行为可能与员工自身态度、处事动机有关

四　企业营销人员胜任力特征要素

王林和王宇红(2006)对 1994—2005 年被清华同方全文数据库收录的 50 篇论文进行研究,并在此基础上对企业营销人员所需具备的素质进行分析。通过对这些论文内容进行归纳、合并和统计,并对每篇论文中提到的各项素质采用内容分析的方法进行频数统计,得出营销人员素质内容分类统计表,如表 10-5 所示。

分类分析中发现,能力特征中,沟通能力、人际能力、形象展示、分析能力、洞察能力与观察能力出现频率比较高;人格特点中,柔韧性的比重最大;知识素质中,所在行业的专业知识和产品知识所占比重较大;思想道德素质中,诚信正直最受关注;身体素质中,身体素质最为重要。

第十章 企业营销人员胜任力与绩效关系研究

表10-5　　　　　　　　　营销人员素质分类

素质分类	内容及其频数
能力特征	公关能力（沟通能力、人际交往能力、形象展示）、分析能力、洞察能力与观察能力、营销技巧、协调能力、信息处理能力、创新能力、应变能力、信息收集能力、思考能力、适应能力
人格特点	柔韧性（坚韧、执着、承受压力能力、毅力）、责任心、敬业、成就动机强、积极乐观、开朗豁达、自信
知识素质	所在行业的知识、企业产品知识、相关学科知识、市场营销知识、市场开发知识、客户服务知识、相关法律法规知识
思想道德素质	诚信正直、忠诚、廉洁自律
身体素质	身体素质、健康、强健的体魄、精力充沛

学者韩顺平和赵冬冬（2006）、宋洪峰（2007）、陈雄鹰（2008）、黄本新（2009）、熊丹（2011）、李明和吴薇莉（2011）、王丽娜和车宏生等（2011）、汪彤彤（2012）的研究成果如表10-6所示。

表10-6　　　　　　　　　相关学者研究

学者	维度	胜任力的特征
韩顺平和赵冬冬	知识	营销相关知识、业务相关知识
	技能	公关技能、营销水平、信息处理能力、商务礼仪、亲和能力
	社会角色	服务意识、团队合作、富有责任心、团队精神
	自我概念	合作、认同感
	特质	坦诚相待、积极乐观、主动性、自我管理、宽容心态、冒险性
	动机	职业爱好、积极进取、成就取向、作风端正
	能力	协调管理能力、逻辑分析能力、交流沟通能力、适应性、分析能力、领导力、判别能力、学习钻研能力
宋洪峰	—	影响力、主动性、服务意识、沟通能力、口头表达能力、人际理解能力、信息收集能力和责任心
陈雄鹰	—	坚强的意志力、基本的业务素质、高尚的品德、良好的心理素质和身体素质、事业心、责任心、足够的自信心、忠诚于企业和顾客；应具备的能力：协调能力、沟通能力、观察能力、管理能力、应变能力、组织能力、创新能力、分析能力、不断学习、积极进取的精神

续表

学者	维度	胜任力的特征
黄本新	基本素质	态度、自信、责任意识、成就欲望、诚信正直、自我形象
	交际能力	人际交往、团队精神、合作意识、协调力
	学习能力	学习发展、自我学习、逻辑能力、创新能力
	知识储备	知识面、基础性知识、行业知识、兴趣爱好
	专业技能	汽车知识、销售能力
	管理能力	营销管理、紧急事件处理能力
	沟通能力	说服力、语言沟通能力、条理性
熊丹	个性特质	自信、诚信
	能力	工作经验、收集信息、沟通能力、客户导向、专业知识、团结合作
	驱动力	工作目标、自我激励
李明和吴薇莉	—	影响力、业绩导向、团队合作、弹性、信息收集能力、人际关系处理能力、执行力、团队发展、沟通能力、分析思考、客户维护
王丽娜和车宏生等	—	洞察能力、成就取向、学习能力、诚实守信、客户服务、影响能力、产品知识、积极主动、情绪稳定性
汪彤彤	自我管理能力	适应能力、承压能力、管理能力
	沟通交流能力	交际能力、沟通能力、说服力、控制能力
	市场分析能力	市场观察能力、战略决策能力、数据分析能力、计划执行能力、组织管理能力
	学习创新能力	学习能力、领悟能力、创新能力

五 研究假设

企业要能够在市场竞争中生存，就不能离开产品或服务的销售，没有销售就没有收入，企业便会因为没有收入而不复存在。营销人员是企业产品或服务销售的策划和执行人员，是企业得以生存和发展的铺路人。营销人员胜任力模型研究有助于企业实现对营销人员行为的有效管理，而进行营销人员胜任力与工作绩效之间的关系探索，可以为营销人员队伍建设提供指导，指出哪些行为特征能够促使工作绩效提升，哪些行为特征对工作绩效的影响不显著，从而可以有针对性地对营销人员进行培训。同时也为营销人员自身能力素质的提高提供参考，进而促使营销人员认识到自身存在不足，以及差距有多大，这样在日常的学习中可以有针对性地学习。

McClelland（1973）发表论文 *Testing for Competency Rather Than Intelligence*，首次提出胜任力概念，拉开胜任力研究的序幕。后续学者不断对胜任力的概念进行补充，并对胜任力模型内容进行界定，其中 Spencer（1993）将胜任力界定为在某个工作中能够对员工绩效优异程度进行区分的知识、认知、态度、价值观、动机、自我形象、特质、行为等可以被测量的个体特征。William（1998）对销售经理与基础销售人员的胜任力特征进行对比研究。Marge（2010）对医药销售人员胜任力进行研究。王林和王宇红（2006）对有关营销人员素质的论文进行研究，并在此基础上将营销人员素质分为能力素质、人格特征、知识素质、思想道德素质和身体素质五大类。韩顺平和赵冬冬（2006）将营销人员胜任力按自我概念、知识、技术能力、社会角色、行为动机、个人特质、能力及其他类型八个维度进行总结。宋洪峰（2007）研究连锁零售业中营销人员业绩差异的影响因素，研究发现，绩效优秀的营销人员在影响力、主动性、服务意识、沟通能力、口头表达能力、人际理解能力、信息收集能力和责任心八项素质上的表现要明显好于绩效平平的销售人员。

营销人员在进行营销活动时，需要能够有计划地实施各项工作，并做好协调与组织工作，同时还需要能够根据市场情况做出判断，以确定如何进行下一步工作，以及未来营销活动的安排，因而营销人员需要具备管理与决策能力。企业产品或服务需要不断扩大市场范围，从城市扩大到农村，从一个城市扩大到另一个城市，从青年群体扩大到老年群体，需要营销人员能够深入市场，不断提高企业产品或服务的市场占有率。营销人员所开展的各项营销活动都是与各色各样的群体相关的活动，可能是与政府有关的市场进入公关，也可能是通过媒体的产品宣传，还可能是直接与消费群体接触的产品或服务促销，这都需要营销人员人际交往方面的能力和沟通能力。营销活动需要一定的专业知识，需要营销人员掌握本行业、本产品或服务的相关知识，以更好地向活动对象展示产品或服务的特性。为了使营销活动能够顺利而有成效地展开，营销人员就需要具有吃苦耐劳、具有耐心和责任心，能够诚实而正直地处理各项事务。基于以上分析，本研究提出以下假设：

H1：营销人员胜任力由管理与决策能力、市场开发能力、人际能力、沟通能力、专业知识和个性品质六项维度构成。

员工在工作岗位当中所获得的成果便是工作绩效。Taylor（1911）通过研究发现员工之间的工作绩效因能力不同而有所差别。Barren 和 Depinet（1989）指出智力水平的高低与工作绩效水平的高低之间仅有微弱的影响关系，因而智力测试无法预测员工的工作绩效。Borman 和 Motowidlo（1993）在论文中论述工作绩效是由任务绩效和关系绩效两个维度构成的观点，得到学者的认可。任务绩效是员工顺利完成与工作有关的活动，它是企业所规定的行为方式；关系绩效则是指不与特定目标和任务相关，但是能够让个人、团体和组织更有效、更成功的活动。关系绩效包括合作互助，主动履行角色外活动，坚持用热情和决心去完成任务，维护组织目标。Conway（1996）对任务绩效和关系绩效的效度进行研究，支持将工作绩效分为任务绩效和关系绩效。王辉和李晓轩等（2003）、罗正学和朱霞（2006）通过研究支持工作绩效是由任务绩效和关系绩效二因子构成的。基于以上分析，本研究提出以下假设：

H2：营销人员工作绩效由任务绩效和关系绩效两项维度构成。

张媛（2005）、陈宁（2006）分别对营销人员胜任力特征与工作绩效之间关系进行研究，发现各胜任力维度与工作绩效之间的关系呈正相关关系。国内学者对于企业营销人员与工作绩效之间的关系研究较少，在胜任力特征与工作绩效关系研究中，比较有代表性的有，冯明和纪晓丽等（2007）对制造业管理者胜任力与任务绩效和关系绩效之间的关系进行实证研究，发现各胜任力能够对绩效产生促进作用。林忠和王慧（2008）以 7 个财政厅（局）的 296 名处级干部作为研究对象，对胜任力与任务绩效和关系绩效之间的关系进行实证研究，得出各胜任力特征对绩效有促进作用，而且各个特征的影响程度有所差别。黄勋敬和赵曙明（2011）研究发现胜任力特征与银行行长的任务绩效有显著关系。马子媛和强健（2012）认为中学班主任胜任力分别与任务绩效和关系绩效之间存在显著正相关关系。陈植乔（2012）对教师的胜任力特征与任务绩效和关系绩效之间的关系进行探讨。研究发现，教师的胜任力特征分别与任务绩效和关系绩效有显著的正相关关系。基于以上分析，提出以下假设：

H3：营销人员胜任力特征与工作绩效呈显著正相关关系。

基于工作绩效的划分，本假设又有以下两个子假设：

H3a：营销人员胜任力特征与任务绩效呈显著正相关关系；

H3b：营销人员胜任力特征与关系绩效呈显著正相关关系。

第三节 实证研究

一 问卷设计与数据收集

本研究主要采用问卷调查研究方法，问卷主要包括两部分，即企业营销人员胜任力调查问卷和企业营销人员绩效调查问卷。企业营销人员胜任力调查问卷首先通过文献研究，以初步整理出企业营销人员胜任力特征，然后咨询相关人力资源专家初步确定企业营销人员胜任力特征条目，并分别对企业营销人员胜任力特征进行描述，以形成企业营销胜任力调查问卷的主要部分，所编制出的预测问卷包含40个题目，问卷采用李克特五点量表。营销人员工作绩效调查问卷参照刘泽文（2009）的任务绩效与关系绩效调查问卷来设计本次问卷。问卷中任务绩效有5个题目，关系绩效有6个题目，问卷采用李克特五点量表。对预测问卷所收集到的数据信息利用统计软件 SPSS 16.0 进行统计分析，删除不恰当的18个题目，最后形成包含22个题目的正式企业营销人员胜任力调查问卷和包含11个题目的正式企业营销人员工作绩效调查问卷。正式问卷采用电子问卷的形式，对河南、广西、广东、江苏、湖北、山东、浙江、北京、上海九个省市的企业销售人员发放400份调查问卷，回收245份问卷，回收率为61.25%，其中有效问卷201份，有效率为50.25%。

在样本构成中，私营132人，占65.7%；在国有、集体企业中工作的人员有34人,占16.9%;港澳台商投资2人,占1.0%;外商独资7人,占3.5%;中外合资3人,占1.5%;其他23人,占11.4%。在性别状况方面,男性124人,占61.7%;女性77人,占38.3%。在婚姻状况方面,已婚49人,占24.4%;未婚152人,占75.6%。在年龄方面,20岁及以下2人,占1.0%;21—25岁106人,占52.7%;26—30岁81人,占40.3%;31—35岁8人,占4.0%;35岁以上4人,占2.0%。在学历方面,初中及以下1人,占0.5%;高中及中专20人,占10.0%;大专43人,占21.4%;本科113人,占56.2%;研究生及以上24人,占11.9%。在工作年限方面,2年及以下94人,占46.8%;2—3年66人,占32.8%;4—5年22人,占10.9%;6—10年14人,占7.0%;10年以上5人,占2.5%。

二 研究假设检验与分析

对管理与决策能力、市场开发能力、人际能力、沟通能力、专业知识和个性品质这六项维度与任务绩效和关系绩效的关联性进行相关性分析,相关系数如表10-7所示,显著性水平均小于0.01。通过分析可以看出,管理与决策能力、市场开发能力、人际能力、沟通能力、专业知识、个性品质和任务绩效呈正相关关系,管理与决策能力、市场开发能力、人际能力、沟通能力、专业知识、个性品质和关系绩效呈正相关关系,任务绩效与关系绩效之间存在正相关关系。

表10-7 营销人员胜任力六个维度与任务绩效和关系绩效的相关系数

	管理与决策能力	市场开发能力	人际能力	沟通能力	专业知识	个性品质	任务绩效	关系绩效
管理与决策能力	1	0.491**	0.341**	0.493**	0.488**	0.373**	0.353**	0.245**
市场开发能力	0.491**	1	0.247**	0.390**	0.458**	0.204**	0.314**	0.269**
人际能力	0.341**	0.247**	1	0.253**	0.226**	0.420**	0.287**	0.279**
沟通能力	0.493**	0.390**	0.253**	1	0.464**	0.305**	0.447**	0.316**
专业知识	0.488**	0.458**	0.226**	0.464**	1	0.320**	0.340**	0.247**

续表

	管理与决策能力	市场开发能力	人际能力	沟通能力	专业知识	个性品质	任务绩效	关系绩效
个性品质	0.373**	0.204**	0.420**	0.305**	0.320**	1	0.430**	0.381**
任务绩效	0.353**	0.314**	0.287**	0.447**	0.340**	0.430**	1	0.233**
关系绩效	0.245**	0.269**	0.279**	0.316**	0.247**	0.381**	0.233**	1

注：**表示 $p<0.01$。

运用分层回归分析深入探究六种不同类型的营销人员胜任力维度分别与任务绩效和关系绩效的关系，结果如表10-8所示。

表10-8　　营销人员胜任力对绩效的回归分析

因变量	自变量	非标准回归系数 Unstandardized Coefficients B	标准系数 Standardized Coefficients Beta	t值	Sig.	调整 R^2	F值
任务绩效	Constant	1.393		4.716	0.000	0.294	14.874
	管理与决策能力	0.017	0.018	0.228	0.000		
	市场开发能力	0.269	0.102	1.415	0.009		
	人际能力	0.152	0.158	0.858	0.392		
	沟通能力	0.242	0.274	3.779	0.000		
	专业知识	0.037	0.056	0.753	0.003		
	个性品质	0.254	0.276	3.992	0.000		
关系绩效	Constant	2.186		7.715	0.000	0.191	8.857
	管理与决策能力	-0.044	-0.053	-0.628	0.531		
	市场开发能力	0.185	0.139	1.805	0.003		
	人际能力	0.281	0.101	1.393	0.005		
	沟通能力	0.134	0.170	2.185	0.030		
	专业知识	0.012	0.020	0.257	0.098		
	个性品质	0.224	0.272	3.673	0.000		

三 研究结论

（1）假设 H1 获得支持，营销人员胜任力由管理与决策能力、市场开发能力、人际能力、沟通能力、专业知识和个性品质六项维度构成。

通过对所收集到的有效数据进行检验，问卷的相关性和共同度都良好，探索性因子分析显示，营销人员胜任力特征六项维度的累计方差贡献率为 63.920%，说明将营销人员胜任力特征划分为六项维度是合理的，因此，营销人员胜任力由管理与决策能力、市场开发能力、人际能力、沟通能力、专业知识和个性品质六项维度构成。

（2）假设 H2 获得支持，营销人员工作绩效由任务绩效和关系绩效两项维度构成。

营销人员工作绩效两项维度累计方差贡献率达到 62.189%，方差贡献率较高，说明问卷的结构效度良好，因此，营销人员工作绩效由任务绩效和关系绩效两项维度构成。

（3）假设 H3a 获得支持，营销人员胜任力特征与任务绩效呈显著正相关关系。

相关分析显示，管理与决策能力与任务绩效之间的相关系数为 0.353，市场开发能力与任务绩效之间的相关系数为 0.314，人际能力与任务绩效之间的相关系数为 0.287，沟通能力与任务绩效之间的相关系数为 0.447，专业知识与任务绩效之间的相关系数为 0.340，个性品质与任务绩效之间的相关系数为 0.430，均在 0.01 的水平上显著，因此，营销人员胜任力特征与任务绩效呈显著正相关关系。

（4）假设 H3b 获得支持，营销人员胜任力特征与关系绩效呈显著正相关关系。

相关分析显示，管理与决策能力与关系绩效之间的相关系数为 0.245，市场开发能力与关系绩效之间的相关系数为 0.269，人际能力与关系绩效之间的相关系数为 0.279，沟通能力与关系绩效之间的相关系数为 0.316，专业知识与关系绩效之间的相关系数为 0.247，个性品质与关系绩效之间的相关系数为 0.381，均在 0.01 的水平上显著,因此,营销人员胜任力特征与关系绩效呈显著正相关关系。

(5) 市场开发能力对任务绩效的影响强度最大。

在营销人员胜任力与任务绩效回归分析中,管理与决策能力变量系数为0.017,市场开发能力变量系数为0.269,沟通能力变量系数为0.242,专业知识变量系数为0.037,个性品质变量系数为0.254,t检验在0.05的水平上显著,而人际能力的t检验在0.05的水平上不显著,因而,人际能力未能进入回归方程。可以看出对任务绩效影响最大的是市场开发能力,其次是个性品质和沟通能力。市场开发能力越强,产品或服务在市场上推广越快,因而越能够促进营销人员任务绩效提升。

(6) 人际能力对关系绩效的影响强度最大。

在营销人员胜任力与关系绩效回归分析中,市场开发能力变量系数为0.185,人际能力变量系数为0.281,沟通能力变量系数为0.134,个性品质变量系数为0.224,t检验在0.05的水平上显著,而管理与决策能力、专业知识的t检验在0.05的水平上不显著,因而,管理与决策能力、专业知识未能进入回归方程。从回归方程中的变量系数可以看出,人际能力和个性品质对关系绩效的影响程度较大。关系绩效反映的是营销人员与周边人员的人际关系,良好的人际关系处理能力能够使得营销人员与周边人员和谐而友好地相处,同时诚实正直、责任心、耐心等个性品质能够给他人以良好的印象,进而促进关系发展。

第四节 讨论与未来研究展望

本章是对企业营销胜任力与绩效之间关系的一次探索性研究,试图通过构建企业营销胜任力模型,进而对企业营销胜任力与绩效关系进行实证研究,以探索企业营销胜任力各要素与绩效的关系。本研究在一定程度上为后续胜任力与绩效之间关系的研究提供了参考价值,然而鉴于个人知识储备、专业水平有限,在研究之中有许多不足的地方,还需要在后续的研究中不断强化与完善。

（1）本研究尽管选取河南、广西、广东、江苏、湖北、山东、浙江、北京、上海九个省市的企业营销人员为研究对象，然而从回收的问卷情况来看，主要集中在河南。河南属于中部省份，从发展程度来看，企业的规模和企业的数量不是很大，而较发达的省份像广东、山东、江苏、浙江以及北京、上海等地区的企业无论从整体规模还是人员状况来说，要明显好于河南、广西。从企业所属区域进行划分，本章关于企业营销人员胜任力的研究，对于发展中省份的企业营销人员胜任力特征更具有代表性，在后续的研究中需要广泛收集各个省份企业的资料，从发达省份城市企业到欠发达省份城市企业，以从整体上把握企业营销人员胜任力特征，然后对不同发展程度省份企业营销人员胜任力特征进行对比研究。

（2）研究中涉及的行业有零售、医药、酒类、汽车、房地产、金融服务、机械、钢铁、煤炭和电子器件等行业。从通用胜任力模型的角度来考虑，在数据收集过程中要尽量做到每个行业均等分布，以提高数据分析的说服能力，受到研究条件的限制，本研究中每个行业所收集到的问卷份数是有差别的，并没有均等分布，因为使得最终的研究成果可能出现偏差。后续的研究就需要注意这一问题，要尽量做到行业均等分布。每个行业都有自己的特性，因而不同行业对于企业营销人员胜任力的特征要求就会有所差别。在做到行业均等分布的前提下，比较各个行业企业营销人员胜任力特征的差别，不但可以为跨行业营销人员在选择工作时提供指导，也可以为企业招聘营销人员时对人员从业背景的要求提供参照。

（3）从企业营销人员从业年限来说，本研究中企业营销人员从业3年以下的占79.6%，资深企业营销人员所占的比例相对较小。这与本研究所选择的研究对象有关，本研究的研究对象不是从事管理工作的管理人员胜任力特征，而是主要研究企业基层员工的胜任力特征。资深营销人员大多走上管理岗位，而基层员工主要由刚踏入社会的人员构成，年龄相对比较年轻，活力较强，敢闯敢拼，不怕艰难，这也是一名优秀企业营销人员所需具备的基本品质。问题也在此产生，刚从业的企业营销人员，从业年限短，对于营销职位所需具备的能力还

第十章 企业营销人员胜任力与绩效关系研究

处于探索阶段,毕竟营销需要不断实践总结。因此,在以后的企业营销人员胜任力特征的研究上,就需要控制好企业营销人员工作年限比例,最好能够增大4年以上从业人员的比例。

(4)从研究方法来说,本研究主要采用文献分析法、专家咨询法和问卷调查法,尽管最终得到的研究结果还比较理想,然而在指标的设计上,主要是对学者的研究成果进行梳理,缺少行为事件访谈法的综合运用。采用行为事件访谈,不但能够对企业营销人员所需具备的胜任力特征进行实地了解,还能够了解到最新胜任力特征的变化。胜任力特征不是一成不变的,会随着经济发展水平不同而有所差异,同时企业在不同的成长阶段对人员的要求也会有所区别,个人在职业的不同时期所具备的能力也是有所不同的。因而研究中最好能够选择一批企业营销人员进行行为事件访谈,尤其是对资深营销人员的访谈,他们从事营销工作多年,所积累的经验丰富,深入挖掘他们的经验知识,能够提高营销人员胜任力特征的代表性。

(5)从研究内容的深入程度来说,本研究在对企业营销胜任力与绩效关系研究中,仅对企业营销胜任力各要素与任务绩效和关系绩效进行研究,没有对企业营销人员绩效水平进行区分,有待进行深入研究。在后续的研究中,在研究对象的选择上要对其绩效水平进行判别,区分出优秀者与一般者,找出绩效优秀者与绩效一般者胜任力要素水平的差异性,以及胜任力要素对绩效水平影响上的差异之处。通过绩效优异者与绩效一般者胜任力要素与绩效关系的对比分析,可以增强研究的说服力,提高研究的实用性。

(6)本研究属于营销人员胜任力特征的探索性研究,对于营销人员胜任力特征在企业人力资源招聘、绩效考核、培训、晋升等方面的运用效果如何,还需要进行长期的跟踪研究。理论研究的最终目的是为了实践运用,没有实践的证明,那么理论研究的价值性也就不大。在今后的研究中,最好能够与企业合作进行长期的跟踪研究,不断对营销人员胜任力特征在企业人力资源管理中的实践效果进行评价,以不断对企业营销人员胜任力特征进行修正,使得胜任力特征能够更加体现营销人员的实际工作岗位需求。

第五节　结语

企业营销人员胜任力是企业可持续发展、保持竞争力的保证，提高企业营销胜任力不但可以提高企业营销人员胜任力水平，而且可以使得企业竞争实力得以加强，进而促进企业销售收入增长。本研究以企业营销人员胜任力为起点，在理论分析的基础上结合实证研究，对企业营销人员胜任力要素进行分析，构建了企业营销人员胜任力模型，进而对企业营销人员胜任力与绩效之间的关系进行研究，分析企业营销人员胜任力各要素与绩效之间的关系。

本章建立了包含六项维度企业营销人员胜任力模型，分别为管理与决策能力、市场开发能力、人际能力、沟通能力、专业知识、个性品质，其中管理与决策能力包含决策能力、计划能力、组织协调能力、组织能力、客户关系管理和全局观念6个要素，市场开发能力包含市场运作、市场拓展和新产品引进与推广3个要素，人际能力包含人际影响、培养关系和亲和力3个要素，沟通能力包含语言表达、商务谈判、公关能力和沟通力4个要素，专业知识包含行业知识和产品知识2个要素，个性品质包含吃苦耐劳、诚实正直、耐心和责任心4个要素。

本章分析了企业营销人员各胜任力特征要素与绩效之间的关系，管理与决策能力、市场开发能力、人际能力、沟通能力、专业知识和个性品质与任务绩效呈显著正相关关系，其中市场开发能力对任务绩效的影响强度最大；管理与决策能力、市场开发能力、人际能力、沟通能力、专业知识和个性品质与关系绩效呈显著正相关关系，其中人际能力对关系绩效的影响强度最大。研究发现，企业营销人员任务绩效与关系绩效之间也呈正相关关系。

第十一章　企业员工工作投入与其绩效的关系研究

第一节　问题提出

在全球竞争和知识经济时代，企业的可持续成长和发展，从根本上来讲取决于企业的竞争优势。只有具备竞争优势的企业才能在市场中占得先机，在为顾客创造独特价值的过程中找到自身存在和发展的理由和价值。企业的竞争优势必须以其自身的核心能力为依托，核心能力具有难模仿性、独特性、价值性及组织化特征。（1）对企业来说，人力资源具有价值性。首先，人力资源在企业的战略、组织变革、商机开拓、生产率提高、成本节约等诸多方面均有着至关重要的作用；其次，企业的核心人力资源是创造企业价值的主要因素；最后，人力资源帮助企业持续地赢得客户及市场。（2）人力资源具有稀缺性。一定时期内劳动力市场上具有某一特征的人才供给数量绝对不足；无法从市场上随意获取人力资源，不能购买或转让。（3）认同企业独特文化，与企业经营管理模式相匹配和融合的、员工独特的价值观、核心专长与技能，具有高度的系统性和一体化特征，使得竞争对手难以准确地加以识别，更难以进行简单的模仿。（4）人力资源在现代企业中已经成为一种高度组织化的资源，因为它已经完全与整个企业的战略、组织结构等相融合，是组织系统化的资源，所以现代企业中的人力资源已经成为重要的核心能力要素，支撑着企业核心能力的构建。因此，企业管理人员及相关研究者也逐渐把视线转移到了对人力资源这一独特资源的管理上。

员工的积极行为强化与消极行为抑制机制研究

任何一个组织为了谋求自身的生存和发展,都在密切关注组织自身效益的基础上努力追求效益最大化。在组织的运行过程中,组织效益最大化目标的实现以每位组织成员努力完成其工作绩效为前提,只有每位组织成员成功实现其工作绩效,才能保证组织顺利地追求效益最大化。因而,工作绩效引起了管理者的普遍关注。绩效这一概念反映的是员工从事某一种活动所产生的成绩和成果。每一个组织为了实现其战略、完成其目标,必须将其战略和目标落实到组织内部各个员工上。因此,员工的工作绩效关系着组织的战略目标完成情况,影响着组织的表现。因而,企业管理人员以及人力资源管理专家将工作重心放在努力探索各种提高员工绩效的途径上来。

虽然在组织行为学研究开始之初,众多的研究者们都已发现员工的工作态度能够受到正面强化及正性情绪等方面的引导,但传统组织行为学仍然将研究的重点放在引发员工或组织不良表现上。组织行为学领域著名学者 Luthans 做过一项调查,他通过计算机检索心理学及组织行为学领域研究的文献,发现仅有 1000 篇左右的文献与个体的积极的正向状态有关,而关于个体的负性状态的文献则高达 375000 篇之多,这两个数据形成了鲜明的对比。目前,随着积极心理学和积极组织行为学研究的兴起与发展,人类的优点及积极心理状态得到了广泛的关注和研究。在此背景下,工作投入作为一种积极的个人状态,步入了人们的视野,成为组织行为学和人力资源管理领域新的研究热点。

本章在总结以往学者对工作投入及工作绩效研究的基础上,构建出企业员工工作投入对其工作绩效的影响模型,同时提出了各种理论假设。在现有人力资源管理理论的基础上,结合本研究得出的对工作投入有显著影响效果的因素以及员工工作投入与其工作绩效之间的关系,为企业管理人员提出了一系列提升员工工作投入的意见及建议,期望能够对我国企业管理人员提供一定的借鉴意义及指导作用。同时,本章总结了研究的贡献及不足之处,提出了员工工作投入与工作绩效方面未来研究的重点,对相关理论的后续研究具有一定的借鉴意义。

第二节 相关文献综述

一 工作投入的国内外相关研究

（一）工作投入的概念

工作投入（job engagement）这一概念的最早提出者是 Kahn（1990），他将其界定为"组织成员控制自我从而使自我与工作角色相结合"。在 Kahn 看来，组织员工自我与其工作角色处在一种动态的以及相互转化的过程中。这也就是说，伴随着员工较高工作投入水平的是其将精力投入工作角色的行为之中，同时员工在其角色中充分地展现自我；反之，伴随员工较低水平工作投入的是其采取将自我从工作角色当中抽离出来的行为，这就使员工在工作中不能达到其工作角色所要求的绩效水平，同时员工的这种从工作角色中抽离的行为也有可能使其产生离职意愿。

Maslach 和 Leiter（2001）在"工作倦怠"（job burnout）领域进行了深入详细的研究，他们对于工作投入的认识是从工作倦怠的角度出发的。工作投入和工作倦怠被他们看作一个三维连续体的两极，连续体一极的工作投入以精力（energy）、卷入（involvement）以及效能感（efficacy）为特征，而工作倦怠一极以枯竭（exhaustion）、讥消（cynicism）和专业效能感低落（lack of professional efficacy）为特征，恰好与工作投入的三个特征精力、卷入、效能感直接对立。Maslach 和 Leiter 对工作投入的定义进行了进一步的补充，将工作投入定义为"工作过程中的一种持续的、积极的情感状态"。尽管他们对工作投入的概念进行了进一步的界定，但是，他们没有对工作投入进行系统的、深入的实证研究。因此，没能够对工作投入做出一种界定清晰且具有操作性的解释。

Schaufeli（2002）则是从另一个角度来界定工作投入。尽管他也将工作投入看作工作倦怠的对立面，但他的创新之处在于将工作投入建立在幸福感（well-being）的两个维度——快乐（pleasure）和激发（activation）的基础之上。依照 Schaufeli 的这个结构，工作倦怠建立在低水平的快乐和与之对应的激发方式的基础上，而工作投入则是建立在较高水平的快乐以及与之相对应的激发方式的基础上。通过合理的理论推演以及深入员工进行访谈等方式方法，工作投入被他解释为"一种与工作相关的积极、完满的情绪与认知状态"。员工的这种与工作相关的状态不是限定于特定的事件、情境及目标才会表现出来，而是具有弥散性和持久性的特征；工作投入这一概念自身即为员工的一种积极的正性体验，体现为员工在工作中表现出的高能量水平以及强烈的认同感，同时并能够做到精力专注而不涣散。

Britt 等（2001）将工作投入理解为员工对于自身绩效的一种强烈的责任感以及所表现出的一种承诺意愿，同时，员工感到自身绩效水平高低跟自己有重大关联。

在认真分析并总结以上学者的各种观点的时候，我们不难发现，虽然学者们在工作投入包括情绪、认知等内容上达成共识，但是具体到研究的侧重点、角度以及工作投入具体内容等问题，不同学者的不同之处开始显现出来。通过比较分析，我们可以发现 Kahn、Maslach 和 Leiter、Schaufeli 均认为在员工的日常工作中存在着工作投入，并且员工的各种具体的工作行为或者其他的角色行为中也能体现工作投入；Britt 等人却忽略了工作投入的这种外在行为表现的特征。我们应该承认，在工作投入这一概念研究的起步阶段，学者们从不同角度、不同侧重点对工作投入进行研究，在丰富了我们对于工作投入认识时还有助于形成大家所认可的定义，同时也有助于开发与工作投入相关的测量工具。

国内学者对工作投入也进行了一定的研究。徐艳（2007）将工作投入界定为个体在心理上对其工作的认同程度以及对其表现的重视程度，在工作过程中能够做到积极主动参与进去。在李锐（2007）看来，工作投入拥有弥散性和持久性的特征，它实际上是一种跟工作有关的积极、完满的情绪及认知状态。依据焦海涛（2008）的观点，工作投入指的是员工对其工作的投入程度，换句话说，工作投入是员工心理认同其工作，或是工作对员工自身的重要性。

（二）工作投入的维度及内容

工作投入研究的先驱者 Kahn（1990）认为工作投入是一个三维度的概念，即生理（physical）维度、认知（cognitive）维度以及情绪（emotional）维度。生理投入维度是从员工在完成其角色任务时所保持的生理上一种高度投入的状态的角度来进行描述；而认知投入维度展示的是员工保持认知上的高度活跃及唤醒状态，同时能够清楚地意识到自己在特定工作情境中的角色和使命；情绪投入维度则指的是个体保持自己与组织内他人（例如，上级、同事和下级）的联系以及个体对他人情绪情感的敏感性。

Schaufeli（2002）的活力（vigor）、奉献（dedication）、专注（absorption）三维度划分是目前对工作投入所做的研究中最为权威的划分。其中，活力是指个人具有好的心理韧劲和充足的精力，愿意为工作而努力并且不容易感觉累，当遇到艰难的时候能够做到持之以恒，不轻易放弃；奉献是指个人拥有超强的工作自豪感、工作意义感，同时在工作中展现出饱满的热情，可以做到以全身心的精力投入自己的工作当中，在面对困难及挑战时能做到勇于接受；专注是指工作期间个体会集中自己的全部精力投入进去，觉得时间过得快，以及不愿意将自己从工作中抽离出来，同时个体对自己的这种行为感到快乐。

另外一种比较典型的划分是 Britt 等（2001），他们将工作投入划分为责任感（perceived responsibility）、承诺（commitment）和绩效影响直觉（perceived influence of job performance）三个维度。

此外，May 等（2004）对工作投入提出了三维结构，依次是身体成分（例如，认为自己在工作中花费了大量的精力）、情感成分（例如，认为自己在工作中全身心地投入）、认知成分（例如，认为自己在工作时非常专注，以至于忘记了周围的一切）。实际上，May 等人的这种划分方法以及相应的解释与 Schaufeli 的划分与解释是基本一致的。

（三）工作投入的测量方法

工作投入概念出现以后，学者们为了深入研究工作投入、对其产生影响的前因变量以及它的结果变量，开发出了不同的工作投入量表。

Kahn将工作投入分为生理、认知及情绪三个维度，May等（2004）依据这三个维度形成一个24项目的预试量表，但是并没有得到探索性因素分析的支持，由此他们以其中的13个项目组成一个总体量表（$\alpha=0.77$），这些项目能够比较均匀地反映生理、认知及情绪投入三维度的内容。

Britt等（2001）编制的工作投入量表（$\alpha=0.88$）包含6个项目，涵盖责任感、承诺及绩效影响知觉三个方面。

盖洛普公司通过编制的"盖洛普工作场所调查"（GWA）（$\alpha=0.88$）来测量员工的工作投入。调查表包括12个项目，两个大类，一类是测量员工的态度性因素；另一类是测量管理者可以控制的影响态度变量的因素。

Maslach等（2001）通过"Maslach工作倦怠问卷"（MBI）来测量员工的工作投入水平。高工作投入表现为低的讥消及枯竭维度以及高的专业效能感维度，相反，低工作投入表现为高的讥消及枯竭维度以及低的专业效能感维度。

Schaufeli等（2002）则认为从实证角度区别这两个概念来说，使用同一量表存在一定的难度。因而Schaufeli等开发出"Utrecht工作投入量表"（UWES）来独立测量工作投入，通过6个、5个以及6个项目分别来衡量活力、奉献及专注三个分量表。

国内学者张轶文、甘怡群（2005）以Schaufeli等的UWES量表为基础，将国内的中学教师群体作为被试者，对UWES量表进行了修订，最终建立了UWES中文版量表。通过研究发现修订后的UWES中文版量表的信度以及效度均比较高。

二 工作绩效的国内外相关研究

（一）工作绩效的定义

就工作绩效而言，对于其是结果还是行为，不同的学者存在着不同的理解。部分学者认为工作绩效指的是员工表现出的一种与组织目标相关的行为。但近十年对工作绩效所做的研究拓宽了工作绩效的内涵，除了传统的行为、结果观点之外，能力及个性等因素也包括在其中。但是，各位学者对于工作绩效的定义由于研究的背景及目的不同也不同。下面是国内外学者对工作绩效给出的不同定义。

Porter 和 Lawler（1968）的观点是工作绩效由员工对工作的努力程度、绩效的质以及绩效的量构成。依照 Bermardin 等（1984）的观点，工作绩效是指员工在一定的期限内，由特定的工作活动所产生的产出。Murphy 和 Jensen（1990）将工作绩效界定为个体表现出的一组与组织或组织部门目标相关的行为。依据 Campbell 等（1993）的观点，工作绩效与效果或生产率不同，生产率侧重于个体、团队或者组织的表现，而工作绩效则侧重于个体的行为。Borman 和 Motowidlo（1997）认为，工作绩效是一种多维的、连续的、可测评的，并且与组织的目标相关联的结构体。Rotundo 和 Sackett（2002）将工作绩效界定为个体或组织在特定的期限以特定方式所完成的结果。

国内学者林泽炎（1999）认为工作绩效是经过组织考核的员工的行为、表现和结果。依照杨杰、方俐洛和凌文辁（2000）的观点，工作绩效是个体或组织在某个时间范围内通过某种方式达到的某种结果，是结果、方式及时间的统一体。彭泽（2002）认为工作绩效指的是员工依据企业目标，根据领导指派的任务，在规定时间范围内取得的工作成果。

由国内外学者为工作绩效所做的界定可以得出，工作绩效指的是员工在工作过程中通过某种方式实现的与组织目标密切相关的行为表现或活动结果。

（二）工作绩效的结构

学者们在初期研究中往往把工作绩效看作一维的。我们知道，组织通过工作分析，可以形成职位说明书。职位说明书包括职位描述以及任职资格要求两个部分。职位描述主要包括岗位名称、工作内容、职责、工作权限、业绩标准及职位在组织结构中的位置等，其中的业绩标准以及职责成为组织对工作人员进行评价的依据。也就是说在他们看来，绩效是一个整体。但是，随着经济社会的飞速发展，学者们

员工的积极行为强化与消极行为抑制机制研究

对工作绩效的认识及理解也发生了变化,学者们更倾向于认为工作绩效是一个多维度的概念。Bates 和 Holton (1995) 指出绩效是一个拥有多维结构的概念,并且因为观察及测量的角度不同而存在差异。

Katz 和 Kahn (1978) 对绩效进行了三个维度的划分,绩效被划分为:(1) 员工进入一个组织并留在了其中;(2) 员工能够实现甚至是超过组织为其设定的绩效目标;(3) 员工能够积极主动地从事一些组织未作明确要求的活动,而这些未被要求的活动无疑对组织的成长与发展是有益的。同一年,他们又将员工的工作行为划分为角色内行为和角色外行为两种类型。其中,角色内行为是由岗位职责及要求规定的,并且与员工的薪酬有联系的核心行为;角色外行为则指的是组织未做出明确要求,但行为的出现明显地有助于组织的发展,为组织所期望的行为表现。由此可以看出,其中一个是有严格规定要求员工工作中必须表现出的行为,而另一个则是由员工可以自主选择表现的行为。

Bateman 和 Organ (1988) 进一步提出组织公民行为 (Organizational Citizenship Behavior, OCB) 这一概念,并且指出这一概念等同于角色外行为。组织公民行为是员工表现出的对组织有利的行为,这种行为在岗位说明书中并未对其进行要求,同时组织一般也并不对这种行为进行奖励。

Borman 和 Motowidlo (1993) 将工作绩效划分为任务绩效 (task performance) 以及关联绩效 (contextual performance)。他们在研究员工工作绩效时指出,组织倾向于重视员工的某一种类型的工作绩效而忽视其他类型的工作绩效,同时他们认为这类被忽视的工作绩效对于员工表现及组织发展是极为重要的,依照他们的观点,无论是任务绩效还是关联绩效均是工作绩效不可缺少的一部分,二者的重要性相同。其中,被组织忽视的绩效被他们界定为关联绩效,而组织重视的工作绩效类型被他们界定为任务绩效。

对任务绩效及关联绩效进行的区分得到了 Scotter 和 Motowidlo (1994, 1996) 和 Conway 等 (1996, 1999) 的实证研究的支持,他们的研究还同时指出任务绩效与关联绩效并非完全独立的,并且独立的程度在不同职务以及关联绩效的不同维度上也不相同。

国内学者王辉、李晓轩和罗胜强（2003）在中国文化的背景下，运用验证性因子分析方法检验任务绩效与关联绩效结构方面存在的差异。依据他们的研究结果我们得知，可以从结构上对任务绩效与关联绩效进行区分，并且绩效的两维模型在中国文化背景下同样适用。

第三节 实证研究设计

一 研究的主要内容

（一）员工工作投入与工作绩效关系研究

员工工作投入可能通过一些中介变量对工作绩效产生影响，但是由于文章篇幅以及个人能力的限制，并没有考虑有可能存在的中间变量。本章在确定了工作投入（活力、奉献、专注）变量、工作绩效（关联绩效和任务绩效）变量的定义及结构的前提下，通过方差分析、相关分析及回归分析等统计分析方法，对由工作投入量表及工作绩效量表等收集到的相关问卷进行整理分析，进而研究员工工作投入对工作绩效（关联绩效和任务绩效）的影响。并以此为切入点，努力探求提升员工工作绩效的有效方法，发展了工作投入及工作绩效方面的研究。

（二）员工人口统计学变量、个性特征、工作特征与工作投入的方差分析研究

该部分以员工的人口统计学变量、个性特征、工作特征作为切入点，将不同员工的人口统计学变量（性别、婚姻状况、年龄、学历、职务和部门等）、个性特征（神经质、外倾性、经验开放性、宜人性、责任意识）、工作特征（任务自主性、技能多样性、任务完整性、任务重要性、反馈）分别与工作投入变量（活力、奉献、专注）进行单因素方差分析，从而探求拥有不同人口统计学变量、个性特征及工作特征的员工的工作投入是否存在显著差异，进而为企业管理人员以及人力资源管理领域研究人员提供提升员工工作投入水平的切入点。

二 研究假设

(一) 人口统计变量与工作投入的关系假设

人口统计变量主要指的是员工自身的基本特征,这些基本特征经常与研究的变量之间存在一定的关系。本研究从性别、年龄、在企业工作年限等八个方面来体现不同员工的人口统计学特征,在总结以往研究人员研究成果的基础上,做出了如下假设:

H1:个人特征对工作投入有显著的影响;

H1a:性别对工作投入有显著的影响;

H1b:婚姻状况对工作投入有显著的影响;

H1c:学历对组织承诺有显著的影响;

H1d:年龄对工作投入有显著的影响;

H1e:转换工作单位次数对工作投入有显著的影响;

H1f:职务对工作投入有显著的影响;

H1g:在企业工作年限对工作投入有显著的影响;

H1h:所在部门对工作投入有显著的影响。

(二) 个性特征与工作投入的关系假设

"大五"个性特征理论认为所有人的个性都可以分为五个维度:神经质、外倾性、经验开放性、宜人性、责任意识。本研究依据"大五"模型,提出如下假设:

H2:个性特征对工作投入有显著的影响;

H2a:神经质对工作投入有显著的影响;

H2b:外倾性对工作投入有显著的影响;

H2c:经验开放性对工作投入有显著的影响;

H2d:宜人性对工作投入有显著的影响;

H2e:责任意识对工作投入有显著的影响。

(三) 工作特征与工作投入的关系假设

依据 Heckman 和 Oldham 的工作特征模型,工作特征包括任务自主性、技能多样性、任务完整性、任务重要性和反馈,本研究依据工作特征模型,提出以下假设:

H3：工作特征对工作投入有显著的影响；

H3a：任务自主性对工作投入有显著的影响；

H3b：技能多样性对工作投入有显著的影响；

H3c：任务完整性对工作投入有显著的影响；

H3d：任务重要性对工作投入有显著的影响；

H3e：反馈对工作投入有显著的影响；

H3f：组织公平感对工作投入有显著的影响。

（四）工作投入变量与工作绩效变量关系的假设

本研究的工作投入变量包括活力、奉献和专注三个维度，工作绩效变量包括任务绩效和关联绩效两个维度，因而本研究对工作投入变量与工作绩效变量之间提出以下假设：

H4：工作投入变量对任务绩效变量有显著的影响；

H4a：活力对任务绩效变量有显著的影响；

H4b：奉献对任务绩效变量有显著的影响；

H4c：专注对任务绩效变量有显著的影响；

H5：工作投入变量对关系绩效变量有显著的影响；

H5a：活力对关系绩效变量有显著的影响；

H5b：奉献对关系绩效变量有显著的影响；

H5c：专注对关系绩效变量有显著的影响。

三 研究设计

（一）调查问卷的设计

本研究所采用的是问卷调查方式，个人基本信息、工作投入量表及工作绩效量表三个部分构成了本研究的调查问卷。

工作投入量表。由于本研究也是在中国现实背景下展开的，因此选择运用 UWES 中文量表来对不同人员的工作投入水平进行测量。活力分量表、奉献分量表及专注分量表的 Cronbach's α 系数分别为 0.767、0.735、0.753，三个数值均处于 0.7—0.8 之间，因此具有相当的信度；并且量表总分的一致性系数处于 0.9 左右。16 个问题构成了本量表，并且由李克特五点计分，正向计分。1、2、3、4、5 分别代表"很不符合""较不符合""不确定""较符合"以及"很符合",所得的分数越高,就代表着被试人员的工作投入水平越高,反之较低的得分意味着被试人员低水平的工作投入度。

工作绩效量表。Thomton(1980)指出,一般人们都清楚地了解自我,也就更能够意识到自己的优点及不足之处,因此表现为个体对自我做出更为精准的评价。依据Thomton的观点,本研究的绩效考评也是选择员工进行自我评估的方法,让员工对自己的工作绩效进行评价。由于本研究将工作绩效分为任务绩效和关系绩效两个维度,工作绩效量表主要由6个问题构成,同时由李克特五点计分,正向计分。1、2、3、4、5依次表示"非常不同意""不同意""不确定""同意"以及"非常同意",所得分数越高,就代表着员工工作绩效水平越高,员工工作表现越优异;反之分数越低,也就意味着员工工作绩效水平不高,员工表现不佳。任务绩效分量表以及关联绩效分量表的Cronbach's α系数分别为0.806、0.751。也就是说,关联绩效分量表的α系数为0.751,位于0.7—0.8之间,表明此量表具有相当的信度;而任务绩效分量表的α系数为0.806,达到0.8—0.9之间,表明此量表信度非常好。

个人相关信息。由于个人的相关信息能够对其工作投入产生影响,因此本研究构建了问卷调查的个人相关信息部分。这一部分包括三个部分,第一部分是人口统计学相关内容,共有8题,其中包括被试者的性别、婚姻状况、学历、年龄、转换工作单位的次数、职务、在现在企业工作年限、所在部门等变量。第二部分是个性特征部分,共有60题,其中包括神经质、外倾性、经验开放性、宜人性、责任意思五个方面。第三部分是工作特征部分,共有15题,包括任务自主性、技能多样性、任务完整性、任务重要性、反馈五个方面。

(二)样本的选择

本研究为了分析员工工作投入对工作绩效的影响,结合调查问卷进行实证研究,但是基于经费有限、人力不足等,无法在全国范围内大规模地展开调研,只是以深圳、郑州地区企业的员工为主要调研对象。这种做法一方面保证了研究可行性,另一方面也具有一定的局限性。在进行问卷调查时,所选取的样本企业也没有考虑企业性质因素(包括企业的发展阶段、所属行业、规模大小、盈利能力等)。通过运用随机抽样的方式,首先随机抽取深圳、郑州地区的企业,然后发放问卷给被抽取的企业中随机抽取的工作人员,并且问卷以电子版及纸质的形式同时发放,极大地提高了问卷的回收率。

第四节 实证分析

本研究共发放问卷 200 份,回收问卷 163 份,剔除填写不完整及不合格的问卷,共得到有效问卷 136 份。

一 数据分析

(一) 方差分析

本研究通过 SPSS 17.0 中的单因素分析的方法来探求不同的人口统计学变量、个性特征、工作特征对工作投入的各个维度是否存在显著的影响。若显著性水平大于 0.05,我们可以得知对应的变量对此维度的影响不存在显著的差异;反之,若显著性水平小于 0.05,我们将视为此变量对相应的维度的影响存在显著的差异。

1. 基于性别的方差分析

不同性别工作投入的单因素方差分析结果表明,在活力方面,组间均方差为 0.041,组内均方差为 0.689,对二者取商而得到的 F 统计量的值为 0.059,其概率 p 值为 0.808,明显大于显著性水平 0.05,由此我们可以得知,性别对活力没有显著影响。而奉献、专注的 p 值分别为 0.705、0.256,我们也可以认识到性别对奉献、专注也没有显著影响。

2. 基于婚姻状况的方差分析

不同婚姻状况工作投入得分的单因素方差分析结果表明,在活力方面,组间均方差为 0.076,组内均方差为 0.688,相除得到的 F 统计量的值为 0.110,对应的概率为 0.740,大于显著性水平 0.05,因此认为不同婚姻状况对活力没有显著影响。奉献的 p 值则为 0.585,

大于显著性水平 0.05，因此认为婚姻状况对奉献也没有显著影响。但从表中可以看出，专注一项的 p 值小于显著性水平 0.05，因此可以得出婚姻状况对专注有显著影响。

3. 基于学历的方差分析

不同学历水平工作投入得分的单因素方差分析结果表明，在活力方面，组间均方差为 1.609，组内均方差为 0.450，相除得到的 F 统计量的值为 3.575，对应的概率为 0.016，小于显著性水平 0.05，因此认为不同学历对活力有显著影响。奉献、专注的 p 值则分别为 0.011、0.001，均小于显著性水平 0.05，因此认为学历对奉献、专注也有显著影响。

4. 基于年龄的方差分析

不同年龄工作投入得分的单因素方差分析结果表明，在活力方面，组间均方差为 1.818，组内均方差为 0.649，相除得到的 F 统计量的值为 2.801，对应的概率为 0.029，小于显著性水平 0.05，因此认为不同年龄对活力有显著影响。而奉献、专注的 p 值则分别为 0.677、0.207，大于显著性水平 0.05，因此认为年龄对奉献、专注没有显著影响。

5. 基于换工作次数的方差分析

不同换工作次数工作投入得分的单因素方差分析结果表明，在活力、奉献、专注的 p 值则分别为 0.059、0.149、0.560，大于显著性水平 0.05，因此认为换工作次数对活力、奉献、专注均没有显著影响。

6. 基于职务的方差分析

不同职务工作投入得分的单因素方差分析结果表明，在活力、奉献、专注方面，其对应的概率分别为 0.008、0.000、0.006，小于显著性水平 0.05，因此认为职务对活力、奉献、专注有显著影响。

7. 基于在企业工作年限的方差分析

不同在企业工作年限工作投入得分的单因素方差分析结果表明，在活力方面，其 p 值为 0.003，小于显著性水平 0.05，因此认为不同企业工作年限对活力有显著影响。而奉献、专注的 p 值则分别为

0.321、0.376，大于显著性水平0.05，因此认为在企业工作年限对奉献、专注没有显著影响。

8. 基于所在部门的方差分析

不同部门工作投入得分的单因素方差分析结果表明，在活力、奉献、专注方面，其对应的概率分别为0.039、0.000、0.010，小于显著性水平0.05，因此认为部门对活力、奉献、专注和任务绩效有显著影响。

9. 基于神经质的方差分析

不同神经质员工工作投入各维度得分的单因素方差分析结果表明，在活力、奉献、专注方面，其对应的概率得分分别为0.000、0.339、0.036。其中，活力和专注方面得分小于显著性水平0.05，因此认为神经质这一个性特征对活力及专注有显著的影响；而奉献维度得分大于显著性水平0.05，说明神经质对奉献没有显著的影响。

10. 基于外倾性的方差分析

不同外倾性特征员工的工作投入各维度得分的单因素方差分析结果表明，活力维度概率得分为0.047，小于显著性水平0.05，因此认为员工的外倾性特征对其活力水平有显著的影响；奉献及专注维度概率得分分别为0.250和0.165，大于显著性水平0.05，说明员工的外倾性特征对其奉献及专注水平并不存在显著的影响。

11. 基于经验开放性的方差分析

不同经验开放性特征的员工工作投入各维度得分的单因素方差分析结果表明，奉献维度及专注维度的概率得分分别为0.013、0.003，小于显著性水平0.05，因而经验开放性这一个性特征对员工奉献及专注维度存在显著的影响；而活力维度概率得分为0.21，大于显著性水平0.05，说明经验开放性对活力维度不存在显著的影响。

12. 基于宜人性的方差分析

不同宜人性特征的员工工作投入三维度得分的单因素方差分析结果表明，活力、奉献、专注三维度概率得分分别为0.663、0.200、0.374，均大于显著性水平0.05，说明宜人性这一个性特征对员工工作投入没有显著的影响。

13. 基于责任意识的方差分析

不同责任意识的员工工作投入各维度得分的单因素方差分析结果表明，活力、专注维度概率得分分别为 0.040 和 0.014，均小于显著性水平 0.05，说明责任意识对活力、专注二维度有显著的影响；而奉献维度的概率得分为 0.051，大于显著性水平 0.05，说明责任意识这一个性特征对员工奉献维度并无显著的影响。

14. 基于任务自主性的方差分析

不同任务自主性的员工工作投入三维度得分的单因素方差分析结果表明，活力、奉献、专注三维度的概率得分分别为 0.008、0.008 和 0.009，均小于显著性水平 0.05，说明任务自主性这一工作特征对员工工作投入三维度均存在显著的影响。

15. 基于技能多样性的方差分析

不同技能多样性要求工作的员工其工作投入三维度得分的单因素方差分析结果表明，奉献维度概率得分为 0.000，小于显著性水平 0.05，说明技能多样性对员工的奉献维度存在显著的影响；而活力及专注维度的概率得分分别为 0.067 和 0.082，均大于显著性水平 0.05，说明技能多样性对员工的活力及专注维度并不存在显著的影响。

16. 基于任务完整性的方差分析

不同程度任务完整性工作的员工工作投入各维度得分的单因素方差分析结果表明，奉献维度概率得分为 0.000，明显小于显著性水平 0.05，说明任务完整性对员工奉献维度存在显著的影响；而活力及专注维度概率得分分别为 0.096 和 0.170，均大于显著性水平 0.05，说明任务完整性对员工活力及专注维度均无显著的影响。

17. 基于任务重要性的方差分析

不同任务重要性特征工作的员工工作投入三维度得分的单因素方差分析结果表明，活力、奉献、专注三维度概率得分分别为 0.000、0.001、0.000，均小于显著性水平 0.05，说明任务重要性对员工工作投入三维度均存在显著的影响。

18. 基于反馈的方差分析

不同反馈特征工作的员工工作投入三维度得分的单因素方差分析

结果表明,活力、专注维度概率得分分别为 0.001、0.000,均明显小于显著性水平 0.05,说明反馈对员工活力、专注维度存在显著的影响;而奉献维度概率得分为 0.230,大于显著性水平 0.05,说明反馈对员工奉献维度不存在显著的影响。

(二)相关分析

任何事物的存在都不是孤立的,而是相互联系、相互制约的。将客观事物相互间关系的密切程度用适当的统计指标表示出来,这个过程就是相关分析(Correlation Analysis)。相关分析的特点是:一个变量的取值不能由另一个变量唯一确定,即当自变量 x 取某个值时,因变量 y 的值可能会有多个。这种关系不确定的变量显然不能用函数形式予以描述,但也不是杂乱无章的,大量的偶然性中蕴含着必然的内在规律性。通过对大量数据的观察和研究,可以发现存在着某种客观规律。我们可以通过相关分析这一统计方法来探讨所研究的变量之间是否存在关系以及所存在关系的紧密程度,当两个变量之间的相关系数很高时,证明两者相关程度也同样很高。Spearman 等级相关系数用来度量顺序水准变量间的线性相关关系,它是利用两变量的秩的大小做线性相关分析,其优点是对数据的总体分布、样本大小均不作要求。本研究正是通过 Spearman 相关分析方法分别对工作投入和工作绩效各个维度进行分析,得到的结果如表 11-1 所示。由此我们可知,活力、奉献、专注与任务绩效及关联绩效显著正相关。

表 11-1 工作投入和工作绩效各维度相关性分析表

	研究项目	任务绩效	关联绩效
活力	Spearman Correlation	0.455**	0.761**
	Sig.(2-tailed)	0.000	0.000
奉献	Spearman Correlation	0.589**	0.529**
	Sig.(2-tailed)	0.000	0.000
专注	Spearman Correlation	0.689**	0.237**
	Sig.(2-tailed)	0.000	0.005

注:**表示 $p<0.01$。

(三) 回归分析

回归分析（Regression Analysis）是确定两种或者两种以上变量之间相互依赖的定量关系的一种统计分析方法，运用十分广泛。它通过回归方程的形式描述和反映这种关系，帮助人们准确把握受其他一个或多个变量影响的程度，进而为控制和预测提供科学的依据。经过前面的相关分析已经得知，活力、奉献、专注与任务绩效以及关联绩效之间是显著的相关关系。结合之前的研究结果，此部分将运用回归分析来探讨自变量为工作投入的三个维度与因变量为工作绩效的两个维度之间的因果关系。分析所得的回归方程很好地解释了各自变量对因变量影响的重要程度，由此可以区分影响任务绩效以及关联绩效的首要因素及次要因素，本研究采用回归分析中运用得极为广泛的逐步回归法。

1. 工作投入对任务绩效的回归分析

进行回归分析之前，检验模型中也许存在变量多重共线性、序列相关以及异方差问题。我们通过SPSS 17.0分析获悉，所有方差膨胀因子VIF（Variance Inflation）最大值为1.888，符合0—10这一标准；所有DW（Durbin-Watson）值为1.616，符合1.5—2.5这一标准，我们可以由此得知自变量之间不存在序列相关；同时在标准化残差以及标准化预测值的散点图均呈无序状态，因此也不存在异方差问题。由此可知，我们能够将活力、奉献、专注视为自变量，任务绩效视为因变量来进行回归分析。通过SPSS 17.0统计软件，得到以下分析结果。

由表11-2、表11-3可以发现，进入回归模型的活力、奉献、专注的回归系数都为正并且显著异于零，这就表明活力、奉献和专注对任务绩效有显著的正向影响。对任务绩效的影响由大到小排列依次为专注、活力和奉献，标准化系数分别为0.406、0.313、0.284，同时，模型在统计上是显著的（$F = 71.686$, $p < 0.01$），说明以上结论具有一定的稳定性。因此，工作投入和任务绩效之间的多元回归方程可以归结为：

任务绩效 = 0.406（专注）+ 0.284（活力）+ 0.313（奉献）。

第十一章 企业员工工作投入与其绩效的关系研究

表 11-2　　　　　　　　　　任务绩效的回归系数表

模型	非标准化系数 B	标准误差	标准化系数 β	t	显著性水平	VIF
活力	0.291	0.059	0.313	4.905	0.000	1.411
奉献	0.285	0.074	0.284	3.857	0.000	1.888
专注	0.372	0.059	0.406	6.341	0.000	1.420

表 11-3　　　　　　　　　　模型统计量

DW 统计量	1.616
R^2	0.620
调整后的 R^2	0.611
总体模型 F	71.686

2. 工作投入对关联绩效的回归分析

对关联绩效进行回归分析原理与上面任务绩效相同，我们同样根据 SPSS 17.0 可以得到最终分析结果如表 11-4、表 11-5 所示。

表 11-4　　　　　　　　　　关联绩效的回归系数表

模型	非标准化系数 B	标准误差	标准化系数 β	t	显著性水平	VIF
活力	0.374	0.057	0.377	6.610	0.000	1.411
奉献	0.627	0.070	0.586	8.901	0.000	1.888

表 11-5　　　　　　　　　　模型统计量

DW 统计量	1.754
R^2	0.697
调整后的 R^2	0.690
总体模型 F	100.996

我们可以同样根据分析结果发现，进入回归模型的活力、奉献的

回归系数都为正并且显著异于零,表明活力和奉献对关联绩效具有显著的正向影响。对关联绩效的影响从大到小排列为奉献、活力,标准化系数分别为 0.586、0.377,同时,模型在统计上是显著的($F = 100.996$,$p < 0.01$),说明以上结论具有一定的稳定性。因此,工作投入和关联绩效之间的多元回归方程可以归结为:

关联绩效 = 0.377(活力)+ 0.586(奉献)。

第五节 结论、管理启示及未来研究展望

一 结论

本章在总结以往学者对工作投入及工作绩效研究的基础上,通过实证研究的方法,分析了具有不同特征的员工在工作投入及工作绩效上存在的差异,同时分析了工作投入与工作绩效之间的关系,通过分析汇总前面的研究,可以得到以下结论:

工作投入的各个维度与工作绩效的各个维度之间存在显著的相关关系。其中,专注仅与任务绩效存在显著正相关关系。

活力、奉献、专注对任务绩效有显著的正向影响关系,对任务绩效的影响由大到小排列依次为专注、活力和奉献。

活力、奉献对关联绩效有显著的正向影响关系,对关联绩效的影响从大到小排列依次为奉献、活力。

员工由于个人人口统计学变量、个性特征、工作特征不同,其工作投入各个维度上呈现出一定的差异。

根据假设验证得出表 11-6、表 11-7。

表 11-6　　工作投入各维度对任务绩效、关联绩效影响

工作投入 \ 工作绩效	任务绩效	关联绩效
活力	存在显著影响	存在显著影响
奉献	存在显著影响	存在显著影响
专注	存在显著影响	不存在显著影响

表11-7　各人口统计学变量对工作投入及工作绩效的影响

个体相关特征 \ 工作投入	活力	奉献	专注
性别	不存在显著影响	不存在显著影响	不存在显著影响
婚姻状况	不存在显著影响	不存在显著影响	存在显著影响
学历	存在显著影响	存在显著影响	存在显著影响
年龄	存在显著影响	存在显著影响	存在显著影响
换工作次数	不存在显著影响	不存在显著影响	不存在显著影响
职务	存在显著影响	存在显著影响	存在显著影响
在企业工作年限	存在显著影响	不存在显著影响	不存在显著影响
部门	存在显著影响	存在显著影响	存在显著影响
神经质	存在显著影响	不存在显著影响	存在显著影响
外倾性	存在显著影响	不存在显著影响	不存在显著影响
经验开放性	不存在显著影响	不存在显著影响	存在显著影响
宜人性	不存在显著影响	不存在显著影响	不存在显著影响
责任意识	存在显著影响	不存在显著影响	存在显著影响
任务自主性	存在显著影响	存在显著影响	存在显著影响
技能多样性	不存在显著影响	存在显著影响	不存在显著影响
任务完整性	不存在显著影响	不存在显著影响	不存在显著影响
任务重要性	存在显著影响	存在显著影响	存在显著影响
反馈	存在显著影响	不存在显著影响	存在显著影响

二　管理启示

依据本章的结论，同时结合工作投入的影响因素，对企业管理人员提出一些相应的建议，以期改善企业员工的工作投入水平，进而提升员工的绩效水平。

（一）对工作进行设计及再设计

首先，组织应在增加员工工作所需技能的多样性、提高工作任务的完整性、强调员工工作的重要性的同时使得员工的工作丰富化。工作丰富化理论是以美国行为科学家赫茨伯格提出的双因素理论（激励—保健因素理论）为依据的。工作丰富化也就是通过给工作以多样化的内容，使员工的工作富于意义感和挑战性。管理者可以根据员工个性特征，增加其任务的挑战性，提升工作内容的丰富性，使得员工能够从工作中获得成就感，激励员工的工作积极性，提升其工作中的活力、奉献以及专注水平，也就是提高员工的工作投入水平，根据本章研究的结论可以得知，员工活力、奉献、专注水平的提升，必然会引起其任务绩效及关联绩效的提升，从而使员工获得良好的工作绩效。

（二）为员工提供及时的反馈

在员工的一个绩效周期中，经过前期的绩效规划及沟通，员工在自己的绩效周期实施的过程中，组织应为员工提供及时的反馈，以便于员工能及时、精确地了解自己的工作状况，当员工表现良好时，组织应给予员工相应的鼓励，进而激励员工以更加高昂的精神进行后期的工作，当员工与其预期出现偏差时，组织更应该提供及时的反馈，使员工能够及时调整个人行为，从而回归到组织目标的轨道上。由本章研究可知，组织为员工提供反馈能够提升员工的工作投入中的活力及专注维度的水平，进而提升员工的工作投入水平，为其绩效的提升打下良好的基础。

（三）为员工提供授权及参与制度

组织可以通过授权的方式来提升员工工作的自主性。通过授权，员工在自己权限范围内独立安排自己的工作，包括选择工作方式、设计工作流程、安排工作时间等。如果组织能对员工充分地授权，使其拥有安排如何开展工作的权利，将会在很大程度上体现组织对其成员的信任，进而引起员工高的工作投入水平。

同时要完善员工参与制度，通过员工参与企业的相关战略决策的方式来激发员工的主人翁精神，培养其工作中的自主性，进而使员工保持高的工作投入水平，以及对组织忠诚度。因此，管理者应鼓励员工参与到企业的管理中来，除了给员工授权以外，还要为员工提供其参与管理的渠道，为他们参与管理提供保障，只有这样才能提高员工的工作投入水平。

（四）人—职匹配

人—职匹配的基本思想是：个体之间是存在普遍差异的，不同人

第十一章 企业员工工作投入与其绩效的关系研究

拥有不同的知识、能力、技能及人格特征等，而不同的职位由于工作特点、工作内容、工作条件、工作关系、工作环境等不同，对职位任职者的知识、技能、个性、人格、经验等有不同程度的要求。根据本章研究结论，我们可以知道员工的个人相关特征对其工作投入水平有不同程度的影响，进而影响其绩效水平。因此组织在进行员工的招聘和甄选的时候，应该注意结合应聘者的个体特征来进行选择，即进行人—职匹配的时候，关注应聘人员个体特征，并将其作为甄选的参考标准。甄选出的员工的个体特征在与组织职位要求一致的条件下，对员工的工作投入程度与工作绩效也有一定程度的保障作用。

（五）提升员工的效能感

效能感指的是个体对自己或是自己所在的团体能够成功地完成特定的工作任务的一种信念。由本章研究可知，员工个性特征中的神经质包含信心这一内容，并且其对个体工作投入具有显著的影响。个体的这种信心不仅指对自己的信心，而且包括对自己所在团体及组织的信心，也就是个体效能感、团队效能感及组织效能感。人们改善效能感的方法主要有以下三种：（1）为员工提供各种有关工作任务的信息，使其了解他所从事工作的特征、复杂程度及工作条件等，在此基础上指导员工合理有效地利用这诸多因素；（2）通过对组织员工进行培训，使得在提高员工工作能力与技能的基础上，进一步指导其在工作中合理地运用其所掌握的能力与技能；（3）通过为组织成员提供咨询及指导等方式，使员工在了解完成工作任务所需的行为、分析和心理的策略的基础上学会运用。

通过上述三种方式提升员工的效能感，能坚定员工完成其工作任务的信念，从而提升员工的专注水平，进而提升其工作投入水平，最终达到提升员工工作绩效的目标。

（六）减少负面情绪的影响

不论是与领导或同事发生了正面的冲突，还是感觉到了潜在的人际关系矛盾，都是员工负面情绪的反映，都会对员工工作的心情以及工作的动力产生影响，使员工产生受组织成员排斥以及工作不顺心等种种消极感觉，而员工这些消极感受都将会使员工身心疲惫，导致其工作中活力、奉献及专注水平均有所下降，从而导致低水平的工作投入。因而，企业应该采取措施努力降低人际冲突发生的可能性。以下方法可供企业参考借鉴：组织加强从素质方面对员工进行培养，转变他们工作中的态度及行为；为组织内员工建立通畅的沟通渠道，使组织内成员同事之间、上下级之间拥有畅通的沟通渠道，在共同价值观的引导下减少矛盾；组织在加强对员工的专业知识技能进行培训的同时，为了使组织成员能用积极的心态及情绪应对其周围的人和事，应该同样重视对其人际关系及情感进行训练。除此之外，关心、理解及体谅员工等行为也应该为管理者所广泛应用，这样才能保证员工的工作积极性。管理者为了使员工以更高的工作投入水平投入工作中，应该与员工沟通、理解并尊重员工的意见及立场，在其权限内最大限度地维护员工利益。

三 未来研究展望

由于本章研究样本及方式存在的局限性及不足，为相关研究者的后续研究提供了空间。因此，研究者可以从以下角度入手，对工作投入及工作绩效之间的关系进行发展和补充：

进一步完善实证研究，主要指的是调查研究地区及样本数量方面，使调查能够在我国大部分地区同时进行，在增加样本数量的同时，增加样本的地域覆盖面，使得统计数据拥有更深的代表性与广泛性，最后得出的统计结果也更为真实可靠。

进一步完善工作绩效考核量表，在工作绩效量表上可以增加评价的角度，可结合360度绩效考核方法，从而增加工作绩效测评的准确性与客观性。

本章所提到的绩效主要指的是员工个人绩效，并没有对组织绩效及团队绩效有没有受到工作投入的影响及受到何种程度的影响进行研究，因此这也可以作为进一步研究的重点。

第十二章 民营企业员工心理契约与离职倾向的关系研究

第一节 问题提出

近三十多年里,我国民营企业的发展势头始终旺盛,从小到大,从无到有,有力地推动了我国市场经济的发展。目前在我国企业中,民营企业已占70%,民营企业创造的GDP更不容忽视,创造了50%以上的GDP,超过70%的就业率由其完成,对解决我国就业问题贡献是非常大的。然而,据统计,我国民营企业的人才流动率接近50%,而且民企寿命短,平均只有2.9年。2010年10月,前程无忧人力资源调研中心针对"企业员工主动离职行为"这个话题进行了一次专项调查。根据调研发现参与调研的样本中以民营企业居多,占整体样本比例的41.6%;其次为外资企业,占样本比例为20.7%;国企为16.8%,合资企业为11.3%,其他性质企业为9.6%。民营企业首当其冲。另外,据正略钧策管理咨询发布的《正略钧策2010员工离职与招聘调研报告》显示,自2009年3月至2010年2月,所有接受调查的民营企业员工平均离职率为18.6%,其中制造业、传媒、消费品、零售批发、工程建设等行业成为平均离职率最高的行业,平均离职率超过20%,制造业甚至高达23.4%;而综合服务、能源化工、房地产、IT、医疗医药等行业的离职率则在15%—20%;金融行业离职率最低,为13.4%。

民营企业离职率过高已经成为阻碍其进一步发展以及更好地推动国民经济增长的绊脚石,在社会飞速发展和观念不断变化的社会背景下，对于员工来说，在选择适合或喜欢的企业这方面，机会变得更多，也更有自主权了。另外，当下就业已经走向市场化，随着国民文化素质和整体知识水平的提高及不断高速发展的社会信息化速度，与以前相比，企业员工个人发展空间越来越大，获得更多的信息来源也更加容易。换言之，员工想要自愿离职变得不再是件难事，离职的问题也将会日益突出。

为了在当下激烈的市场竞争中获得优势，许多企业在培养优秀人才上耗费很大的精力和财力，然而并不如意。由于在挽留优秀员工政策方面没有做好，许多优秀的企业员工因此离职，造成一个尴尬的后果，企业变成了他人名副其实的培训基地，也因此严重浪费了企业的资源。目前我国大多数民营企业都存在的困惑为：对于哪个员工要离开，离开原因是什么，企业无从知晓，解决方案更无从下手。也就是说，中国民营企业在总结经验和教训的基础上，企业对员工的高离职率对自身发展的危害已有了充分警觉和认识，但员工的真实想法及其离职前的表现、员工离职的因素影响，以及处于什么情形会发生离职行为等却依然无从知晓。因此，企业管理政策也就无法改善，对于防止员工流失的政策也无法配套制定和实施，激励和协调策略更是无从谈起。民营企业管理过程中出现的这些问题引入了员工心理契约对离职问题影响的研究。

目前，针对员工离职问题，国外已有很多专家学者在做这方面的研究，但是国内学者对员工离职进行系统研究的却比较少，且国内学者在选择研究对象方面，多数选择某一特定区域的几家企业或者某一家企业，专门将民营企业作为研究对象的学者相对较少。另外，在企业兼并重组、大量裁员等现象不断增多以及经济高速发展和企业市场竞争不断加剧的背景下，打破了员工与组织间已经形成的心理契约，这些更使员工对企业失去信心，降低了企业的竞争力，以往多数是从经济学、管理学的角度进行的，社会经济因素中的宏观经济环境、失业率等受国家政策影响的研究，一般企业难以把握，企业管理中可操作的成分较小，而从员工心理契约这种微观的心理学的角度研究，大大增加了企业的可操作性。这些问题皆促使学者们从变化了的心理契约入手，寻求有效的解决办法。

鉴于此，本章将选择从心理契约的综合角度来研究民营企业员工的离职倾向问题。

第二节 相关文献综述

一 心理契约的定义及结构

（一）心理契约的定义

Argyris（1960）是最早提出心理契约概念的学者，并用"心理的工作契约"描述一种关系，即在一个工厂中工头及雇员双方的关系。但 Argyris 仅仅只是提出这样的术语和概念，并没有给心理契约一个明确的定义。Levinson 等（1962）学者进行过一个个案的研究，该个案研究是以公共事业单位为对象进行的，描述了心理契约，并将其称为"未书面化的契约"，被用来描述双方之间的相互期望的总和，强调了一种不曾被表述的、内在的期望。Schein（1980）也提出了心理契约的定义，即心理契约是一系列的、未书面化的期望，并时刻存在于组织成员之间。并从两个层面划分了心理契约：个体的水平和组织的水平。强调心理契约在组织中是行为的重要的决定因素，即使其为未明确书面化的。Kotter（1973）将心理契约看作一个内隐的契约，心理契约存在于个体和个体组织之间，它将组织与雇员中的一方所期望付出的，及从另外一方所得到的回收具体化了。以美国的学者 Rousseau 和 Robinson 等为代表的"Rousseau 学派"，强调心理契约是一种主观理解，这种主观理解是雇员对在两者发生交换关系时产生的彼此义务的理解。Rousseau（1990）是这样定义心理契约的：是个体的一种信念及理解，它产生于雇佣关系的背景下，有关于雇主和雇员的相互义务。Robinson 与 Rousseau（1994）在此基础上进行了丰富，强调这种信念是一种理解和感知，这种理解和感知是雇员对内在和外显贡献及组织的诱因之间的交换关系的承诺。Morlison 与 Robinson（1997）也很认同此概念，认为心理契约为雇佣双方在主观理解基础上的对于各自义务的信念。Herriot 等（2005）认为初期心理契约可以这样定义："心理契约是一种感知与理解，其来源于组织与个体双方关系中的责任与义务。"这跟 Rousseau 与 Parks 所倡导的心理契约定义不同。Rousseau 与 Parks 认为只是单方面的契约，即仅雇员方面，所以契约化的过程就很少涉及。Herriot 和 Pemberton（2009）所代表的古典学派观点，认为心理契约是雇佣双方对其关系以及彼此对对方所提供的回报的主观理解。

综上，当下心理契约有两方面理解，即广义的与狭义的心理契约。前者是雇佣双方中的、对于各自承诺的主观理解关系中存在的各自的义务，其较为关注"心理"的成分；是员工在对他们组织各方面的理解的基础上，与组织各方所做出的承诺的理解中产生的，雇员和组织并不一定能够认识的，属于相互义务的一些信念。狭义心理契约比较关注实证的研究。主观感知在承诺的基础上建立起来的相互义务是心理契约的概念的本质上的特征，从两种界定中可以体现出来。

（二）心理契约的结构

心理契约庞杂繁多，仅仅说其内容，就会有成百上千个条目，全部罗列非常麻烦，亦没有大的意义。同时，一些存在于心理契约中的新内容比例越来越大，如灵活性、工作的丰富化、自我管理要求等。学者们为了得到更具有普遍意义的心理契约维度，主要辩证了心理契约的概念方面，同时在内容方面也做出了归纳及提取因素。

Rousseau（1995）将129名MBA毕业的学生作为研究对象，在调查心理契约的同时，采用典型性的相关分析的统计方法，研究出了心理契约的责任及其归纳，其中包括7项属于雇主方面的责任以及8项属于雇员的责任，并抽掉了两对典型的变量。其中一对变量主要反映关于雇员付出的加班等职责以外的工作等此类代价，以其代价换取组织给予的高额的薪酬、培训的机会和职业的发展，这是在经济交换的基础上的契约关系，命名为"交易契约"；另一对变量是反映雇员以付出长时间的工作、高工作忠诚度和工作内部调整自愿接受为代价，以其交换时间较长的工作保障，将这种在社会情感基础上的契约关系，命名为"关系契约"。

Rousseua 和 Tiojrimalai（2006）也进行了针对性的实证研究，研究对象为美国的注册护士。结果显示，心理契约分为三个维度，即团队成员维度、交易维度和关系维度。交易维度即组织给予员工物质及经济的利益，而员工负责完成工作任务；关系维度即员工与组织共同关注双方的长期而又稳定的关系以及促进双方的发展；团队成员维度即员工与组织对于良好的人际和关系方面的关注。Lee 与 Tinslye（2008）定义员工心理契约为三个因素构成，即交易因素、关系因素与团队成员因素，其研究成果是基于对我国的香港特别行政区以及美国的某些工作团队进行研究后产生的。

从以上各学者的讨论中可得出，目前关于心理契约维度的研究，仍没有一致论证。对于不同国家的不同社会文化和企业员工特点，总体的环境中的外在差异也会给结论带来影响。

二 离职倾向的定义及影响因素

（一）离职倾向的定义

Simon 和 March（1958）的观点是：离职倾向指的是由于种种原因，一个人想要放弃一份目前的工作，去寻求发展其他的工作机会的一种意向。Aizen 和 Fishbein（1973）提出了行为的前因变量是行为意图，他们所创立的流失模型表现出了比较强的预测能力，这种预测能力建立在用离职倾向进行预测流失行为的基础之上，他的思想是和态度变量所导致的离职倾向相一致的，最后才导致了离职行为。Steers 和 Porter（1973）认为"离职倾向"是指员工经历了对工作不满意以后的退缩行为。Mobley（1977）的观点是如果员工有了离职的念头是经历了对工作不满意之后所做的决定行为，当员工有了离职的倾向之后，离职的念头也会随之产生，在经历了对工作进行评估之后，接下来的步骤就是实际的离职行为。他认为离职倾向是工作人员如果在工作了一段时间后，经过长时间的考虑，最后决定离开这个工作的地方。Meyer 和 Tett（1993）、Spector 和 Carsten（1987）的观点是通过一系列认知后，这是要离职最后的一个阶段，经过这个阶段之后就会想去寻求一份新的工作，通过这个行为很能预测离职行为是否发生。Knight 与 Seal（1996）的观点是当要去招聘以及后来培训新员工，都需要比较大的成本来支持。当需要临时的替代者时，会带来许多的不便，在一些优秀的员工发生流失时，直接导致了在为其寻找新的人选时，影响了培训，进而影响了功效，现在的组织对撤出行为越来越关注了。

通过对离职倾向进行研究我们可以看到这对离职行为的实际研究很有特殊意义。国外虽有许多关于离职方面的研究，但是大都采用离职倾向这个概念，即以离职倾向作为员工离职行为的直接变量，研究了雇员流失的原因之后，离职行为是离职倾向的直接预测变量。

（二）离职倾向的影响因素

Morrow 与 Muchinsky（1980）的观点是，有三个方面的原因能够造成离职，这三个方面包括：经济的机会因素、工作的相关因素、个人的因素。Mowday 与 Steers（1994）在对"员工在离职的过程模型"进行研究的时候提出，经济因素、工作机会、市场条件还有自身的个体差异性等都能反映出员工是对企业怎样的态度，之后才让员工有了离职的倾向，最终才有了离职行为的产生。Zeffane（2009）的观点是下面的几个维度影响着离职倾向：员工的个体影响因素、外部影响因素、制度影响因素，以及员工对投入、期望等的反应。Campion 与 Maertz（2010）将对离职的影响所造成的原因分为八种，他们的离职决策由他们的合力来决定。这八种动机为：组织和个体之间产生的情感；契约：组织与个体之间所产生的期望和责任；对工作机会的备择；组织成员：这是个体和组织内的除了自身之外的其他个体或者是和团队间所做的承诺；规范，即把自己的期望试图用于来实现对家人以及朋友之间的期望；谋算，即对有利于去实现个人的目标与价值进行选择组织；惯性，这和离职的显性与隐性的成本有直接的关系；道德，离职让个体产生了价值观。上述八种强度与方向决定了这种离职的决策类型与结果。研究者的观点是条件性的离职者与冲动性的离职者和有计划性的离职者相比较，他们对组织产生的负面更强，和组织成员相互间关系以及和组织之间契约稍微弱一些，该模型是以往过程

第十二章 民营企业员工心理契约与离职倾向的关系研究

的模型与因果模型的集合体,把离职的原因与离职的行为相互联系在一起。

对员工离职倾向进行研究在我国起步比较晚,我国相对来说较为薄弱,研究还不够深入,大部分的研究为定性研究。定量研究尤为缺乏,因为现在大部分都是从企业因素、个人因素及社会因素等方面来进行分析研究。凌文辁、符益群和方俐洛(2002)指出了有关离职倾向的几个原因:个体因素、工作相关的因素、组织特征因素,以及组织的适应性因素,还有外部的环境因素和其他心理过程的相关因素。以更大的角度来看问题,可以将上面所阐述的维度划分为宏观、中观及微观三个维度。刘玲、赵西萍、张长征(2003)的观点是,众多的因素影响着离职的倾向,一般可分为四大类:宏观的经济因素、个体对待工作的态度因素、个体人口的统计变量因素、个人的体征因素。孙海法等(2005)通过大量的调查得出了结论,影响着MBA员工自己离职的三个最主要的因素是:职业的发展需要、个人的成就需要,工作的应激需要。段兴民等(2007)在对因子分析的基础之上得出了影响员工的最主要七个变量,这七个变量分别为:员工的自我发展能力、企业管理的运行机制、非工作的因素、企业文化的内容、工作的性质、外部的环境以及薪资福利待遇。凌文辁等(2009)得到了相似的实验结果,离职的信心、还有外部的环境条件以及组织所支持的因素它们影响着员工的离职调节因素。

从上面研究我们可以得出国内外研究离职倾向的主要影响因素。一是个体的因素,这包括人口的统计学和态度与期望内部心理过程相关的因素;二是组织特征,包括和职位工作的内容有关的因素,以及人际的关系因素、学习和培训因素、传统和公司文化因素等;三是组织和个体适合性的因素,指组织氛围与个体的偏好氛围之间适合性原则,求职者会在道德氛围、价值观、个性等方面去评判组织对他是否有适合性;另外,还有其他的外部环境,包括组织去外地工作的机会、劳动力的市场状况,还有就业形势。

第三节 民营企业员工心理契约与离职倾向的关系模型构建

一 心理契约与离职倾向关系研究

很多专家对员工的心理契约与相关变量之间的关系做实证研究，以验证员工离职与心理契约的关系。Freese 与 Schalk（1994）调查了荷兰的 328 名被实验者，总体上发现，员工感知到的"员工对工作与组织的承诺随着感知水平的提高而提高，员工离职的意向则随着组织责任水平提高而降低"。另外，发现在心理契约中的"个人发展的机会"这方面中，兼职员工和全职员工存在着差异，在心理契约中的"社会交往"这方面中，女员工存在着显著的差异。

Guzzo、Noonan 与 Elron（1994）的研究中发现，心理契约的违背，与较低的组织承诺、较高的离职率之间存在显著的正相关。Robinson（1996）与其同事分别在不同研究中均发现一点，即员工对于其心理契约的违背的认知和不良的员工行为呈现正相关关系。

Wade-Benzoni、Rousseau（2008）也进行了一项研究，他们调取美国一所高校中的 170 名博士生及其 46 名导师并研究其心理契约关系。发现员工心理契约与其工作的质量及双方满意程度有关。在大多成分为关系型的心理契约之中，工作质量与两方的满意度都比较高，工作质量与两方的满意度则在大多成分为交易型的心理契约中都较低。

Tumley 和 Feldman（2000）发现心理契约的违背跟雇员呼吁及渎职行为呈正相关显著，而跟退出及忠诚度的减少呈正相关高度显著，此结论是基于心理契约的违背对于 EVLN 模式的行为反应影响的研究基础之上的。

陈加洲（2001）在结构方程的基础上进行研究，并得到心理契约里包含的不同方面的关于相关变量之影响力是不同的。具体地说，绩效水平、工作的满意度及组织承诺受的积极影响，而"组织的现实责任"对离职意愿则有消极影响；"组织的发展责任"只影响到了工作满意度；绩效水平与离职意愿主要受"员工的现实责任"影响，而组织承诺及离职意愿主要受"员工发展责任"影响。

李原（2005）验证了对于中国的员工来说，用三维结构来描述心理契约更加合理，他的研究是以"交易—关系—团队成员"契约模式为基础展开的，该理论是由 Rousseau 提出的，并对企业的员工进行了调查。指出组织中的"人际责任"和"规范责任"在离职倾向、组织的满意感与情感承诺三个维度上具有显著的预测力，"发展责任"则对工作满意度有着较为显著的预测力。

赵慧军（2004）教授在对北京中关村科技园区的某些企业进行实证研究的基础上，在个体对未来心理预期以及已有态度上集中了将组织变量、个人变量以及外部环境变量互相作用的结果，并讨论研究了以上心理预期与态度对离职意愿产生的协同作用。

戴金珠（2010）也同样验证了三维结构在我国的合理性，她对我国的 IT 企业的员工心理契约进行了调查研究，描述了我国 IT 企业员工的心理契约的现实情况，经研究获知，"组织责任"和员工对于工作产生的压力、离职倾向有着很明显的负向相关关系。

王路和王林雪（2011）以应届的毕业生身份的员工为对象研究离职问题，将变量的心理契约加入其中，并做了实证研究。研究结果为应届的毕业生身份的员工的心理契约的违背和离职倾向之间为正相关关系，应届毕业生离职倾向的显著程度随心理契约违背程度的提高而提高。同时，有半数的被研究者意见一致，认为心理契约违背的主要责任应由企业来担负，员工对于心理契约违背上的感知以及员工出现离职的倾向均显著地受员工在心理契约上归因不同的影响。

王玉梅和丛庆（2011）证实了饭店的知识型员工存在的一种现象，即心理契约的违背的现象，在针对饭店知识型员工而进行的实证研究基础上进一步提出，心理契约的违背感不仅会直接影响其离职的意图，而且对离职意图的构建有间接的作用。

在心理契约和员工离职的研究中我们可以发现，员工的离职倾向和心理契约的关系问题受国内许多专家关注，并有大量实证研究。但是相关研究多数是无针对性地研究所有行业中的所有员工，关于知识型员工和饭店员工的一些相关研究也只是在近几年才陆续出现。但是国内学者却都很少涉及专门针对民营企业员工离职倾向与心理契约之间的关系的此类研究，而本研究也正是尝试就这一方面来进行探索性的研究。

二 民营企业员工心理契约与离职倾向关系的假设

H1：不同人口统计变量的民营企业员工在心理契约的感受上存在差异。

（1）H1a：不同性别的民营企业员工在心理契约的感受上有显著差异；

（2）H1b：不同婚姻情况的民营企业员工在心理契约的感受上有显著差异；

（3）H1c：不同年龄的民营企业员工在心理契约的感受上有显著差异；

（4）H1d：不同学历的民营企业员工在心理契约的感受上有显著差异；

（5）H1e：不同进入公司年限的民营企业员工在心理契约的感受上有显著差异；

（6）H1f：不同公司规模的民营企业员工在心理契约的感受上有显著差异。

H2：不同人口统计变量的民营企业员工在离职倾向上存在差异。

（1）H2a：不同性别的民营企业员工在离职倾向上有显著差异；

（2）H2b：不同婚姻状况的民营企业员工在离职倾向上有显著差异；

（3）H2c：不同年龄的民营企业员工在离职倾向上有显著差异；

（4）H2d：不同学历的民营企业员工在离职倾向上有显著差异；

（5）H2e：不同进入公司年限的民营企业员工在离职倾向上有显著差异；

（6）H2f：不同公司规模的民营企业员工在离职倾向上有显著差异。

H3：民营企业员工的心理契约与离职倾向之间具有显著的相关性。

（1）H3a：民营企业员工的整体心理契约与整体离职倾向之间具有显著的相关性；

（2）H3b：民营企业员工的心理契约各维度与离职倾向各维度之间具有显著的相关性；

（3）H3c：民营企业员工心理契约的各维度与整体离职倾向之间具有显著的相关性。

H4：民营企业员工的心理契约对离职倾向具有预测力。

（1）H4a：民营企业员工的整体心理契约对整体离职倾向具有预测力；

（2）H4b：民营企业员工的心理契约各维度对整体离职倾向具有预测力。

第四节 实证分析

一 问卷设计及内容

有效的信度和效度水平对于量表相当重要，为使量表达到标准，本研究在翻阅相关的文献基础之上，充分参考在学术界中常用的心理契约量表、离职倾向量表，并参照国内的学者对量表的修正和设计，最终形成了本研究所使用的量表。并在设计问卷的过程中，结合了我国的民营企业员工的实际情况，对题项仔细考虑、慎重删减。形成初始量表后，从北京几家民营企业随机抽取60名员工填答问卷用作预测问卷，并进行信度和效度检验，删除信度与效度低的题项，最终形成了本研究的正式问卷。

（一）样本基本情况调查表

量表包含6个部分：性别、婚姻状况、年龄、学历、进入本公司的工作年限、所在公司的规模。

（二）心理契约量表

笔者收集了大量国内外相关研究中所使用的问卷作为参考，借鉴

员工的积极行为强化与消极行为抑制机制研究

了国内外比较具有代表性和全面性的心理契约量表及问卷，并结合了我国的民营企业中员工的基本工作境况，对本研究问卷进行了严密筛选和慎重剔除之后，最终问卷包括21个题项，共三个维度。其中交易维度有5个题项，平衡维度有8个题项，关系维度有8个题项。

量表采用"李克特五点尺度法"计分，根据员工认同程度大小分为："根本没有""很小""一般""很大""非常大"五种情况，得分依次为：1、2、3、4、5，得分越高即表示员工的心理契约的实现程度越高。

（三）离职倾向量表

该问卷的主要作用即调查我国民营企业的员工在接下来的工作时间中是否有离职的愿望。国外专家经典的离职倾向方面的问卷是本研究量表题项中所参考最多的，该量表已经达到信度水平。问卷前6个问题主要调查民营企业员工的满意倾向，后3个问题则主要调查民营企业员工的离职倾向。

量表采取"李克特五点尺度法"的方法计分，分为"根本没有""很小""一般""很大""非常大"五种情况，得分分别为：1、2、3、4、5。量表前6个题项所得分值越低，代表离职的可能性越高，所得分值越高，代表离职的可能性越低。最后3个题项与之相反，所得分值越低，代表离职的可能性越低，反之，代表离职的可能性越高。

二 研究样本选择与数据收集

本次调查的研究对象来自北京、山东、福建、广西等地的民营企业员工。采用纸质版问卷及网络版问卷共两种方式同时进行。共发放问卷170份，回收161份，扣除10份无效问卷，有效问卷为151份，有效回收率为84%。以笔者亲自调查走访来回收的纸质版问卷为本研究调查所用的主要问卷，网络问卷只占一小部分。为了保护被调查者的隐私权，企业与个人隐私信息不会出现于本研究中。

本次调查选取北京、山东、福建、广西等地的民营企业员工作为研究对象，共发放问卷170份，回收161份，扣除10份无效问卷，有效回收率为84%。纵观样本，在性别方面，男性占了39.7%，女

第十二章 民营企业员工心理契约与离职倾向的关系研究

性占了60.3%,男性占少数;婚姻状况方面,未婚的调查者有61人,占40.4%,已婚的则有90人,占59.6%;年龄方面,26—35岁的人数最多,占了总数的46.4%,其次是25岁及以下,占35.8%;在人数的分布题项上,从26—35岁这个区间开始,随着被调查者年龄的增长,其所占总数的比例随之下降,这说明民营企业的员工流动率较高,这使得民营企业的员工的年龄结构相对比较年轻;在受教育程度上,大专及以下、本科的人数最多,分别占总数的51.7%、40.0%,一共占据总数的91.7%,硕士、博士及以上学历共占总数的5.3%,可见少数为高学历者(硕士、博士及以上),学历专科或本科的被调查者为主流,这也从侧面说明了民营企业对学历的要求不是很高,因此企业对于员工的选择性较高以及员工跳槽的机会相对较多;在进入公司工作年限的分布方面,在现有公司工作仅不到一年的占24.5%,工作了2—4年的占41.1%,工作了5—7年的占19.9%,而在同一家公司工作了8年以上的人数仅占14.6%。以上数据反映出民营企业员工离职率较高,在工作2—4年后跳槽是大多数员工的选择。在本研究的调查中,公司规模为30人以下的占29.8%,公司规模为30—99人的占23.8%,公司规模为100—199人的占11.9%,公司规模为200—299人的占5.3%,公司规模为300人以上的占29.1%,可见本研究样本涉及各类规模的民营企业,可以说,本研究在各类规模的民营企业中具有一定的代表性。

为了防止由于类别变量水平数值的样本观察值差距过大,在进行相关参数统计检验中产生结果偏误,在此将人数较少的组别加以合并。具体来说,将"46—55岁""56岁及以上"两个组别并入"36—45岁"这个组,并命名为"36岁及以上"组;将受教育程度中的"硕士""博士及以上"两个组并入"本科"组,并命名为"本科及以上"组。将公司规模中的"200—299人"组并入"100—199"组,命名为"100—299"组。

三 量表的信度与效度分析

信度代表量表的一致性或者稳定性。在社会科学领域中有关类似李克特量表的信度估计,采用最多的是克隆巴赫(Cronbach's α)系数,克隆巴赫α系数又称内部一致性α系数。

表12-1为"心理契约量表"交易维度部分5题内部α系数,其值为0.863,表示交易维度部分5题的内部一致性较好。

表12-1　　　　　　　　交易维度可靠性统计量

Cronbach's α	N of Items
0.863	5

表12-2为"心理契约量表"平衡维度部分8题内部α系数,其值为0.911,表示平衡维度部分5题的内部一致性非常好。

表12-2　　　　　　　　平衡维度可靠性统计量

Cronbach's α	N of Items
0.911	8

表12-3为"心理契约量表"关系维度部分8题内部α系数,其值为0.917,表示关系维度部分5题的内部一致性非常好。

表12-3　　　　　　　　关系维度可靠性统计量

Cronbach's α	N of Items
0.917	8

表12-4为"离职倾向量表"满意倾向部分6题内部α系数,其值为0.919,表示满意倾向部分5题的内部一致性非常好。

表12-4　　　　　　　　满意倾向可靠性统计量

Cronbach's α	N of Items
0.919	6

第十二章　民营企业员工心理契约与离职倾向的关系研究

表 12-5 为"离职倾向量表"离职倾向部分 5 题内部 α 系数，其值为 0.877，表示离职倾向部分 5 题的内部一致性非常好。

表 12-5　　　　　　　　离职倾向可靠性统计量

Cronbach's α	N of Items
0.877	3

效度是指能够测到该量表所想要测得心理或行为特质到何种程度。效度主要分为内容效度、效标关联效度、构建效度三种，本研究效度检验主要指构建效度检验，检验构建效度的最常用的方法为因素分析，本研究也沿用此方法测量表的效度。

做因素分析之前应进行 KMO 检验和 Bartlett's 球形检验，根据 Kaiser（1974）的观点，KMO 指标介于 0—1 之间，0.5 以下表示极不适合；0.5—0.6 表示不太适合；0.6—0.7 表示勉强适合；0.7—0.8 表示适合；0.8—0.9 表示很适合；0.9 以上表示非常适合。KMO 的值大于 0.6 时，才适合作因子分析。

如表 12-6 所示，心理契约量表的 KMO 值为 0.929，说明该量表非常适合做因素分析，此处的显著性概率值 $p = 0.000 < 0.5$，拒绝虚无假设，接近相关矩阵是单元矩阵的假设，代表总体的相关矩阵间有共同因素存在，适合进行因素分析。

表 12-6　　　　心理契约量表 KMO 值与 Bartlett's 检验结果

Kaiser-Meyer-Olkin Measure of Sampling Adequacy.		0.929
Bartlett's Test of Sphericity	Approx. Chi-Square	2426.983
	df	210
	Sig.	0.000

如表 12-7 所示，心理契约量表的 KMO 值为 0.856，说明该量表适合做因素分析，此处的显著性概率值 $p = 0.000 < 0.5$，拒绝虚无假设，接近相关矩阵是单元矩阵的假设，代表总体的相关矩阵间有共同

因素存在,也说明适合进行因素分析。

表 12 – 7　离职倾向量表 KMO 值与 Bartlett's 检验结果

Kaiser-Meyer-Olkin Measure of Sampling Adequacy.		0.856
Bartlett's Test of Sphericity	Approx. Chi-Square	855.300
	df	36
	Sig.	0.000

如表 12 – 8 所示,从心理契约量表转轴后的成分矩阵可以发现,量表基本符合三个共同因素的划分。交易维度 5 题符合共同因素 1;平衡维度 8 题中除"目前的工作对自身具有一定的挑战性"这一题项落入共同因素 3 外,其余题项都符合问卷原始划分的共同因素 2;关系维度 8 题符合共同因素 3。

表 12 – 8　心理契约量表转轴后成分矩阵

	Component		
	1	2	3
获得了公平、公正的工资额	0.831	0.174	0.181
获得了与个人付出相比等价的奖金	0.722	0.236	0.325
付出的代价与获得的报酬和同事比基本公平	0.677	0.337	0.131
企业为我提供了涨薪水的机会	0.676	0.118	0.235
企业为我提供了完整的福利待遇	0.638	0.315	0.471
企业提供培训和学习的机会	0.337	0.892	0.251
企业提供宽广的职业发展空间	0.118	0.799	0.455
企业提供晋升的机会	0.315	0.607	0.293
企业能让我发挥自己的专长,学有所用	0.325	0.536	0.391
我在工作中拥有较高的自主权	0.235	0.617	0.022
我在工作中能学到新的技能技巧	0.471	0.608	0.387
我在工作中有明确的目标和方向	0.251	0.603	0.465
企业提供友好团结的工作氛围	0.241	0.401	0.892

第十二章　民营企业员工心理契约与离职倾向的关系研究

续表

	Component		
	1	2	3
企业提供长期稳定的工作保障	0.231	0.022	0.799
企业提供充分的工作资源	0.416	0.387	0.607
目前的工作对自身具有一定的挑战性	0.131	0.401	0.622
企业公平地对待员工	0.334	0.536	0.536
我在工作中得到上级的支持和指导	0.416	0.468	0.511
我在工作中得到上级的尊重和信任	0.194	0.122	0.859
企业关心员工的个人情感和生活	0.331	0.159	0.760
企业认可员工的成就	0.214	0.428	0.654

如表12-9所示，从心理契约量表转轴后的成分矩阵可以发现，量表非常符合问卷原始两个共同因素的划分。满意倾向6题符合共同因素1；离职倾向3题符合共同因素3。

表12-9　　　　　　心理契约量表转轴后成分矩阵

	Component	
	1	2
您对现在工作岗位的满意度如何	0.901	-0.095
您对企业给您的综合待遇的满意度如何	0.874	0.049
您从工作中得到的成就感如何	0.857	-0.095
您对这份工作的期望满足程度如何	0.850	-0.044
您认为目前工作对于您的适合程度如何	0.827	0.162
您认为目前工作对您职业生涯发展的有利程度如何	0.752	-0.220
您目前其他工作机会情况如何	-0.086	0.892
您改变目前的工作状态的可能性如何	0.294	0.804
您目前寻找其他工作的可能性如何	-0.363	0.781

四　心理契约与离职倾向的积差相关分析

本章利用积差相关分析来研究心理契约与离职倾向之间的相关程

度。积差相关方法由统计学家 K. Pearson 创建,用于研究变量之间的关联性程度,相关系数值为正,则表示两个变量正相关,为负则表示负相关,为 0 则表示不相关,相关系数值介于 -1—+1 之间。相关系数值的绝对值越大,表明变量间的关联性越强。当相关系数绝对值 $r<0.40$ 时,代表低度相关;当 $0.40<r<0.70$ 时,代表中度相关;当 $r>0.70$ 时,代表高度相关。

由于满意倾向相对离职倾向来说为反向题,因此先进行反向计分,再进行积差相关分析。如表 12-10 所示,心理契约与离职倾向的相关系数值为 -0.664,显著性概率值 $p=0.000<0.05$,可见心理契约与离职倾向之间存在显著负相关,即当心理契约的感受增强时,离职倾向逐渐下降;当心理契约的感受减弱时,离职倾向逐渐上升。H3a 成立。

表 12-10　　整体心理契约与整体离职倾向积差相关分析表

		整体心理契约	整体离职倾向
整体心理契约	Pearson Correlation	1	-0.664
	Sig. (2-tailed)		0
	N	151	151
整体离职倾向	Pearson Correlation	-0.664	1
	Sig. (2-tailed)	0	
	N	151	151

从表 12-11 中可得出心理契约各维度与离职倾向各维度的积差相关分析结果。

表中各显著性概率值 p 全都为 0.000,皆小于 0.05。因此心理契约各维度与离职倾向各维度均显著相关,其中相关系数值的绝对值最大的是平衡维度与满意倾向,相关系数达到 0.802,呈高度相关。而相关系数值最小的是平衡维度与离职倾向,相关系数值为 -0.247,为低度相关。

交易维度、发展维度、关系维度与满意倾向的积差相关系数绝对值分别为 0.686、0.802、0.715,除交易维度与满意倾向为中度相关

第十二章 民营企业员工心理契约与离职倾向的关系研究

外,其余均为高度相关。

三个维度与离职倾向的积差相关系数绝对值分别为 0.360、0.247、0.339,均为低度相关。

从上面的分析中,我们可以得知心理契约各维度与离职倾向各维度都呈显著相关,所以我们得出结论:H3b 成立。

表 12-11　心理契约各维度与离职倾向各维度积差相关分析表

		满意倾向	离职倾向
交易维度	Pearson Correlation	0.686	-0.360
	Sig. (2-tailed)	0.000	0.000
	N	151	151
平衡维度	Pearson Correlation	0.802	-0.247
	Sig. (2-tailed)	0.000	0.000
	N	151	151
关系维度	Pearson Correlation	0.715	-0.339
	Sig. (2-tailed)	0.000	0.000
	N	151	151

由于满意倾向相对离职倾向来说为反向题,同样在此先进行反向计分,再进行积差相关分析。如表 12-12 所示,交易维度、平衡维度和关系维度与整体离职倾向均为负相关,积差相关系数绝对值分别为 0.582、0.661、0.598,均为中度相关。说明当员工在心理契约各维度的感受越高时,离职倾向越低;反之亦然。从以上分析可以得出:H3c 成立。

表 12-12　心理契约各维度与整体离职倾向积差相关分析表

		整体离职倾向
交易维度	Pearson Correlation	-0.582
	Sig. (2-tailed)	0.000
	N	151

续表

		整体离职倾向
平衡维度	Pearson Correlation	-0.661
	Sig. (2-tailed)	0.000
	N	151
关系维度	Pearson Correlation	-0.598
	Sig. (2-tailed)	0.000
	N	151

五 心理契约与离职倾向的回归分析

本研究回归分析指直线回归分析,其主要目的在于描述、解释和预测,直线回归分析分为简单直线回归分析与复回归分析或多元线性回归分析,简单直线回归分析只探讨一个自变量对一个因变量的影响。复回归分析是研究多个自变量对因变量的预测力,其旨在找出一个自变量的回归方程式,以能简洁说明自变量与因变量之间的关系,在回归模型中哪些自变量对因变量的预测力较大。应用复回归时,所分析的数据必须符合正态性、因变量的各个观察值独立、各自变量之间没有多元共线性关系。

如表12-13所示,DW统计量数值为1.749,与2非常接近,表示残差项间无自我相关,因此因变量各个观察值是独立的,满足直线回归的条件。表中回归系数显著性检验 p 值为0.000,小于0.05,说明整体心理契约与整体离职倾向存在线性关系,Beta值为-0.664,说明整体心理契约对整体离职倾向的影响是负向的,Beta值的绝对值较高为0.664,说明整体心理契约对整体离职倾向有显著的影响和较高的预测力。

标准回归方程式为整体离职倾向 = -0.664 × 整体心理契约;

回归方程式为整体离职倾向 = 4.524 - 0.664 × 整体心理契约。

因此,H4a成立。

表 12 – 13　　整体心理契约对整体离职倾向回归系数表

Model		Durbin-Watson	Unstandardized Coefficients		Standardized Coefficients	t	Sig.
			B	Std. Error	Beta		
1	(Constant)	1.749	4.524	0.161		28.115	0.000
	整体心理契约		-0.531	0.049	-0.664	-10.835	0.000

第五节　讨论与未来研究展望

一　结论

本章在综合心理契约和离职倾向的相关理论、概念以及国内外研究成果的基础上，以民营企业员工为调查对象，搜集了大量的数据，探讨了不同个体变量在心理契约以及离职倾向上的差异，心理契约与离职倾向的相关性，以及心理契约对离职倾向的影响力。具体研究结果如表 12 – 14 所示。

表 12 – 14　　　　　　　　　研究结果

研究假设	研究结论	验证结果
H1a：不同性别的民营企业员工在心理契约的感受上有显著差异	不同性别的民营企业员工在整体心理契约及其各维度的感受上不存在显著差异	不成立
H1b：不同婚姻情况的民营企业员工在心理契约的感受上有显著差异	不同婚姻情况的民营企业员工在整体心理契约及其各维度的感受上不存在显著差异	不成立
H1c：不同年龄的民营企业员工在心理契约的感受上有显著差异	不同年龄的民营企业员工在整体心理契约及其各维度的感受上不存在显著差异	不成立
H1d：不同学历的民营企业员工在心理契约的感受上有显著差异	不同学历的民营企业员工在平衡维度的感受上存在显著差异，在心理契约交易维度、关系维度以及整体心理契约上并不存在显著差异	部分成立
H1e：不同进入公司年限的民营企业员工在心理契约的感受上有显著差异	不同进入公司年限的民营企业员工在整体心理契约及其各维度的感受上不存在显著差异	不成立

续表

研究假设	研究结论	验证结果
H1f：不同公司规模的民营企业员工在心理契约的感受上有显著差异	不同公司规模的民营企业员工在整体心理契约及其各维度的感受上不存在显著差异	不成立
H2a：不同性别的民营企业员工在离职倾向上有显著差异	不同性别的民营企业员工在离职倾向和整体离职倾向的感受上存在显著差异，在满意倾向上不存在显著差异	大部分成立
H2b：不同婚姻状况的民营企业员工在离职倾向上有显著差异	不同婚姻状况的民营企业员工在离职倾向的感受上存在显著差异，在满意倾向和整体离职倾向上不存在显著差异	部分成立
H2c：不同年龄的民营企业员工在离职倾向上有显著差异	不同年龄的民营企业员工在离职倾向的感受上存在显著差异，在满意倾向和整体离职倾向上不存在显著差异	部分成立
H2d：不同学历的民营企业员工在离职倾向上有显著差异	不同学历的民营企业员工在整体离职倾向及其各维度的感受上不存在显著差异	不成立
H2e：不同进入公司年限的民营企业员工在离职倾向上有显著差异	不同进入公司年限的民营企业员工在整体离职倾向及其各维度的感受上不存在显著差异	不成立
H2f：不同公司规模的民营企业员工在离职倾向上有显著差异	不同公司规模的民营企业员工在整体离职倾向及其各维度的感受上不存在显著差异	不成立
H3a：民营企业员工的整体心理契约与整体离职倾向之间具有显著的相关性	民营企业员工的整体心理契约与整体离职倾向之间具有显著负相关	完全成立
H3b：民营企业员工的心理契约各维度与离职倾向各维度	民营企业员工的心理契约各维度与满意倾向具有显著正相关，而与离职倾向具有显著负相关	完全成立
H3c：民营企业员工心理契约的各维度与整体离职倾向之间具有显著的相关性	民营企业员工的心理契约各维度与整体离职倾向之间具有显著负相关	完全成立
H4a：民营企业员工的整体心理契约对整体离职倾向具有预测力	民营企业员工的整体心理契约对整体离职倾向具有显著的影响和较强的预测力	完全成立
H4b：民营企业员工的心理契约各维度对整体离职倾向具有预测力	民营企业员工的心理契约各维度对整体离职倾向具有显著的影响和较强的预测力	完全成立

第十二章 民营企业员工心理契约与离职倾向的关系研究

通过实证分析，本章的结论主要可以归纳为以下几点。

第一，本章使用的心理契约量表和离职倾向量表都具有很好的信度和效度。

第二，通过 SPSS 进行差异性分析发现，性别不同的民营企业员工在离职倾向和整体离职倾向的感受上存在显著差异；婚姻状况不同的民营企业员工在离职倾向的感受上存在显著差异；年龄不同的民营企业员工在离职倾向的感受上存在显著差异；受教育程度不同的民营企业员工在平衡维度的感受上存在显著差异；进入所在公司的时间和公司规模不同的民营企业员工在心理契约和离职倾向整体及其各维度上都不存在显著差异。

第三，通过使用 SPSS 进行相关性分析发现，心理契约整体及其各维度与整体的离职倾向存在着显著的负相关关系。心理契约各维度与满意倾向存在显著正相关，与离职倾向存在显著负相关，其中发展维度和关系维度与满意倾向呈现为高度正相关。

第四，整体心理契约与整体离职倾向存在负向的线性关系，且整体心理契约对整体离职倾向有显著的影响和较高的预测力，其中平衡维度的影响力和预测力最大。

通过以上结论可以进一步发现，我国民营企业员工的心理契约得分大致处于中等水平，说明民营企业并没有将员工的心理契约管理作为人力资源管理领域急需重视的问题。

通过差异性分析可发现，男性民营企业员工在离职倾向和整体离职倾向上的感受要高于女性员工，男性员工离职的意愿较女性更为强烈，这可能源于女性相对男性来说希望稳定的心理更为明显，而男性对良好职业生涯的愿望更加强烈，因此男性在民营企业中离职倾向更高；未婚民营企业员工在离职倾向上的感受要高于已婚的员工，说明未婚员工离职的意愿较已婚员工更为强烈，单身员工在选择工作或取舍跳槽时可以排除婚姻对意向的影响和束缚，因此离职的可能性也会更高，这进一步解释了为何大多数企业较为倾向于招聘已婚人员作为员工；由数据分析可知 25 岁及以下员工和 26—35 岁的员工对于离职倾向的感知明显高于 36 岁及以上的员工。岁数较大的员工工作较为稳定，离职的意愿较年轻的员工小许多；较高学历的员工较低学历的员工规划性更强，更重视民营企业是否给予他们更好的学习培训计划、发展空间以及职业生涯规划等；进入所在公司的时间和公司规模这两项上对心理契约和离职倾向的影响不大。

从实证研究的数据分析得知，平衡维度与整体离职倾向的相关程度最高，相关系数值为 -0.661，其与满意倾向的相关系数更是达到 0.802，达高度相关，而且 Beta 值为 -0.473，也是三个维度中最高的，说明心理契约中的平衡维度对于离职倾向的影响力最大，特别是其对员工满意度的影响，在民营企业人力资源管理过程中应得到长足重视。关系维度与整体离职倾向的相关程度颇高，相关系数值为 -0.598，与满意倾向的相关系数也很高，为 0.715，呈高度相关，Beta 值为 -0.180，说明心理契约中的关系维度对于离职倾向的影响也是比较大的，对于员工满意度的影响也很明显。这就要求管理者应及时与员工进行沟通交流，还应加强人文主义企业文化建设，增加员工对企业的认同感。从交易维度与离职倾向的数据看，其与整体离职倾向呈中度相关，相关系数值为 -0.582，与满意倾向的相关系数颇高，为 0.686，呈高度相关，Beta 值为 -0.180，说明心理契约中的关系维度对于离职倾向具有一定的影响，对于员工满意度的影响也比较明显。这就要求民营企业建立公平合理的薪酬福利制度，降低其对员工离职倾向的负面影响。

二 未来研究展望

（一）研究不足

为了方便实证研究，本章采用的心理契约定义是 Rousseau（1990）提出的狭义心理契约定义。这一定义为实证研究带来了方便，也被广泛采用。但以狭义心理契约定义为视角，研究中缺乏组织视角会导致研究的误差。且由于研究时间及资源的限制，在量表的编制上，本章虽然在参照前人心理契约量表的基础上按照实际情况进行了修整，但必然还会存在不足之处。

本章在人口统计变量方面，只研究了六种变量外在因素对心理契

第十二章 民营企业员工心理契约与离职倾向的关系研究

约和离职倾向的影响,并没有将性格、个人特质等内在因素纳入研究体系,而且被调查者填答问卷时的态度及对问卷的理解程度各不相同,以上均会影响研究的精确性。

由于时间、精力与资源的关系,样本数量不是很大,有效问卷仅有 151 份,且样本基本来自北京、山东、福建、广西等地的民营企业,样本的来源够广泛,因此实证研究的结果可能不具备较好的普遍性和适用性。

(二)研究展望

组织与员工之间的相互关系会影响到契约发展,因此,在心理契约领域中还有必要补充组织视角的研究;针对不同国度、地域,量表的编制应具有一定的针对性,特别是我国民营企业的相关研究,应编制符合中国文化的量表。因此对于这些不足之处,仍需后续研究者进一步地补充、改进。

后续研究应加入不同性格、特质等变量对于心理契约和离职倾向的影响,并尽量减少态度与理解力对研究产生的误差。

本次研究的地域范围较为局限,因而样本数据所反映的问题相对具有地域性,因此后续研究者可以增加不同地域样本的来源,在其他省市的民营企业员工中抽取样本,以使研究更具普遍性。

第六节 结语

本章在综合国内外关于心理契约和离职倾向的相关理论和现状的基础上,以各地具有较高离职率的民营企业员工作为研究对象,在前人编制的量表基础上结合我国现状制作、发放并回收了本章的问卷,并运用软件 SPSS 对调查数据进行了实证分析。

主要研究结论如下:

(1)本章使用的心理契约量表和离职倾向量表都具有很好的信度和效度。

(2)通过 SPSS 进行差异性分析发现,性别不同的民营企业员工在离职倾向和整体离职倾向的感受上存在显著差异;婚姻状况不同的民营企业员工在离职倾向的感受上存在显著差异；年龄不同的民营企业员工在离职倾向的感受上存在显著差异；受教育程度不同的民营企业员工在平衡维度的感受上存在显著差异；进入所在公司的时间和公司规模不同的民营企业员工在心理契约和离职倾向整体及其各维度上，都不存在显著差异。

（3）通过使用SPSS进行相关性分析发现，心理契约整体及其各维度与整体离职倾向存在着显著的负相关关系。

（4）心理契约整体及其各维度与整体离职倾向存在线性关系，且对整体离职倾向的影响是负向的。心理契约整体及其各维度对整体离职倾向有显著的影响和较高的预测力。

根据研究结论，笔者提出以下管理建议：重视并帮助员工进行职业生涯规划及个人提升；建立以人为本的企业文化，巩固员工的心理契约；建立公平合理的薪酬福利制度。

第十三章 基于社会网络视角的员工流动影响研究

第一节 问题提出

在21世纪这样知识经济的时代，科技的进步与发展是一个社会的进步与发展。在科技发展的大环境下，企业的核心竞争力也依赖于科技与创新。为实施创新，企业需要寻求外部知识、信息和资源获取竞争优势。企业与企业间，企业与其他机构间的合作网络关系成为创新活动的重要表现形式。而任何科技创新的载体都是"人"，所以，在当今社会任何竞争归根结底都是"人"的竞争。员工作为企业的软资产，已成为企业发展的第一推动力，企业只有管理好自己的资产，才能将其价值转变为企业的有效竞争力。

员工的社会网络对员工行为有很大影响，所以，随着企业专业化程度越来越高，社会网络的关注度也越来越高。在经济全球化、信息渗透化的背景下，企业依靠灵活的市场机制在人力资源配置过程中不断取得效益的同时，也面临着新的危机——企业员工频繁流动。纵观人员流动的相关研究，大都从经济学和管理学视角出发，在员工流动的分类、影响因素乃至解决方法方面均有相关成果，但在总结前人研究的基础上，笔者选择社会网络视角对员工的流动进行研究。

众所周知，企业员工的纵向内部流动和横向外部流动均为特别普遍的现象，维持恰当的流动率可以给企业持续创造新的活力。当企业员工流动不在科学范围内并且不符合公司的期望水平时会造成企业资源流失，降低企业工作者的归属感和忠诚度，从而危害企业的发展。

所以，解决这类高频率问题不仅对学术研究有重要意义，还可以真正找出企业此类问题所在，为寻找实际解决办法奠定基础。

第二节 理论基础

一 社会网络理论

建立在社会学学科、心理学学科和经济学学科基础之上的网络理论与外部经济理论及组织之间协调理论共同发展成为企业竞争优势理论的基石。通过对相关文献进行学习和梳理，社会网络理论的研究大致包括：社会资本理论、结构洞理论和强弱关系理论等。

（一）社会资本理论

在不同的文献中，由于所关注的社会行动者不同，其社会网络必然也不相同，所建构社会资本的概念也就不相同，但核心均为"来源于社会网络关系的资本"（Son & Lin，2008）。社会网络既是社会资本存在的前提也存在于社会资本中。归纳现有文献，由于各个科学研究领域的视角不同，关于社会资本的概念界定至今未能达成共识，主要有以下几种代表性的观点。

社会资源观。法国社会学家 Bourdieu（1986）认为，社会资本是那些现实或潜在资源的混合体，和群体中成员的身份有关；Adler 和 Kwon（2002）则认为社会资本作为存在社会结构中的资源，体现成员身份、网络和个体联系，可以促进人力资源和物质资源的增值。除以上观点外，对社会资本概念表述、指标测量等做出巨大贡献的是 Lin Nan（1999），其也是资源观的代表人物，他认为社会资本是嵌入于一种结构中在有目的的行动中摄取的资源，不为个人所占有。他们的观点均属于社会资源观即社会资本是各种资源的集合体，并且持久地占有大家共同熟悉的一种体制化关系网络。

摄取能力观。Portes（1998）认为社会资本是个人通过其成员身份，在其所处的网络或更宽泛的社会结构中获取稀缺资源的个人能力，我国学者朱国宏（1999）指出，"社会资本是行为个体在自己的关系网络及更广阔的社会结构获取稀有资源的能力"。个人获取资源

第十三章 基于社会网络视角的员工流动影响研究

的能力不是固有的,而是一种嵌入的结果。所以,将社会资本定义为个体获取稀缺社会资源的能力。

社会规范观。众多学者中最具影响的是 James Coleman (1988),他认为社会资本是社会组织的某种特征,是存在于社会结构中人与人关系的规则、信任、制度等,可以促进成员间的交流与合作。即社会资本存在于人际关系结构之中,只有当关系网络中所有的参与者共同行动时才能表现出来,是物质资本和人力资本不可取代的,因为其不仅不依附于独立的个人,也不存在于物质生产过程中。社会资本表现为信息网络、义务与期望、规范和有效惩罚、权威关系等。

社会价值观。该观点的代表者 Fukuyama (1999) 认为,社会资本是全体社会成员间共享的非正式价值观念、规范等无形但存在于人们潜意识中的思想类的东西,这些思想观念不但可以促进他们之间的互相合作,而且在全体成员均采取可靠、诚实的行动的时候,信任还可能逐步地提升,最后这些社会资本就会像润滑剂一样使人、群体或组织高效地运作。

市场中资源各式各样,形成的社会资本也不同,个体在行动与结构互动中应该理性选择合适的资源进行区别利用。所以,综上所述,本章认为可以将社会资本看作促进社会行动者合作的一种生产性资源,其中的网络、关系、信任、规范等是社会资本的核心构成要素。其结构如图 13-1 所示。

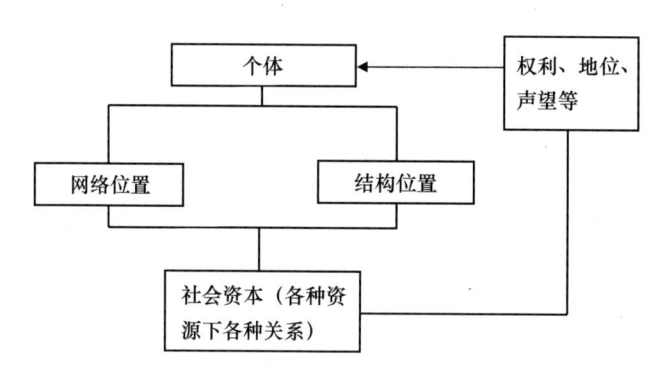

图 13-1 社会资本结构

(二) 结构洞理论

美国社会学家 Ronald Burt (1992) 在《结构洞：竞争的社会结构》一书中首次明确提出了"结构洞"(Structural Holes)这一概念。他认为网络类型有两种：一类是网络中的每个成员间都有联结关系，整个网络就称为"无洞"结构。另一类是网络中某个体(ego)和其他个体(alters)间发生联系，但不发生直接联系即与该个体无联结关系，这就形成了一个"结构洞"。具体如图 13-2 所示。

图 13-2 结构洞形成

Burt 认为，在结构洞网络中，将两个无直接联系起来的第三者拥有信息优势和控制优势。因此，结构洞中第三者为保持其自身的优势所在，将尽力不让另外两者轻易联系，这样才能掌握他人不可能拥有的资源和信息。所以，结构洞理论的出现使得网络中的个体或组织有强烈的抢占最佳位置的意识，从而使自身网络达到最优化以轻易获取有利资源。

(三) 强弱关系理论

Granovetter、Burt 等学者在开放网络视角下的社会资本研究中具有代表性，Granovetter (1973) 在《美国社会学杂志》发表的《弱关系的力量》一文中提到，社会关系就是人与人、组织与组织、人与组织在接触交流等过程中实际形成并合理存在的一种纽带关系。Granovetter 首次提出了"关系力量"这个概念，他认为关系可以划分为两大类：强关系和弱关系。

具体理论内容是，强弱关系在个体之间、组织之间和个体与组织之间建立起纽带关系，发挥不同作用，创造更多、更便捷的局部桥梁有效传递信息。而真正能够高效传递信息的桥梁应该是弱关系，弱关系使得个体之间、组织之间、人与组织之间建立了亲密且强有力的纽带联系。基于多维尺度分析，可以描述网络联结的强度等来确定整个网络的联通性和凝聚性。Granovetter 选取互动频率、亲密程度、感情力量、互惠互换四个维度作为关系强弱测量依据，互动频率较低、亲密程度较浅、感情力量较弱、互惠互换较少的弱关系，比之强关系更能打破跨越时间、空间的限制，从而高效获取信息和资源，同时有效降低这些信息和资源的重复性和冗杂性。具体如表 13-1 所示。

表 13-1　　　　　　　　　　　强弱关系维度测量

	强关系	弱关系
互动频率	较高	较低
亲密程度	较深	较浅
感情力量	较强	较弱
互惠互换	较多	较少

实际上，强弱关系在组织活动中均重要，但二者的优势各有侧重点。强联结理论关注知识的可获取性，保证知识被充分理解利用；而弱联结理论关注搜寻与发现相关的信息与知识等资源，为新知识的获取提供了有效途径。

综上所述，社会网络理论的基本原则就是认为任何个体均存在于一个社会网络之中（Wasserman & Faust，1994）。网络是由节点（行为主体）数量和各节点间的连线（行动者间的关系）组成的集合，用点和线来表达网络是社会网络的形式化界定。而个体间因互动而形成的相对稳定的关系体系即社会关系网络，关注的是人们之间的互动和联系，以及对社会行为的影响。

二　员工流动管理理论

为保证企业人力资源的可汲取性，从社会资本研究视角出发，学者们认为对员工流动即人力资源流入、内部流动和流出进行管理的过程，实则为规划、调控、重组的过程。对组织来说不仅可以满足现有的人力资源需要,还能满足对未来的人力资源规划需求。对员工而言,企业员工流动管理在一定程度上也能满足组织个体在工作中的自我成长需要。所以,我们通常将行为个体流动归类为三种表现形式,分别为:流进组织、组织内部间变动和流出组织。

(一)员工流动管理的目标

就组织而言,对员工流动存在不断管控的期望:(1)不仅保证企业在现在发展中的人员供给,同时也确保未来的发展人才汲取;(2)使员工感到的企业所提供的岗位晋升渠道与其职业生涯发展规划相一致;(3)使员工产生较强的企业归属感和工作安全感,不为不可控因素所控制从而具有较高的企业忠诚度;(4)将选人、安置、晋升和解雇等员工管理制度公开公平化,从而使员工对企业有较高信任度;(5)以最低可能的工资寻找最适合企业的员工,即达到经济用人最大化。

(二)员工流动管理的视角

对企业员工而言,在员工流动管理中主要存在两种形式:一种是员工由在脑海中形成的潜在选择进入到真实环境中的现实选择而形成的流动,主要表现为员工将原先产生的流动念头落实到实际行动中;另一种是员工迫于现实状况需要再选择全新的岗位而引起的流动,主要表现为员工因某种现实原因而需要重新选择岗位,即使新岗位的薪酬待遇等并不比原岗位高。

从社会角度出发,在员工流动管理中,因员工价值观转变而导致的员工流动比比皆是,比如新时代的员工更注重企业文化、企业核心价值观、企业所能给予的归属感等,而不再盲目地追求薪酬待遇。由此而产生的员工流动便是鉴于员工价值观转变这样一个社会角度而发生的。

外部机构影响力度加大。从社会角度出发,各个职业机构作为社会的一分子,若员工所在的机构未发生显著变化而其他外部机构的影响力却在不断增强,此时员工在对比之下便会产生流动的臆想并将之落实到实际行动中。

政府以立法和行政手段对组织施加影响。从社会角度出发,政府干预也颇为重要，能对组织中的成员行为产生一定的影响。例如，政府出台某项政策干预某行业原先的管理模式，此时员工便会作出相应的反应，流动行为便是其中最直接的一种。如果某组织被某项新政策束缚，员工便会产生流出行为；反之，便会产生流入行为。

三 心理契约理论

（一）心理契约的概念

著名的霍桑实验是心理契约的起源，梅奥发现员工归属感、公平度及有效管理等均影响着生产率的提高。从此，人们开始关注内部心理方面对管理的影响，心理契约研究全新启航。随后各个组织行为学家与心理学家等开始致力于心理契约的探索，已寻找出其对员工行为的影响。

心理契约的狭义概念最早产生于20世纪80年代，1989年Rousseau指出心理契约是个体在心中建立起的一种主观信念以便与第三方建立互惠交换等联系，在双方交往中作为互信的基石，在心理契约关系中组织主要提供氛围与依据，对其个人认识并无影响。与之观点相对立的主要为Herriot等，他们则觉得心理契约是企业、雇员在互换双方意愿时彼此的感知。虽然各家众说纷纭，但最终达成共识：心理契约是在交易双方心理上形成的一种交换期望。

我国学者李原和郭德俊（2002）通过进一步研究，发现心理契约是区别于期望的。众所周知，未达到预期时将导致失望情绪，但未兑现心理契约时主要导致愤怒情绪及后续消极行为发生。这一概念的提出，为心理契约的研究开辟了全新的领域。本研究认为，心理契约实则为员工内心的一种心理认知即雇员对自身及其组织应履行义务的认知。由于在企业与员工关系中，员工常处于弱势和被动地位，需通过努力工作以博得组织承诺的回应。本研究从企业的角度对员工流动问题进行了研究，充分了解了企业所形成的社会网络对员工组织承诺的影响，集中分析了组织对个体履行的义务即组织承诺。

（二）心理契约的结构

1985年Mac Neil首次对心理契约的结构进行定义，提出交易契约和关系契约二维结构,得到众多学者的肯定。其主要含义为以经济交换(如薪资福利、工作环境等)为基础的交易型契约和以情感交换(如关怀、尊重等)为基础的关系型契约。后来,Rousseau 和 Tijorinala 在"交易—关系"二维结构基础上提出三维结构,认为心理契约除了包含交易维度和关系维度,还包含团队成员维度。基于前人的研究,在中国文化背景下,学者李原和郭德俊认为三维结构有:发展型责任、人际型责任和规范型责任。

由此可见,心理契约已经为社会网络奠定了基础,心理契约维度中人际型责任与社会网络中关系维度在本质上所表述的是一致的,而规范型责任与认知维度也是同根同源。心理契约对员工流动的影响研究已成体系,但是社会网络对员工流动的影响还存在很多需要开辟的领域。所以,本研究借助早有的理论基础,从另一个角度社会学对员工流动进行研究。不仅可以参照前人的相关研究成果,还可以参考其研究方法进行研究,得出相关的新的研究成果。

(三)基于社会网络视角的员工流动关系理论分析

社会网络系统性理论是将考察置于网络中的个体的行为,个体间强弱联系不同,导致组织分配网络中的稀缺资源也不同,但须遵循社会网络的相关要求。关于员工流动的行为研究一般基于组织管理理论,但这种研究视角未将个体行为转化为组织行为进行研究和理论诠释是其最大的弊端所在,而基于社会网络视角的员工流动行为影响研究不仅可以弥补其缺憾,而且开拓了新的研究领域。

通过以上对文献综述的学习和理论基础的奠定,笔者详细地考察了对网络维度界定的分析和员工流动分类的界定,为本研究选取相关的社会网络维度作为研究视角的出发点,分别考察其对员工不同流动行为的影响,从而得出员工流动的组织行为特征受哪些社会网络因素影响。为下一章节假设模型的建立做准备。

四 社会网络的内涵与构成维度

(一)社会网络的内涵

通过对社会网络相关概念进行学习,我们知道社会网络的研究对象即社会网络的结构。相较于其他结构而言，社会网络结构有其特性所在，其关注点是"人"，网络结构的组成元素。所以，在社会网络中"关系"即"人与人之间的关系"尤为重要性，"人"有其特有的社会性，需遵循一定的"社会行为"来限定网络运作机制。因此，社会网络是指组织与组织、个人与个人、组织与个人之间因正式与非正式的互动形成的网络联结，这些个体间的纽带关系是客观存在的社会结构，这个社会就是一个大系统，相互交错或平行的网络充斥在这个结构中，并且这些纽带关系在一定程度上影响了人类的社会行动和社会行为。

（二）社会网络的构成维度

1. 网络规模

对社会关系的分类，边燕杰（2001）认为"亲属关系"中包括配偶、父母、子女等其他有血缘关系的亲人，"朋友关系"则包括同事、同学、朋友等，另外老板、生意伙伴、房东等因工作或生活需要所接触到的统称为"相识关系"。姚俊（2009）认为网络规模通常指各种渠道所交往的人数（包括亲戚、朋友等）。本研究中将网络规模定义为员工所认识和有来往的亲戚原先固有的关系网络，以及朋友、同学、同事等因工作和生活所需等新结识的全新关系。简而言之，社会网络规模的大小主要取决于行为个体原先固有的网络规模，如父母等亲属关系大小，以及后来因工作生活需要所结识的如朋友、同事、同学等相识关系大小。

2. 网络中心性

网络中心性旨在描述网络特定行动者与他人互动的集中情形，是社会网络研究的一个非常重要的指标。本研究中将网络中心性定义为行动者在社会网络中区别于其他成员的位置或地位，主要考量程度中心性、中介中心性和接近中心性中的程度中心性。程度中心性可分为其他人因行动者网络位置所在而与其发生联结数量的内向程度（in-Degree）中心性与行动者选择与网络其他成员发生联结的外向程度（out-Degree）中心性。本研究将在前人研究的基础上选择与其相关联的中心程度概念作为员工内外社会网络的中心性的判断依据，具体表现为因网络中心度来对员工内外社会网络产生联结的可能的评估。

3. 网络异质性

众所周知，异质的社会网络中的信息可以保证不重复，而不重复的情况主要取决于网络中节点数量的多少和节点属性，高异质性网络不光在信息传输上有互补性，在知识学习方面也可提供互补。当网络节点不同时，借此可获得更多的不重复信息。所以，当创业者所处社会网络具有较高异质性时，可获得更多有商业价值的情报（Burt，1992）。本研究将网络异质性定义为鉴于网络节点数量和节点属性而能获得的不同信息的数量，主要表现为在社会网络中与行动者有联系的不同属性网络节点数量。

4. 网络关系强度

本研究将关系强度定义为员工与内外社会网络成员联系的频繁程度和情感的依赖程度。Granovetter（1974）指出可以从"互动时间、密切程度、情感强度、互惠行动"四个方面对网络关系强度进行考察。学者 Burt（1992）也提出关系强度的两大指标，即联系的密切程度和感情的亲密程度。所以，本研究综合考虑前人的相关定义，将关系强度定义为行动者与有联结节点互动的频繁程度以及与联结节点的接近程度。

5. 网络认知强度

本研究综合前人对认知强度的见解，将社会网络认知强度定义为有效的沟通交流、共同的价值观、共同的目标及共同的行为准则四大方面，具体表现为处于社会网络中的行为个体能否与其他人员进行有效的沟通，组织中的个体是否具有共同的价值观、共同的目标，以及行动者是否能够遵循企业共同的行为准则。

第三节 基于社会网络视角的员工流动关系理论分析

一 社会网络与员工流动关系分析

（一）社会网络结构性三要素对员工流动的影响

1. 社会网络规模对员工流动的影响

网络规模（Network Size）是指个体所处网络中网络节点的数量

及与主体建立联系的网络节点联结数量。其中，网络节点的数量，指员工所处网络中与其有直接关系的节点的数量，通俗言之即该员工所认识的人的多少；而网络节点联结数量，是指在网络中与其发生直接或间接联系的联结的数量。通过对网络节点数量或联结数量进行分析，可以从宏观上了解社会网络的规模。一般情况下，网络节点数量或联结数量越多，员工拥有的社会网络越庞大，就有了更多与人接触、获取信息的能力。

社会网络规模是指员工在所处的社会网络中与自己有联系的网络行动者的数量。网络规模分内部社会网络规模（即在企业内部与员工以各种形式交往的行动者数量）和外部社会网络规模（即在企业外部与员工以各种形式交往的行动者数量）两大类，而员工流动则分为员工的企业内部流动（即晋升、轮岗等）和员工的企业外部流动（即进去新的公司的流动）。总而言之，网络规模的大小和组织个体获得相关消息和资源的能力是正相关的。

网络规模作为网络节点和关系的载体，是社会网络的重要指标之一，它决定了员工作为行动者时所结识的节点的数量，即有可能给其提供有利消息的数量。已有研究者 Granovetter（1973）研究得出，行为个体通常依托其所处的社会网络来获取符合自我需求的信息。边燕杰（2004）则将社会资本定义为社会网络关系，个人的社会网络关系越多则资本存量越大。由此可知，网络规模的大小会影响其中的行动者获取资源和信息的能力。所以，本研究认为，社会网络规模越大，处在网络中的员工越容易获得促使其发生流动行为的信息，从而越可能发生员工流动行为，反之越不可能。

2. 社会网络中心度对员工流动的影响

网络中心度是指网络中个体在其与其他个体间保持联结范围中的位置，处于结构洞位置的人具有较高的网络中心度，即拥有结构洞优势的人，较易获取大量非冗余信息，同时还具有保持信息、控制信息两大优势。所以，拥有较高中心度的个体越容易抢占网络结构洞的位置，为自己获得最佳信息提供了一定的基础保障。

社会网络中心度一般描述在社会网络中行动者所处的位置，以及和其他成员的关系和地位。处于网络中心位置的员工，可以很好地联系网络中的其他成员，通过其优势的中心位置可以方便快捷地获得其他成员的信息，并且成为其他成员交换信息的中介和桥梁，在网络中起着非常重要的作用。

员工作为行动者的网络中心度越高，和其他众多成员的联系越便利，从其他成员那儿获取相关信息越容易。从前人的相关研究中，Powell（2006）则认为网络中心度可以提高行为个体的名誉和威信，从而提升个体在网络中的可信度，获取信息资源的机会也就更多。我国学者边燕杰则将社会资本归类为行为个体自我创造的网络，最终表现为所能使用的嵌入其中的资源。因此，处在社会网络中心位置的个体，与网络中的成员有更多的直接联系，且可以较便捷迅速地获取其他网络成员所具有的信息资源，从而有利于行动者筛选出对自己有用的相关信息，促使其流动行为发生。所以，本研究认为，社会网络中心度越高，处在网络中的员工越容易获得促使其发生流动行为的信息，从而越可能发生员工流动行为，反之越不可能。

3. 社会网络异质性对员工流动的影响

网络异质性其实包括两方面：个人所属网络的同质性理论与异质性理论。同质性理论中行为个体大都倾向于与具有同类特性的人接触，特别是在情感性关系中表现尤为突出（Blau, 1977; Ibarra, 1992）。异质性理论是描述行为个体所拓展的社会网络是非重复性的，与之联结的个体来自不同的群体或处于不同的阶层，因为异质性理论认为，新知识和资源通常来源于外部群体的行动者。

本研究中社会网络异质性是指个体具有不同年龄、职业、行业等的比例，所占比重的多少决定了行为个体网络异质性的高低。网络异质性保证了员工所处社会网络中节点的多元性，从而行动者获取岗位信息也具有多元性。而员工发生流动行为时，可能流向不同的岗位，所以，高网络异质性的员工越容易获得其他岗位的信息，从而对新的

第十三章　基于社会网络视角的员工流动影响研究

岗位的选择就越多。

前人的相关研究均表明，网络异质性高的员工拥有不同的信息渠道，可以获得不同的岗位信息，为员工流动行为的多元性提供了保障，所以，社会网络异质性对员工流动行为的发生有重要影响。

综上所述，本研究的社会网络结构维度有三大视角，这三大研究视角从全面立体的角度对社会网络结构的情况有很好的阐述，保证了实证研究的可查性和360度全面性，网络结构的三大研究视角如图13-3所示。

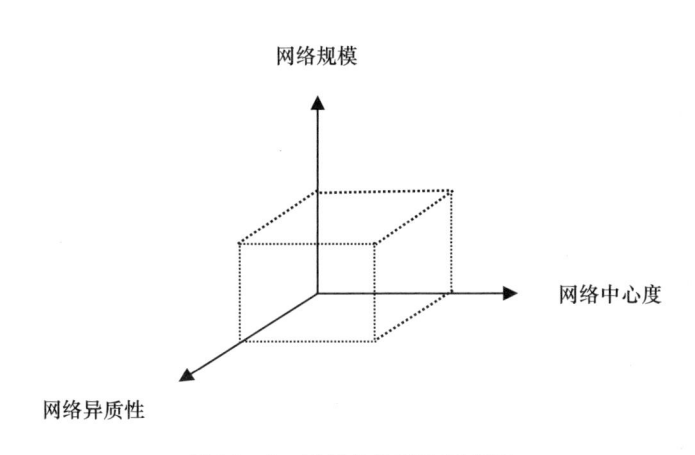

图13-3　网络结构研究视角图

（二）社会网络关系性要素对员工流动的影响

为了区分结构维度和关系维度，我们参照Granovetter（1992）对结构性嵌入和关系性嵌入的讨论。结构性嵌入主要描述了联系存在与否、联系对象、联系情况。而关系型嵌入则描述了人们通过以往交往形成个人关系的类型。在关系性嵌入中，经济行动者所面对的主要的社会因素是对各种规则性的期望、互惠交换等；在结构性嵌入中，经济参与者会拓宽自己的网络结构，与更多的行动者发生行为关系。如此广泛的社会结构针对既定的交互关系提出详细的规定性预期，可以很好地防止有悖个体间互惠互利的行为发生。

网络关系是指产生于关系并通过关系产生作用的资源，主要包括信任、道德规范、义务、期望及认可。若行为主体具有相同网络结构并占据同等位置，但其个人情感联系不同，那么他们在一些重要方面的影响表现也是不同的。也就是说，强联结使得主体相互之间或者有着频繁交流，或者有着强烈的感情依附，使得双方会为对方利益投入更多的时间和努力。而弱联结则使得主体间的互动较弱，没有强烈的情感依附，双方也不会为彼此的利益投入多少时间。且强弱联结关系对组织行为的影响在不同的社会背景下是不同的，需根据具体的情况而定。

已有研究学者中，国外学者 Granovetter（1973）认为关系强度是关注所交换的资源数量和组织间接触频率的函数。他采用互动频率、亲密程度、情感力量和互惠性四个维度测量网络联系的强度。而 Granovetter（1992）对关系嵌入的讨论可知，关系型嵌入描述了人们通过以往的交往而形成的个人关系的类型。并且发现弱关系更能传递新鲜的信息和资源，从而在工作机会信息的获取上，弱关系更能使得行动者获得很好的岗位信息。但我国学者边燕杰从中国的具体情况出发，发现在中国强关系在工作寻找中更能体现其作用。所以边燕杰（1998）特别强调在中国背景下，在求职过程中人际关系越强的行动者越容易获得较好的职位。例如，行为主体在同一结构网络中所处位置相同时，其人情强弱不同，他们的求职倾向也是不同的。行为主体由于同事间的良好合作关系对公司保持高忠诚度，而忽视其他高收入的企业吸引。

（三）社会网络认知性要素对员工流动的影响

网络认知可以定义为以下几种：群体间共享的语言、标识和文化等，而认知维度还应包含社会个体间的共享意义体系，大都在组织文化等领域中展开。语言和标识是交互关系的基石，是互换消息的手段。在有共同认知的组织中，个体间彼此获取信息较易，反之，交互信息较难。而共享的价值观可以促使人们进入同一组织中，人们希望跟与自己有相同价值理念的人一起工作，这样可以减少工作中的冲突。据以上分析可知，本研究认为强认知在员工流动行为中起着更为

第十三章　基于社会网络视角的员工流动影响研究

重要的作用，员工在发生流动行为的时候更倾向于有共同认知的亲戚、朋友提供的岗位信息，反之，有较好的岗位信息时，也倾向于告知与自己有共同认知的个体。

综上所述，基于社会网络的员工流动影响因素研究所选取的研究视角如图 13-4 所示。

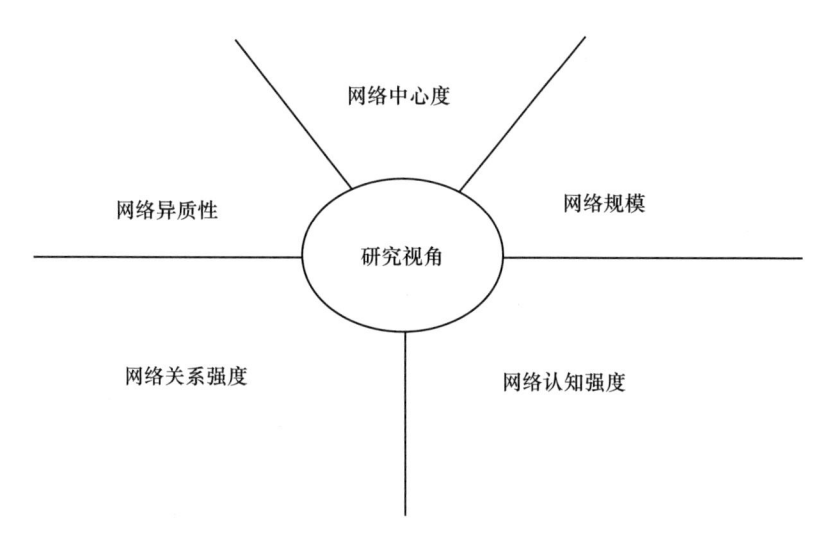

图 13-4　网络研究视角图

二　研究假设的提出

社会网络是员工流动的载体，员工所处的社会网络对员工流动有影响作用，进行基于社会网络的员工流动影响研究有利于剖析出社会网络特质对个体变动的影响。从而，社会个体的组织变动行为有了有利的参照性。

基于以上的分析，本研究将从社会网络的结构、关系和认知三大研究视角出发，用五个属性表示社会网络维度，其中结构视角有网络规模、中心性、异质性，关系视角为关系强度，认知视角则为认知强度。最后基于本研究设定的假设建立研究模型，以更好地探析二者间的关系及影响方式。

基于上述理论分析，第一，本研究认为，员工所处的网络的规模

299

为员工流动行为提供了信息获取的基础，员工获得相关信息后，便会有相应的流动行为。网络规模越大，网络中的节点数量越多，行动者越容易获得相关信息。因此，本研究基于网络规模与员工流动影响的研究作出下列假设：

H1：社会网络规模对员工流动正向影响，即网络规模越大，员工流动越容易，反之则不易；

H1a：外部社会网络规模对员工外部流动有积极影响；

H1b：外部社会网络规模对员工内部流动有积极影响；

H1c：内部社会网络规模对员工外部流动有积极影响；

H1d：内部社会网络规模对员工内部流动有积极影响。

第二，本研究认为，员工在所处社会网络中的中心度为员工获得有利相关信息发生流动行为提供了便利，员工获得相关信息后，便会有相应的流动行为。员工所处的社会网络中心度越高，行动者越容易获得相关信息。因此，本研究基于社会网络中心度对员工流动影响的研究中作出下列假设：

H2：社会网络的中心度对员工流动正向影响，即网络中心度越高，员工流动越容易，反之则不易；

H2a：外部社会网络中心性对员工外部流动有积极影响；

H2b：外部社会网络中心性对员工内部流动有积极影响；

H2c：内部社会网络中心性对员工外部流动有积极影响；

H2d：内部社会网络中心性对员工内部流动有积极影响。

第三，本研究认为，员工在所处社会网络中的异质性为员工流动行为的发生提供了各种信息渠道，员工获得相关信息后，便会有相应的流动行为。员工所处的社会网络异质性越大，行动者越容易获得不同信息。因此，本研究基于社会网络异质性对员工流动影响的研究作出下列假设：

H3：社会网络异质性对员工流动正向影响，即网络异质性越高，员工流动越容易，反之则不易；

H3a：外部社会网络异质性对员工外部流动有积极影响；

H3b：外部社会网络异质性对员工内部流动有积极影响；

H3c：内部社会网络异质性对员工外部流动有积极影响；

H3d：内部社会网络异质性对员工内部流动有积极影响。

第四，本研究认为，员工在所处社会网络中的关系强度为员工流动行为的发生提供了有利保障，员工所处的社会网络关系强度越密切，行动者对获得相关信息越信任，流动行为越容易发生。综上所述，本研究作出以下假设：

H4：社会网络的关系强度对员工流动正向影响；

H4a：外部社会网络关系强度对员工外部流动有积极影响；

H4b：外部社会网络关系强度对员工内部流动有积极影响；

H4c：内部社会网络关系强度对员工外部流动有积极影响；

H4d：内部社会网络关系强度对员工内部流动有积极影响。

第五，本研究认为，员工在所处社会网络中的认知强度为员工流动行为的发生提供了有利驱动，认知强度越强，员工获得相关信息后发生流动欲望较强烈。所以，本研究提出以下假设：

H5：社会网络的认知强度对员工流动正向影响；

H5a：外部社会网络认知强度对员工外部流动有积极影响；

H5b：外部社会网络认知强度对员工内部流动有积极影响；

H5c：内部社会网络认知强度对员工外部流动有积极影响；

H5d：内部社会网络认知强度对员工内部流动有积极影响。

综上所述，本研究假设为基于五大研究维度的20个研究假设。

三 研究模型的构建

根据前文提出的研究概念模型，本研究选取员工所在的内外部社会网络为自变量，以员工报酬福利及流动次数为因变量，通过SPSS对问卷调查所收集数据检验自变量对因变量的影响程度。为保证研究的可信度同时选取调查对象的文化程度、就职时间、成长地点是否为工作所在地为控制变量。据此建立本研究假设模型如图13-5所示。

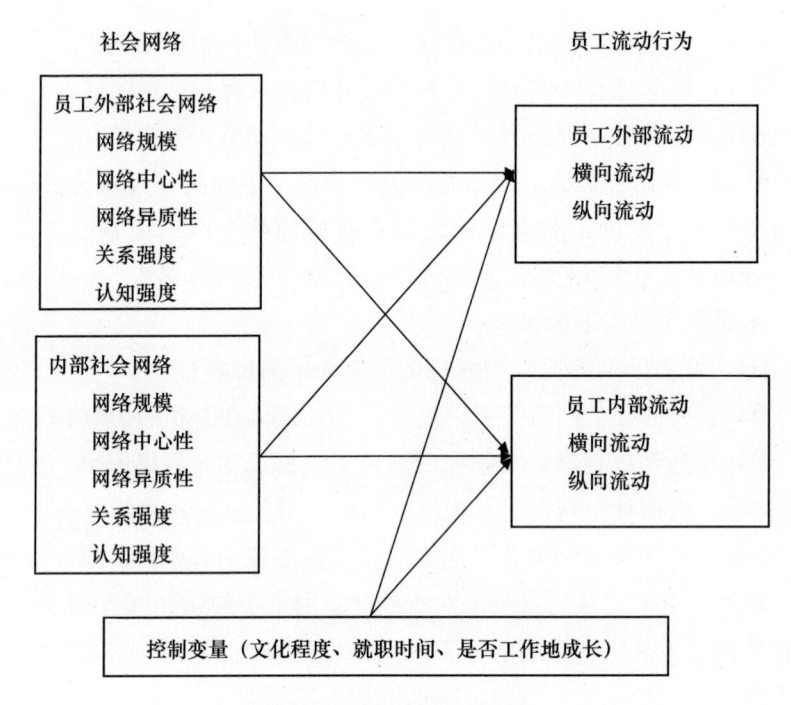

```
        社会网络                              员工流动行为

┌─────────────────────┐              ┌─────────────────┐
│ 员工外部社会网络     │              │ 员工外部流动     │
│   网络规模          │──────┐   ┌──→│   横向流动       │
│   网络中心性        │      │   │   │   纵向流动       │
│   网络异质性        │──────┼───┤   └─────────────────┘
│   关系强度          │      │   │
│   认知强度          │      │   │
└─────────────────────┘      │   │
                             │   │
┌─────────────────────┐      │   │   ┌─────────────────┐
│ 内部社会网络         │      │   │   │ 员工内部流动     │
│   网络规模          │──────┼───┴──→│   横向流动       │
│   网络中心性        │      └──────→│   纵向流动       │
│   网络异质性        │              └─────────────────┘
│   关系强度          │
│   认知强度          │
└─────────────────────┘
           │
           ▼
┌──────────────────────────────────────────┐
│ 控制变量（文化程度、就职时间、是否工作地成长） │
└──────────────────────────────────────────┘
```

图 13-5 研究假设模型

第四节 实证研究

一 实证研究过程设计

（一）问卷设计与修改

在遵循基本问卷设计规则的基础上，根据本研究的设计框架，为本研究定制出初始问卷，共分为两大部分，每部分又包含几个测试内容。

第一部分主要调查研究对象的基本信息。

第二部分主要调查研究对象的社会网络情况，包括员工在企业外部和内部社会网络情况。这一部分的问卷调查题项主要采用了李克特五点量表（从"非常不同意—非常同意"用"1—5"标记），信度在 0.8 之上。

在问卷设计完成后进行实验性发放时，主要对象为学术界的专家和企业人力资源高层。在回收问卷时对调查对象进行回访，主要为能否清楚理解问卷调查题项，同时询问了问卷所得的结论和存在的缺陷，收集了众多珍贵的建议。主要包括：

首先，添加对未发生流动的探索；其次，对其中几个题目进行更改；最后，将员工内外社会网络情况彻底分开进行调查。

（二）变量测度

本研究主要对社会网络的五大研究维度和员工流动两大分类进行测量，将分别按照上述对社会网络维度的定义和员工流动分类来进行相关数据收集。

其中社会网络包括：网络中行为个体的数量来测定网络规模、网络中行为个体的位置测定网络中心度、网络中行为个体是否重复来测定网络异质性、网络中行为个体相互间联系频度来测定网络关系强度，以及网络中行为个体是否具有相同的观念来测定网络认知强度。而员工流动包括：员工在企业内部和企业外部发生流动的情况来测定员工流动。

（三）控制变量选取

国内外相关研究可知，员工流动受多方面因素影响。为保证研究探析特定因素的影响作用，需对另外的变量进行控制，本研究选取就职时间、文化程度、成长地点是否为工作地为控制变量。

二 样本选取与数据收集

鉴于调查分析的基础是通过问卷收集所得的数据，因此数据的真实性和有效性尤为重要，由于本研究的调查对象为在职群体，主要通过以下渠道进行信息收集：一是拜托自己的亲戚、朋友和同学进行问卷的发放和调查，同时请他们帮忙发放，以保证问卷的有效性；二是通过网上发放，通过一些社区或主题群，进行问卷的调查；三是通过和一些企业负责人进行交流，让其在公司内部选择特定的员工调查，更加确保问卷的可靠性及有效性。

本研究主要是对员工网络和员工流动的调查，因此主要调查就职后发生过员工流动的。首先，填写者在有工作单位的基础上有过流动行为，没有流动行为的视为无效；其次，对于不完整和不符合逻辑思维的问卷，均判定无效。具体的发放和回收情况见表13-2。

表13-2　　　　　　　　问卷发放及回收情况

发放方式	发放问卷数	回收问卷数	有效问卷数
委托朋友等	320	292	263
网页	32	32	26
职业经理人	48	48	48
合计	400	366	337

三　样本的描述性统计分析

样本的分布情况主要通过员工的性别、年龄、职业、工作单位性质、工作年限、是否做过推荐等进行指标性分析。

根据数据分析统计可知，在员工性别方面，男女各一半，符合调查要求，如图13-6所示；而在年龄分布上，由数据统计分析图表我们可以看出，在20—30岁之间的员工26—30岁的比较突出，与实际工作流动情况是一致的。具体如图13-7所示。在文化程度上调查对象的文化程度本科和大专占据了很大比例，与当前工作情况相符。具体如图13-8所示。如图13-9所示的工作年限折线图，可知调查人群的分布情况较均匀，除了2—3年的调查者稍多外，基本符合调查的要求。如图13-10所示的所有目标调查人群的岗位类型分布相对较均匀，除了操作类比较稀缺管理类较多外，基本符合调查要求，而操作类较少的原因与操作类员工流动相较管理类不频繁有关。图13-11是单位类型，本次调查民营企业偏多，不过与当前中国企业总体情况还是相符的，而且民营企业员工也是员工流动发生的主力军。图13-12是员工入职之后流动情况的总览，由图可知绝大部分员工都有1—3次的流动经历，与参加工作年限还是相符的。

第十三章 基于社会网络视角的员工流动影响研究

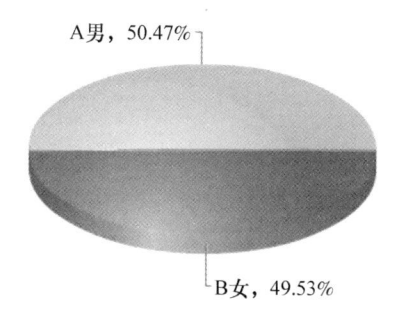

图 13-6 员工性别分布情况

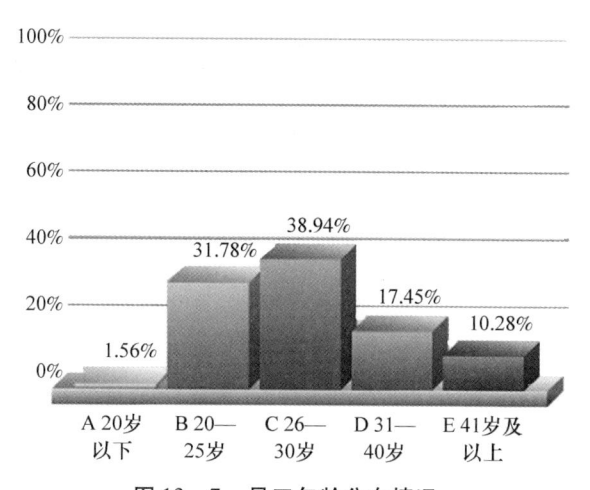

图 13-7 员工年龄分布情况

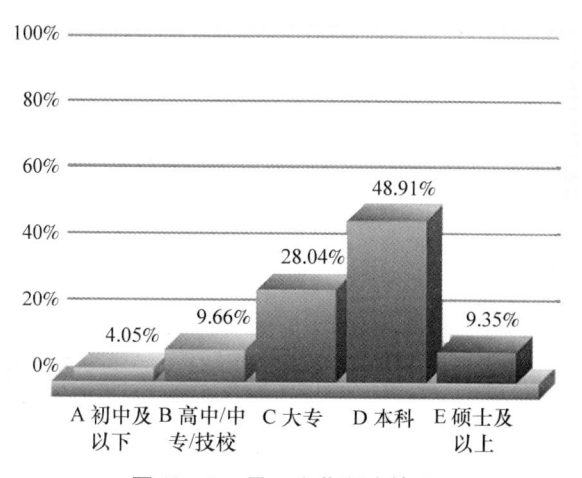

图 13-8 员工文化程度情况

员工的积极行为强化与消极行为抑制机制研究

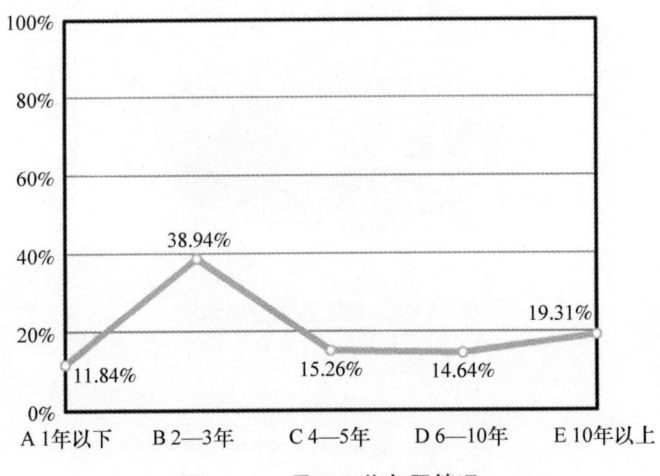

图 13-9 员工工作年限情况

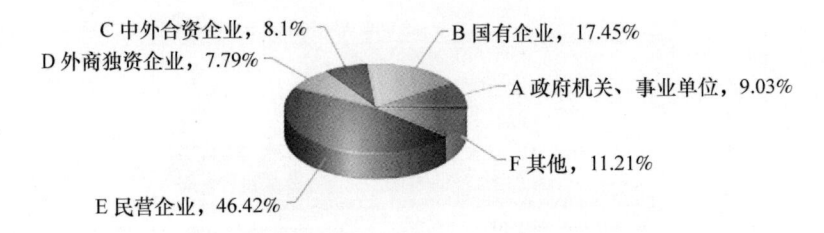

A 1年以下 11.84%
B 2—3年 38.94%
C 4—5年 15.26%
D 6—10年 14.64%
E 10年以上 19.31%

图 13-10 员工岗位类型情况

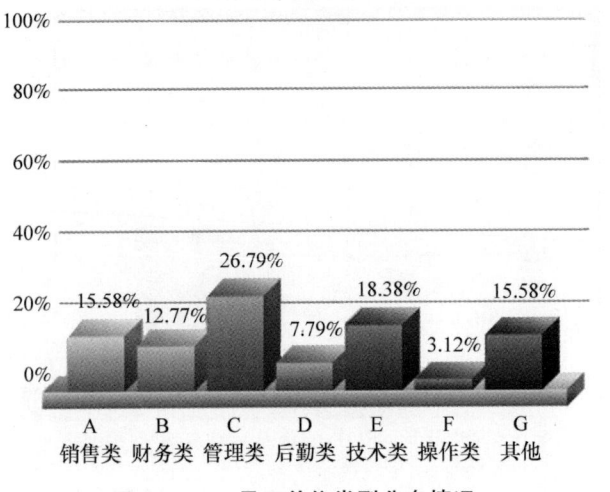

A 政府机关、事业单位，9.03%
B 国有企业，17.45%
C 中外合资企业，8.1%
D 外商独资企业，7.79%
E 民营企业，46.42%
F 其他，11.21%

图 13-11 员工单位类型分布情况

A 销售类 15.58%
B 财务类 12.77%
C 管理类 26.79%
D 后勤类 7.79%
E 技术类 18.38%
F 操作类 3.12%
G 其他 15.58%

第十三章 基于社会网络视角的员工流动影响研究

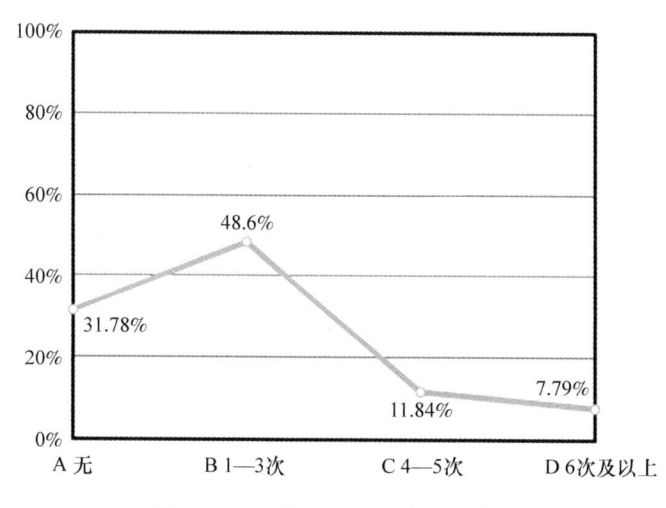

图 13-12 员工入职后的流动情况

四 样本数据的信效度分析

表 13-3 是对外部社会网络中网络规模、网络中心度和网络异质性的 CITC 和信度分析结果。初次测量时，网络中心度 CITC 均大于 0.5，α 系数也均大于 0.7，所以无须删除相关题项。网络规模的测量题项中，GM4 的 CITC 为 0.431，小于 0.5，故删去。删去后 α 系数明显变大，从 0.703 变为 0.727，所以该题项应删除。而网络异质性测量题项中，YZ2 的 CITC 为 0.477，小于 0.5，故删去。删去后，经过相关数据整合特征变量与信度系数均在 0.7 以上，符合要求。

表 13-3 外部社会网络结构性特征变量的 CITC 和信度分析

变量名称	题项编号	最初 CITC	最终 CITC	删除该项的 α 系数	α 系数
网络规模	GM1	0.509		0.627	最初 0.703 最终 0.727
	GM2	0.638		0.477	
	GM4	0.431	删除	—	
网络中心性	ZX2	0.635		0.764	0.810
	ZX4	0.681		0.717	
	ZX6	0.661		0.737	

续表

变量名称	题项编号	最初 CITC	最终 CITC	删除该项的 α 系数	α 系数
网络异质性	YZ2	0.477	删除	—	最初 0.709 最终 0.680
	YZ4	0.599		0.528	
	YZ6	0.509		0.641	

表 13-4 是对外部社会网络关系强度量表的 CITC 和信度分析结果。关系强度 CITC 都大于 0.5，系数大于 0.7，所以无须删除相关题项。因此外部社会网络关系特征变量的量表整体信度系数都大于 0.7，说明量表符合研究的要求。

表 13-4 外部社会网络关系强度特征变量的 CITC 和信度分析

变量名称	题项编号	最初 CITC	最终 CITC	删除该项的 α 系数	α 系数
关系强度	GX1	0.584		0.838	0.842
	GX4	0.703		0.776	
	GX6	0.746		0.768	
	GX8	0.651		0.812	

表 13-5 是对外部社会网络认知特征认知强度量表的 CITC 和信度分析结果。认知强度测量题项中 RZ2 为 0.458，小于 0.5，故删去，删除后 α 系数明显增大，由最初的 0.834 增大为 0.876。调整后整体信度系数都大于 0.7，说明量表符合研究要求。

表 13-5 外部社会网络认知强度特征变量的 CITC 和信度分析

变量名称	题项编号	最初 CITC	最终 CITC	删除该项的 α 系数	α 系数
认知强度	RZ2	0.458	删除	—	最初 0.834 最终 0.876
	RZ4	0.800		0.728	
	RZ6	0.724		0.746	
	RZ8	0.696		0.776	

第十三章 基于社会网络视角的员工流动影响研究

表 13-6 是对内部社会网络结构性特征变量的 CITC 和信度分析结果。中心度 CITC 均在 0.5 以上,且 α 系数在 0.7 以上,无须删除。网络规模中的 GM1 和 GM3 的 CITC 为 0.403,网络异质性中的 YZ5 的 CITC 为 0.412,均小于 0.5,故都删去。删去后 α 系数从 0.693 变为 0.719,调整后的员工外部结构特征变量信度系数都大于 0.7,说明量表符合研究要求。

表 13-6 内部社会网络结构性特征变量的 CITC 和信度分析

变量名称	题项编号	最初 CITC	最终 CITC	删除该项的 α 系数	α 系数
网络规模	GM1	0.403	—	—	0.574
	GM3	0.403	—	—	
网络中心性	ZX1	0.682		0.698	0.810
	ZX3	0.649		0.743	
	ZX5	0.623		0.760	
网络异质性	YZ1	0.517		0.590	最初 0.693 最终 0.719
	YZ3	0.696		0.477	
	YZ5	0.412	删除	—	

表 13-7 是对内部社会网络关系特征关系强度量表的 CITC 和信度分析结果。关系强度 CITC 都大于 0.5,系数大于 0.7,无须删除。因此量表整体信度系数都大于 0.7,说明符合研究的要求。

表 13-7 内部社会网络关系强度特征变量的 CITC 和信度分析

变量名称	题项编号	最初 CITC	最终 CITC	删除该项的 α 系数	α 系数
关系强度	GX2	0.578		0.843	0.844
	GX3	0.758		0.770	
	GX5	0.719		0.784	
	GX7	0.672		0.805	

表 13-8 是对内部社会网络认知强度量表的 CITC 和信度分析结

果。认知强度 CITC 都大于 0.5，系数大于 0.7，无须删除。量表整体信度系数都大于 0.7，说明量表符合研究的要求。

表 13-8　内部社会网络认知强度特征变量的 CITC 和信度分析

变量名称	题项编号	最初 CITC	最终 CITC	删除该项的 α 系数	α 系数
认知强度	RZ1	0.522		0.876	0.847
	RZ3	0.775		0.766	
	RZ5	0.703		0.797	
	RZ7	0.753		0.775	

本研究通过构思效度来判断关于测量题目与学者所探析的理论结果间的统一性，具体又可分为收敛效度和辨别效度。我们将收敛效度判定为是指通过不同题目对某一概念的测量结果的统一性。而辨别效度是基于许多概念的测量题项结果的差异化程度，本研究通过探索性因子检验所得的 KMO 值来对测试题目的辨别效度进行判定。KMO 大于 0.9 非常理想，在 0.8—0.9 之间很理想，在 0.7—0.8 之间较理想，若在 0.5—0.6 之间比较勉强，不超过 0.5 的话就具备辨别效度。

（一）外部社会网络结构特征的因子分析

在进行因子分析前需要净化测试题项，然后继续进行 KMO 充分性测度和 Bartlett 球体样本测度，根据所得值的区间判断因子分析是否具有可操作性，本研究结果见表 13-9，其中 KMO 值为 0.855，在很理想区间里，加之显著性概率为 0.000，表明适合做因子分析。

表 13-9　外部社会网络结构特征的 KMO 和 Bartlett 检验

KMO 和 Bartlett 检验		
取样足够度的 Kaiser-Meyer-Olkin 度量		0.855
Bartlett 的球形度检验	近似卡方	1103.156
	df	36
	Sig.	0.000

第十三章 基于社会网络视角的员工流动影响研究

基于主成分分析方法，本研究通过选取相关因子进行探索性分析，使用方差最大法确保所抽取因子构造可信、结论易理解。如表 13-10 所示，外部社会网络的结构特征经过因子分析后被分为三个维度，GM1、GM2、GM4 反映的是"网络规模"因子，表示与员工有联结的企业外部节点数量。ZX2、ZX4、ZX6 反映的是"网络中心度"因子，表示员工在外部社会网络中的位置和重要性程度。YZ2、YZ4、YZ6 反映的是"网络异质性"因子，表示与员工有关系的外部人员的重复情况。由表 13-10 可知，各因子旋转后所包含题项的载荷系数都大于 0.5，表明此测量量表具有一定的区分效度。

表 13-10　外部社会网络结构特征旋转后的因子载荷表

维度（因子）	测量项目	因子载荷 1	因子载荷 2	因子载荷 3
网络规模	GM1	0.512	0.640	0.428
	GM2	0.678	0.531	0.120
	GM4	0.755	0.002	-0.135
网络中心性	ZX2	0.777	0.035	-0.155
	ZX4	0.744	-0.020	-0.377
	ZX6	0.744	-0.023	-0.344
网络异质性	YZ2	0.732	-0.235	-0.097
	YZ4	0.606	-0.511	0.352
	YZ6	0.579	-0.349	0.546
因子特征值		4.241	1.132	0.932
因子解释方差（%）		47.126	12.576	10.358

注：因子提取方法：主成分法；旋转变化方法：最大方差法。

（二）外部社会网络关系特征因子分析

对企业外部社会网络关系强度变量做 KMO 样本充分性测度和 Bartlett 球体样本测度，来判断是否适合于因子分析。结果如表 13-11 所示，KMO 值为 0.795，大于 0.7，且 Bartlett 检验的统计值显著性概率为 0.000,表明数据适合做因子分析。

表 13-11　外部社会网络关系特征的 KMO 和 Bartlett 检验

KMO 和 Bartlett 检验		
取样足够度的 Kaiser-Meyer-Olkin 度量		0.795
Bartlett 的球形度检验	近似卡方	528.905
	df	6
	Sig.	0.000

同时,本研究根据效度区分的判断原则和分析方法采用主成分分析法,根据特征根大于 1 的原则提取因子。如表 13-12 所示,特征根大于 1 的因子只有一个,共解释方差变异 68.021%,所有因子在载荷上均大于 0.5 表明此部分效度较好。

表 13-12　外部社会网络关系强度变量因子载荷表

维度（因子）	测量项目	因子载荷 1
关系强度	GX1	0.861
	GX4	0.871
	GX6	0.808
	GX8	0.754
因子特征值		2.721
因子解释方差（%）		68.021

注：因子提取方法：主成分法；旋转变化方法：最大方差法。

（三）外部社会网络认知特征因子分析

对外部社会网络认知强度变量做 KMO 样本充分性测度和 Bartlett 球体样本测度,用来判断是否适合于因子分析,结果如表 13-13 所示,KMO 值为 0.759,大于 0.7,且 Bartlett 球体检验的统计值的显著性概率为 0.000,表明适合做因子分析。

表 13-13　外部社会网络认知特征的 KMO 和 Bartlett 检验

KMO 和 Bartlett 检验		
取样足够度的 Kaiser-Meyer-Olkin 度量		0.759
Bartlett 的球形度检验	近似卡方	599.679
	df	6
	Sig.	0.000

根据区分效度的分析方法和判断原则，采用主成分分析方法，根据特征根大于 1 的原则提取因子，如表 13-14 所示，特征根大于 1 的因子只有一个。共解释方差变异 67.630%，所有因子在载荷上大于 0.5 表明此部分有较好的效度。

表 13-14　外部社会网络认知强度变量因子载荷表

维度（因子）	测量项目	因子载荷
		1
认知强度	RZ2	0.636
	RZ4	0.906
	RZ6	0.870
	RZ8	0.851
因子特征值		2.705
因子解释方差（%）		67.630

注：因子提取方法：主成分法；旋转变化方法：最大方差法。

（四）内部社会网络结构特征的因子分析

在对题项进行初步净化之后，需要用 KMO 样本充分性测度和 Bartlett 球体样本测度，以判断是否适合做因子分析，其结果如表 13-15 所示，KMO 值为 0.864，且显著性概率为 0.000，表示适合做因子分析。

表13-15　内部社会网络结构特征的KMO和Bartlett检验

KMO和Bartlett检验		
取样足够度的Kaiser-Meyer-Olkin度量		0.864
Bartlett的球形度检验	近似卡方	912.915
	df	28
	Sig.	0.000

内部社会网络结构特征经过因子分析被分为三个维度，GM1、GM3反映的是"网络规模"因子，表示与员工有联结的内部人员数量。ZX2、ZX4、ZX6反映的是"网络中心度"因子，表示员工在网络中的位置和重要性程度。YZ2、YZ4、YZ6反映的是"网络异质性"因子，表示与员工有联结的内部人员的重复程度。如表13-16所示旋转后所有题项的载荷系数都大于0.5，表明此测量量表具有一定的区分效度。

表13-16　内部社会网络结构特征旋转后的因子载荷表

维度（因子）	测量项目	因子载荷		
		1	2	3
网络规模	GM1	0.512	0.618	0.383
	GM3	0.732	0.369	-0.078
网络中心性	ZX1	0.805	0.105	-0.245
	ZX3	0.757	-0.185	-0.406
	ZX5	0.703	-0.266	-0.257
网络异质性	YZ1	0.769	0.012	0.039
	YZ3	0.728	-0.107	0.326
	YZ5	0.514	-0.535	0.544
因子特征值		3.896	0.936	0.848
因子解释方差（%）		48.698	11.647	10.599

注：因子提取方法：主成分法；旋转变化方法：最大方差法。

（五）内部社会网络关系特征因子分析

对内部社会网络关系强度变量做 KMO 样本充分性测度和 Bartlett 球体样本测度，用来判断是否适合做因子分析，结果如表 13-17 所示，KMO 值为 0.787，大于 0.7，且 Bartlett 检验的统计值的显著性概率为 0.000，表明数据适合做因子分析。

表 13-17　内部社会网络关系特征的 KMO 和 Bartlett 检验

KMO 和 Bartlett 检验		
取样足够度的 Kaiser-Meyer-Olkin 度量		0.787
Bartlett 的球形度检验	近似卡方	542.549
	df	6
	Sig.	0.000

通过主成分分析法对特征根大于 1 的提取因子，如表 13-18 所示特征根大于 1 的因子只有一个，共解释方差变异 68.218%，且所有因子在载荷上均大于 0.5，表明此部分效度较好。

表 13-18　**内部社会网络关系强度变量因子载荷表**

维度（因子）	测量项目	因子载荷
		1
关系强度	GX2	0.748
	GX3	0.875
	GX5	0.855
	GX7	0.821
因子特征值		2.729
因子解释方差（%）		68.218

注：因子提取方法：主成分法；旋转变化方法：最大方差法。

（六）内部社会网络认知特征因子分析

对内部社会网络认知强度做 KMO 和 Bartlett 测度，判断是否适合因子分析。结果如表 13-19 所示，KMO 值为 0.772，大于 0.7，且 Bartlett 检验的统计值的显著性概率为 0.000，表明适合做因子分析。

表 13-19　内部社会网络认知特征的 KMO 和 Bartlett 检验

KMO 和 Bartlett 的检验		
取样足够度的 Kaiser-Meyer-Olkin 度量		0.772
Bartlett 的球形度检验	近似卡方	616.583
	df	6
	Sig.	0.000

通过主成分分析对特征根大于 1 进行因子提取，如表 13-20 所示，特征根大于 1 的因子只有一个，共解释方差变异 69.305%，且所有因子在载荷上都大于 0.5，效度较好。

表 13-20　内部社会网络认知强度变量因子载荷表

维度（因子）	测量项目	因子载荷
		1
认知强度	RZ1	0.693
	RZ3	0.888
	RZ5	0.854
	RZ7	0.880
因子特征值		2.772
因子解释方差（%）		69.305

注：因子提取方法：主成分法；旋转变化方法：最大方差法。

五　假设检验

本部分主要通过回归分析对本研究的相关假设进行检验，主要包括以下三部分：控制变量进行影响分析、相关假设检验以及检验结果总结。看看控制变量对假设是否有影响，是否可以进行相关假设检验，以便得出最终结论。

第十三章 基于社会网络视角的员工流动影响研究

（一）控制变量的影响分析

为保证研究的可信性，学者选取三个控制变量：文化程度、就职时间、成长地点是否为工作地。所以，应先分析控制变量对因变量的影响，再进行回归分析。

1. 文化程度的影响分析

学历越高，社会网络越大且在关系网络中受重视程度越高，求职、跳槽、升职、转岗等也越容易，在容易获得员工身份的同时也容易改变员工身份。因此，学历水平会且应当会对员工流动行为的发生产生影响。本研究将文化程度分为五组：初中及以下、高中/中专/技校、大专、本科和研究生及以上。

表13-21给出了员工受教育情况的员工流动的方差齐性分析结果，显著性概率为0.087，大于0.05，文化程度与员工流动具有方差齐性。同时对员工流动影响进行方差分析，显著性概率为0.000，小于0.05，所以，文化程度对员工流动具有一定影响。

表13-21　　基于员工文化程度的员工流动影响分析

		ANOVA方差分析					方差齐性检验	
		平方和	自由度	均方	F	Sig.	levene	Sig.
员工流动影响效果	组间	16.439	4	4.110	5.825	0.000	2.052	0.087
	组内	222.950	316	0.706				
	总和	239.389	320					

2. 就职时间的影响分析

工作年限的长短影响员工的社会网络情况，越长越容易积累社会资本。同时，在认知力和影响力上，工作年限不同其影响程度和认知程度也不同，特别是有过流动的员工，其工作年限对其流动还是有影响的。

表13-22给出了就职时间的员工流动方差齐性分析结果，显著性概率为0.000，小于0.05，故员工的工作年限对员工流动具有显著影响。

表 13-22　　　基于就职时间的员工流动影响分析

		ANOVA 方差分析					方差齐性检验	
		平方和	自由度	均方	F	Sig.	levene	Sig.
员工流动影响效果	组间	37.074	4	9.268	14.477	0.000	3.641	0.006
	组内	202.316	316	0.640				
	总和	239.389	320					

3. 是否在工作所在地成长的影响分析

表 13-23 给出了是否在工作所在地成长的员工流动方差齐性分析结果，显著性概率为 0.839，由于显著性概率值大于 0.05，所以，员工文化程度与员工流动具有方差齐性。同时，对是否在工作地成长的员工的流动行为影响进行方差分析，显著性概率为 0.952，远大于 0.05，故总体上员工是否在工作所在地成长对员工流动无显著影响。

表 13-23　　　基于是否在工作所在地成长的员工流动影响分析

		ANOVA 方差分析					方差齐性检验	
		平方和	自由度	均方	F	Sig.	levene	Sig.
员工流动影响效果	组间	0.003	1	0.003	0.004	0.952	0.041	0.839
	组内	239.387	319	0.750				
	总和	239.389	320					

通过方差分析对相关数据进行分析，检验控制变量对因变量是否有显著影响，得出结论：控制变量中员工文化程度和工作年限对应变量员工流动有显著影响，而是否是在工作所在地成长则影响不显著。

（二）相关分析

在回归分析前进行相关分析，如表 13-24 所示表明外部网络规模、中心度、异质性、关系强度和认知强度这些网络特征维度，都与员工流动正向显著相关；表 13-25 表示内部网络各维度也与员工流

第十三章 基于社会网络视角的员工流动影响研究

动正向显著相关，与本研究的原始假设初步吻合，为后续的回归分析做了铺垫。

表 13 – 24　外部社会网络与员工流动相关性分析

	题项	（$N=321$）	员工流动情况与之相关程度
外部社会网络规模	GM1	Pearson 相关性	-0.009
		显著性（双侧）	0.868
	GM2	Pearson 相关性	-0.008
		显著性（双侧）	0.884
	GM4	Pearson 相关性	0.146**
		显著性（双侧）	0.009
外部社会网络中心度	ZX2	Pearson 相关性	0.115*
		显著性（双侧）	0.039
	ZX4	Pearson 相关性	0.050
		显著性（双侧）	0.373
	ZX6	Pearson 相关性	0.079
		显著性（双侧）	0.160
外部社会网络异质性	YZ2	Pearson 相关性	0.088
		显著性（双侧）	0.116
	YZ4	Pearson 相关性	0.099
		显著性（双侧）	0.075
	YZ6	Pearson 相关性	0.160**
		显著性（双侧）	0.004
外部社会网络关系强度	GX1	Pearson 相关性	0.055
		显著性（双侧）	0.327
	GX4	Pearson 相关性	0.119*
		显著性（双侧）	0.033
	GX6	Pearson 相关性	0.103
		显著性（双侧）	0.065
	GX8	Pearson 相关性	0.104
		显著性（双侧）	0.063

员工的积极行为强化与消极行为抑制机制研究

续表

	题项	($N=321$)	员工流动情况与之相关程度
外部社会网络认知强度	RZ2	Pearson 相关性	0.038
		显著性（双侧）	0.497
	RZ4	Pearson 相关性	0.038
		显著性（双侧）	0.497
	RZ6	Pearson 相关性	0.039
		显著性（双侧）	0.484
	RZ8	Pearson 相关性	0.067
		显著性（双侧）	0.235

表 13-25　内部社会网络与员工流动相关性分析

	题项	($N=321$)	员工流动情况与之相关程度
内部社会网络规模	GM1	Pearson 相关性	-0.009
		显著性（双侧）	0.868
	GM3	Pearson 相关性	0.003
		显著性（双侧）	0.962
内部社会网络中心度	ZX1	Pearson 相关性	0.085
		显著性（双侧）	0.128
	ZX3	Pearson 相关性	0.072
		显著性（双侧）	0.196
	ZX5	Pearson 相关性	0.028
		显著性（双侧）	0.617
内部社会网络异质性	YZ1	Pearson 相关性	0.133*
		显著性（双侧）	0.017
	YZ3	Pearson 相关性	0.101
		显著性（双侧）	0.069
	YZ5	Pearson 相关性	0.129*
		显著性（双侧）	0.021
内部社会网络关系强度	GX2	Pearson 相关性	0.102
		显著性（双侧）	0.069

续表

	题项	($N = 321$)	员工流动情况与之相关程度
内部社会网络关系强度	GX3	Pearson 相关性	0.077
		显著性（双侧）	0.168
	GX5	Pearson 相关性	0.091
		显著性（双侧）	0.105
	GX7	Pearson 相关性	0.043
		显著性（双侧）	0.440
内部社会网络认知强度	RZ1	Pearson 相关性	0.068
		显著性（双侧）	0.225
	RZ3	Pearson 相关性	-0.003
		显著性（双侧）	0.958
	RZ5	Pearson 相关性	0.051
		显著性（双侧）	0.367
	RZ7	Pearson 相关性	0.095
		显著性（双侧）	0.090

（三）回归分析

相关性分析已表明变量间关联度较高，大都存在显著正相关关系，而变量间的因果关系则需要回归分析来判断，所以本章将通过SPSS软件对相关数据进行因果关系的假设检验。

1. 外部社会网络对外部流动影响的回归分析

外部社会网络与外部流动呈显著相关，两者间的因果关系需要进行回归分析，分析结果如表13-26所示，调整后R^2为0.551，解释总方差为55.1%，F检验的显著性概率为0.002，比较显著。而网络规模、关系强度、异质性和认知性的回归系数都大于0.05，显著异于0，且均为正数，说明此四因素不仅可作为解释变量存在，且对员工流动有显著的正向影响，与原始假设H1a、H2a、H3a、H4a相符。而网络认知程度在0.05的水平上不很显著但仍为正数，所以认为与假设H5a相符。

员工的积极行为强化与消极行为抑制机制研究

表 13-26　　外部社会网络对员工外部流动影响回归分析

自变量	模型 1 标准化系数	Sig.
常数项		0.745
外部社会网络规模	0.349	0.039
外部社会网络中心度	-0.356	0.041
外部社会网络异质性	0.867	0.026
外部社会网络关系强度	0.672	0.023
外部社会网络认知强度	0.395	0.059
R^2	0.747	
调整后的 R^2	0.551	
F 值	3.831	0.002

2. 内部社会网络对员工内部流动影响的回归分析

通过对内部社会网络各维度与员工内部流动的回归分析，如表 13-27 调整后的 R^2 为 0.541，解释总方差为 54.1%，F 检验的显著性概率为 0.001，比较显著。从表中还可看出，网络中心度、异质性和关系强度的回归系数都在 0.05 的水平上，显著异于 0，且均为正数。说明上述三个因素都可作为解释变量存在，且对员工内部流动有显著的正向影响，与原假设 H2d、H3d、H4d 相符。而网络规模和网络认知程度显著性系数大于 0.05，所以假设 H1d、H5d 不成立。

表 13-27　　内部社会网络对员工内部流动影响回归分析

自变量	模型 1 标准化系数	Sig.
常数项		0.054
内部社会网络规模	0.105	0.632
内部社会网络中心度	0.577	0.003
内部社会网络异质性	0.763	0.035
内部社会网络关系强度	0.372	0.028

第十三章 基于社会网络视角的员工流动影响研究

续表

自变量	模型1 标准化系数	Sig.
内部社会网络认知强度	0.087	0.753
R^2	0.718	
调整后的 R^2	0.541	
F值	4.076	0.001

3. 社会网络对员工内部流动影响的回归分析

如表13-28所示调整后的 R^2 为0.304，解释总方差为30.4%，F检验的显著性概率为0.068，未达到比较显著的水平。从表中还可看出，网络规模、网络中心度和网络认知强度的显著性概率远大于0.05，说明外部社会网络与内部流动没有显著的关系，与原假设H1b、H2b、H5b不相符，假设不成立。只有外部社会网络异质性的回归系数为0.041在0.05的水平上显著，所以假设H3b、H4b成立。

表13-28　　外部社会网络对员工内部流动影响回归分析

自变量	模型1 标准化系数	Sig.
常数项		0.054
外部社会网络规模	0.246	0.266
外部社会网络中心度	0.274	0.143
外部社会网络异质性	0.315	0.041
外部社会网络关系强度	-0.285	0.021
外部社会网络认知强度	0.165	0.436
R^2	0.226	
调整后的 R^2	0.304	
F值	2.816	0.068

4. 内部社会网络对员工外部流动影响的回归分析

如表13-29所示调整后的 R^2 为0.313，解释总方差为31.3%，

F检验的显著性概率为0.054,未达到比较显著的水平。从表中还可看出,网络规模、网络中心度、网络异质性、网络关系强度和网络认知强度的显著性远大于0.05,说明内部社会网络结构特征的各维度对员工外部流动没有显著的正向影响,与前文所提出的相关假设H1c、H2c、H3c、H4c、H5c均不相符。所以,有关此类的假设均不成立。

表13-29　　内部社会网络对员工外部流动影响回归分析

自变量	模型1	
	标准化系数	Sig.
常数项		0.054
内部社会网络规模	0.365	0.475
内部社会网络中心度	0.265	0.186
内部社会网络异质性	-0.428	0.215
内部社会网络关系强度	0.205	0.341
内部社会网络认知强度	0.170	0.488
R^2	0.366	
调整后的R^2	0.313	
F值	3.135	0.079

第五节　结论及未来研究展望

一　研究结果

本部分的数据统计与分析,首先,对所收集到的数据进行了描述性统计、信度分析、探索因子分析,验证了所得到的数据具有可信度与有效性,为后续的分析做了铺垫;其次,对控制变量进行影响分析,得出相关控制变量对此结果的影响情况;最后,在相关分析基础上运用多元回归分析方法,对变量间的关系进行具体验证得出检验结果。如表13-30所示,本研究大多数假设成立,与学者们在此方面的研究大致保持一致,所以本次问卷调查在质量上是没有问题的。

第十三章 基于社会网络视角的员工流动影响研究

表 13-30　　研究假设检验结果汇总

研究假设	假设具体描述	是否支持
H1	社会网络规模与员工流动正相关。即网络规模越大,员工流动越容易,反之则不易	部分
H1a	外部社会网络规模对员工外部流动有积极影响	是
H1b	外部社会网络规模对员工内部流动有积极影响	否
H1c	内部社会网络规模对员工外部流动有积极影响	否
H1d	内部社会网络规模对员工内部流动有积极影响	否
H2	社会网络的中心度与员工流动正相关,即网络中心度越高,员工流动越容易,反之则不易	部分
H2a	外部社会网络中心度对员工外部流动有积极影响	是
H2b	外部社会网络中心度对员工内部流动有积极影响	否
H2c	内部社会网络中心度对员工外部流动有积极影响	否
H2d	内部社会网络中心度对员工内部流动有积极影响	是
H3	社会网络异质性与员工流动正相关,即网络异质性越高,员工流动越容易,反之则不易	部分
H3a	外部社会网络异质性对员工外部流动有积极影响	是
H3b	外部社会网络异质性对员工内部流动有积极影响	是
H3c	内部社会网络异质性对员工外部流动有积极影响	否
H3d	内部社会网络异质性对员工内部流动有积极影响	是
H4	社会网络的关系强度与员工流动正相关	部分
H4a	外部社会网络关系强度对员工外部流动有积极影响	是
H4b	外部社会网络关系强度对员工内部流动有积极影响	是
H4c	内部社会网络关系强度对员工外部流动有积极影响	否
H4d	内部社会网络关系强度对员工内部流动有积极影响	是
H5	社会网络的认知强度与员工流动正相关	部分
H5a	外部社会网络认知强度对员工外部流动有积极影响	是
H5b	外部社会网络认知强度对员工内部流动有积极影响	否
H5c	内部社会网络认知强度对员工外部流动有积极影响	否
H5d	内部社会网络认知强度对员工内部流动有积极影响	否

从本研究结果来看,外部社会网络特征网络规模、中心度、异质

性、关系强度及认知强度对员工外部流动有显著的正向影响，H1a、H2a、H3a、H4a、H5a均得到验证。说明从整体上来讲，外部社会网络是员工外部流动的载体，对外部社会网络的挖掘使用，可以解决目前各企业人才不足问题。而与之相对应的内部社会网络对员工内部流动的影响，几乎也得到了验证。特别强调的是，关系强度对员工流动的作用在本章中得到验证，这与边燕杰的研究一致。虽然，假设H4c未能得到验证，可能是本次调查的目标企业大都为民企，以致企业员工内部网络的情况存在偏差，从而无法探索出其与员工外部流动的关系。为保持研究的完整性，在假设之初提出了外部社会网络对内部流动的影响，以及内部社会网络对员工外部流动的影响，其中，H1c、H2c、H3c、H4c、H5c 五个假设均未得到验证，表明内部社会网络与员工外部流动之间并不存在因果关系，而外部社会网络与员工内部流动关系不明显。

二 讨论

员工流动对企业的影响包括正、反两个方面，正面影响主要是通过员工流动行为解决企业与员工间的不匹配现象，提高员工士气；负面影响包括两部分：一部分是流动成本，一部分是流动风险。在人力资源实践的基础上，并在阅读大量国内外相关文献的前提下，本章提出了社会网络对员工流动的影响研究，并建立起了社会网络和员工流动的基本模型，通过对企业在职的员工进行研究，用SPSS对统计的相关数据进行分析，揭示了本章在研究之初所提的社会网络对员工流动的影响。研究结果表明，社会网络对员工流动具有显著的积极影响，员工外部网络对员工内外部流动具有显著影响，而内部社会网络对员工内部流动有一定影响，对员工外部流动完全没有影响。

（1）社会网络是影响员工流动行为的重要因素，其网络异质性与社会关系强度作为员工流动的显著载体，对员工流动有显著影响。社会网络中心度对员工流动的影响次之，而社会网络规模与认知强度对员工流动影响则不是很明显。

因此，企业为了避免恶性的员工流动对企业造成的流动风险，促

第十三章 基于社会网络视角的员工流动影响研究

进员工的正面流动，企业要加强对社会网络的建设规划，促进企业人员的良好配置。而对员工而言，为了其职业生涯能够良好发展，其需要对其社会网络的异质性和关系强度进行改进，如多结识一些各行各业的朋友并且与他们保持密切的联系，以获取更多的工作信息，从而促进其职业发展。

（2）社会网络对员工流动的影响具有一定的对应性，即外部网络对外部流动具有显著影响，内部网络对内部流动也有一定的影响。在本研究最后进行了外部社会网络对员工内部流动的回归分析，以及内部社会网络对员工外部流动的回归分析，一个一般性显著，一个完全不显著。表明其社会网络对员工流动的影响具有一定的对应性。

因此，对企业而言要想获得优质的员工可以将注意力多放在具有良好异质性和关系强度的内部员工身上，从而获得更多的员工。而对于员工而言，要想获得更好的外部换岗及内部晋升机会，要加强对自己内外部社会网络的培养，尤其要专注于对网络异质性和关系强度的培养。

三 未来研究展望

基于已有的创新点和结论提出一些研究展望，总结如下。

首先，在选择相关研究变量时，可以尝试除本研究以外的变量。本研究选取了社会网络规模、中心度、异质性、关系和认知共五个变量来测量社会网络属性，除此之外，是不是存在能够代表社会网络基本属性的其他变量。实证方面的研究，在因变量上，本章选取了员工内外部流动情况及发生流动的次数反映员工流动的维度，但国外一些学者在研究员工流动时选取了一些其他指标。所以，在变量的选取上还有待进一步研究。

其次，本研究在调查对象的选取上有一定的限制，本研究的研究样本中民企员工比例在研究样本中比较多，而国企、外企等其他类型的样本略微偏少，所得的研究结果可能因为样本数据不均衡而存在一些影响。所以，本研究的相关结论需要通过更多企业进行验证。

再次，可以进一步深入研究社会网络对员工流动的影响，通过对

员工的积极行为强化与消极行为抑制机制研究

某一家企业的全网络进行抽样分析,通过 SNS 系统计算此网络结构指标,梳理出本企业的内部网络结构关系,并对其进行深入分析,由此更直观清晰地揭露社会网络与员工流动的关系。

最后,在测量方法上,本章主要通过问卷调查收集数据,对访谈或案例等其他数据测量方法并未做尝试。因此,为保证测量的高效性,我们可以结合其他测量方法。

参考文献

一 中文文献

窦胜功、卢纪华：《人力资源管理与开发》，清华大学出版社 2008 年版。

林聚任：《社会网络分析：理论、方法与应用》，北京师范大学出版社 2009 年版。

林南：《社会资本——关于社会结构与行动的理论》，上海人民出版社 2005 年版。

刘泽文、葛列众：《胜任力建模：人才选拔与考核实例分析》，科学出版社 2009 年版。

张德：《人力资源开发与管理》，清华大学出版社 2007 年版。

[美] 彼得·德鲁克：《变动中的管理者》，王喜六等译，上海译文出版社 1999 年版。

蔡翔、张光萍：《绩效结构理论的两次飞跃：关联绩效与适应性绩效》，《统计与决策》2008 年第 8 期。

曹霞、瞿皎姣：《资源保存理论溯源、主要内容探析及启示》，《中国人力资源开发》2014 年第 15 期。

常涛、廖建桥：《团队性绩效考核对知识共享的影响模型研究》，《科研管理》2011 年第 32 期。

陈加洲、凌文辁、方俐洛：《组织中的心理契约》，《管理科学学报》2010 年第 17 期。

陈佳琪、陈忠卫：《企业内部人际信任对组织公民行为影响的实证研究——以工作年限为调节变量》，《西安财经学院学报》2014 年第

27 期。

陈兴华、方俐洛、凌文辁:《你的员工有安全感吗?》,《中国人力资源开发》2004 年第 4 期。

陈雄鹰:《我国市场营销人才的供求与培养》,《中国人力资源开发》2008 年第 4 期。

陈志霞、陈剑峰:《组织支持感影响工作绩效的直接与间接效应》,《工业工程与管理》2008 年第 1 期。

陈志霞、廖建桥:《知识员工工作压力源的主成分因素结构分析》,《工业工程与管理》2005 年第 4 期。

储小平、李怀祖:《信任与家族企业的成长》,《管理世界》2003 年第 6 期。

崔勋:《员工个人特性对组织承诺与离职意愿的影响研究》,《南开管理评论》2003 年第 4 期。

冯明、纪晓丽、尹明鑫:《制造业管理者元胜任力与行业胜任力和绩效之间关系的实证研究》,《中国软科学》2007 年第 10 期。

顾琴轩、朱牧:《人力资源专业人员胜任力研究》,《中国人力资源开发》2001 年第 10 期。

郭淑斌、黄希庭:《社会比较的动力:动机与倾向性》,《西南大学学报》(社会科学版)2010 年第 4 期。

郭淑梅、杜宗斌:《饭店业员工工作压力对其组织公民行为的影响:同事支持的调节作用》,《开发研究》2013 年第 3 期。

韩翼、廖建桥:《任务绩效和非任务绩效结构理论的研究述评》,《管理评论》2006 年第 10 期。

韩翼、廖建桥、龙立荣:《雇员工作绩效结构模型构建与实证研究》,《管理科学学报》2007 年第 5 期。

何立、凌文辁:《领导风格对员工工作绩效的作用:组织认同和工作投入的影响》,《企业经济》2010 年第 11 期。

侯凤妹、李有辉、孙汕珊:《中国知识型员工工作压力与工作投入关系》,《中国公共卫生》2012 年第 9 期。

胡坚、莫燕:《高校教师组织承诺与工作绩效关系研究》,《浙江理工大学学报》2005年第4期。

黄本新：《汽车营销人员胜任力模型研究》，《企业经济》2009年第1期。

黄勋敬、赵曙明：《商业银行行长胜任力模型与绩效关系研究》，《金融论坛》2011年第3期。

霍伟伟、罗瑾琏：《领导行为对员工创新的跨层次影响机制研究》，《预测》2011年第3期。

江静、杨百寅：《领导—成员交换、内部动机与员工创造力——工作多样性的调节作用》，《科学学与科学技术管理》2014年第1期。

蒋建武、赵曙明、戴万稳：《现代服务业管理者胜任特征研究》，《软科学》2007年第6期。

焦海涛、宋广文、潘孝富：《中学组织气氛与教师工作投入关系研究》，《中国健康心理学杂志》2008年第3期。

柯江林、孙健敏、石金涛：《变革型领导对R&D团队创新绩效的影响机制研究》，《南开管理评论》2009年第6期。

李爱梅、凌文辁：《心理账户的非替代性及其运算原则》，《心理科学》2004年第4期。

李超平、田宝、时勘：《变革型领导与员工工作态度：心理授权的中介作用》，《心理学报》2006年第2期。

李剑力：《探索性创新、开发性创新与企业绩效关系研究——基于冗余资源调节效应的实证分析》，《科学学研究》2007年第9期。

李金波、许百华、陈建明：《影响员工工作投入的组织相关因素研究》，《应用心理学》2006年第2期。

李敏、杜鹏程：《差错认知、激励偏好对员工创新行为的影响研究》，《科学学与科学技术管理》2014年第9期。

李明、吴薇莉、陆维亮：《企业销售经理通用胜任特征模型的构建》，《中国商贸》2011年第12期。

李锐、凌文辁：《工作投入研究的现状》，《心理科学进展》2007年第2期。

李秀娟、魏峰：《打开领导有效性的黑箱：领导行为和领导下属关系研究》,《管理世界》2006年第9期。

李燕萍、涂乙冬:《组织公民行为的价值取向研究》,《管理世界》2012年第5期。

李原、孙健敏:《雇用关系中的心理契约:从组织与员工双重视角下考察契约中"组织责任"的认知差异》,《管理世界》2006年第11期。

李原、魏峰、任胜钢:《组织心理契约违背对管理者行为的影响》,《管理科学学报》2010年第5期。

梁建春、李朗、时勘:《基于因素分析的制造企业核心胜任特征模型》,《科技管理研究》2008年第6期。

林琳、时勘、萧爱玲:《工作投入研究现状与展望》,《管理评论》2008年第3期。

凌茜、温碧燕、汪纯孝:《团队集体工作满意感研究述评》,《外国经济与管理》2010年第5期。

凌文辁、杨海军、方俐洛:《企业员工的组织支持感》,《心理学报》2006年第2期。

刘陆芳、董婉玲、郭庆科等:《基于历史测量法的企业家胜任特征模型》,《心理研究》2008年第5期。

刘善仕:《企业员工越轨行为的组织控制研究》,《外国经济管理》2002年第7期。

刘文彬、景润田:《组织文化影响员工反生产行为的实证研究——基于组织伦理气氛的视角》,《中国软科学》2010年第9期。

刘雯清:《工作投入影响因素分析》,《商场现代化》2007年第32期。

刘小平等:《组织承诺影响因素的模拟实验研究》,《中国管理科学》2005年第6期。

刘学方、王重鸣、唐宁玉等:《家族企业接班人胜任力建模》,《管理世界》2006年第5期。

刘莹、廖建桥:《员工年龄对工作绩效的影响深析》,《外国经济与管理》2006年第5期。

刘莹、廖建桥:《员工年龄对工作绩效的影响探析》,《外国经济与管理》2006年第28期。

刘玉新、张建卫、黄国华：《组织公正对反生产行为的影响机制——自我决定理论视角》，《科学学与科学技术管理》2011年第8期。

骆静、廖建桥：《企业员工工作投入研究综述》，《外国经济与管理》2007年第5期。

马华维、姚琦：《企业中的上级信任：作为一种行动意愿》，《心理学报》2012年第6期。

梅哲群、杨百寅、金山：《领导—成员交换对组织主人翁行为及工作绩效的影响机制研究》，《管理学报》2014年第5期。

倪昌红、叶仁荪、黄顺春：《工作群体的组织支持感与群体离职：群体心理安全感与群体凝聚力的中介作用》，《管理评论》2013年第5期。

彭贺：《知识员工反生产行为的结构和测量》，《管理科学》2011年第5期。

秦红霞、陈华东：《社会网络视角的企业知识共享演化博弈分析》，《情报杂志》2009年第5期。

曲如杰、康海琴：《领导行为对员工创新的权变影响研究》，《管理评论》2014年第1期。

邵华、葛鲁嘉、吕晓峰：《应对研究中的生态学思想述评》，《心理与行为研究》2012年第1期。

石林：《工作压力理论及其在研究中的重要性》，《心理科学进展》2002年第4期。

宋官东：《对从众行为的再认识》，《心理科学》2002年第2期。

宋洪峰：《基于交易实景的销售人员素质模型研究》，《经济与管理研究》2007年第11期。

苏方国、赵曙明：《组织承诺、组织公民行为与离职倾向关系研究》，《科学学与科学技术管理》2010年第8期。

素朝霞、郑英军、杨文圣：《知识型员工工作压力结构探索性研究》，《中国心理健康杂志》2011年第9期。

孙红萍、王静一：《社会资本和知识共享意向的作用机制：基于知识密集型企业的实证研究》,《科技进步与对策》2009年第1期。

孙俊华、陈传明:《企业家社会资本与公司绩效关系研究——基于中国制造业上市公司的实证研究》,《南开管理评论》2009年第2期。

孙秀丽、蒋春燕:《变革型领导行为对新兴企业绩效的影响研究——长三角地区新兴企业的实证研究》,《经济管理》2009年第9期。

唐永泰:《转换型领导、交易型领导与员工创新行为之关系》,《创新与管理》2008年第1期。

万景霞、郭庆春:《运用风险管理减少员工流动》,《科学与管理》2007年第2期。

汪林、储小平、倪婧:《领导—部属交换、内部人身份认知与组织公民行为——基于本土家族企业视角的经验研究》,《管理世界》2009年第1期。

王凤彬、陈建勋:《动态环境下变革型领导行为对探索式技术创新和组织绩效的影响》,《南开管理评论》2011年第1期。

王海珍、刘新梅、张永胜:《派系形成对员工满意度的影响及机理:社会网络视角的研究》,《管理评论》2011年第12期。

王辉、李晓轩、罗胜强:《任务绩效与情境绩效二因素绩效模型飞验证》,《中国管理科学》2003年第8期。

王丽娜:《家电销售人员胜任特征模型建构》,《心理科学》2011年第2期。

王伟松、唐春勇:《工作满意度与工作行为及工作绩效关系研究》,《西南交通大学学报》(社会科学版)2006年第2期。

王仙雅、林盛:《挑战—阻碍性科研压力源对科研绩效的作用机理:科研焦虑与成就动机的中介作用》,《科学学与科学技术管理》2014年第30期。

王玉梅、丛庆:《饭店知识型员工的心理契约违背对其离职意图影响的实证研究》,《软科学》2011年第12期。

王桢:《临床医学学科带头人胜任特征模型建构——量化与质化结合的方法》,《管理评论》2011年第5期。

王震、孙健敏:《领导—成员交换关系质量和差异化对团队的影响》,

《管理学报》2013年第2期。

王震、仲理峰：《领导—成员交换关系差异化研究评述与展望》，《心理科学进展》2011年第7期。

王重鸣、陈民科：《管理胜任力特征分析：结构方程模型检验》，《心理科学》2002年第5期。

魏峰、袁欣、邸杨：《交易型领导、团队授权氛围和心理授权影响下属创新绩效的跨层次研究》，《管理世界》2009年第4期。

魏钧、张德：《商业银行个人业务客户经理胜任力模型研究》，《金融论坛》2007年第6期。

温忠麟、侯杰泰、张雷：《调节效应与中介效应的比较和应用》，《心理学报》2005年第2期。

温忠麟、张雷、侯杰泰：《有中介的调节变量和有调节的中介变量》，《心理学报》2006年第3期。

吴红梅：《西方组织伦理氛围研究探析》，《外国经济与管理》2005年第9期。

吴培冠、陈婷婷：《绩效管理的取向对团队绩效影响的实证研究》，《南开管理评论》2009年第6期。

吴文华、赵行斌：《领导风格对知识型员工创新行为的影响研究》，《科技进步与对策》2010年第2期。

吴志明、武欣：《高科技团队变革型领导、组织公民行为和团队绩效关系的实证研究》，《科研管理》2006年第6期。

武欣、吴志明：《基于心理契约的组织公民行为管理》，《管理现代化》2005年第2期。

谢冰：《员工绩效考评中的非任务绩效因素研究》，《现代管理科学》2007年第5期。

谢刚：《商业银行经营管理层胜任力与绩效关系模型》，《统计与决策》2012年第15期。

徐长江、时勘：《变革型领导与交易型领导的权变分析》，《心理科学进展》2005年第5期。

徐长江、时勘：《工作倦怠：一个不断扩展的研究领域》，《心理科学进展》2003 年第 11 期。

徐艳、朱永新：《中国员工工作投入的现状研究》，《商场现代化》2007 年第 2 期。

许百华、张兴国：《组织支持感研究进展》，《应用心理学》2005 年第 11 期。

许小东：《知识型员工工作压力与工作满意感状况及其关系研究》，《应用心理学》2004 年第 10 期。

阳辉：《团队诊断一法——整体社会网络分析》，《中国人力资源开发》2008 年第 6 期。

杨东、吴国权、赵曙明：《人力资源经理的岗位胜任特征模型》，《人力资源管理》2010 年第 11 期。

杨晓、师萍、安立仁：《领导—成员交换理论的新拓展——相对领导—成员交换关系研究综述》，《外国经济与管理》2013 年第 35 期。

杨晓、师萍、安立仁：《领导—成员交换理论述评与研究展望——多层次的视角》，《未来与发展》2013 年第 8 期。

姚翔、王垒、陈建红：《项目管理者胜任力模型》，《心理科学》2004 年第 27 期。

叶欢月：《浅谈营销人员素质与职业能力》，《现代商业》2013 年第 10 期。

尹俊、王辉、黄鸣鹏：《授权赋能领导行为对员工内部人身份感知的影响：基于组织的自尊的调节作用》，《心理学报》2012 年第 44 期。

于海波、方俐洛、凌文辁等：《组织信任对员工态度和离职意向、组织财务绩效的影响》，《心理学报》2007 年第 39 期。

余琛：《不同心理契约满足状态下员工结果变量比较研究》，《科学学研究》2003 年第 11 期。

余琛：《四类不同心理契约关系的比较研究》，《心理科学》2009 年第 27 期。

张勉、李树茁：《雇员主动离职心理动因模型评述》，《心理科学进展》2002 年第 10 期。

张平、阎洪：《基于企业发展阶段的家长式领导行为研究》，《软科学》2008 年第 22 期。

张晓君、周文成：《变革型领导与员工创新行为关系的实证研究——基于心理资本的中介作用》，《南京邮电大学学报》（社会科学版）2013 年第 2 期。

张晓路、高金金：《职业价值观对组织公民行为和工作倦怠的影响研究：成就动机的中介作用》，《人类工效学》2014 年第 20 期。

张永军、廖建桥、赵君：《国外反生产行为研究回顾与展望》，《管理评论》2012 年第 24 期。

张永军、廖建桥、赵君：《员工组织公民行为的动机研究》，《中国人力资源开发》2010 年第 9 期。

张韫黎、陆昌勤：《挑战性—阻断性压力源与员工心理和行为的关系：自我效能感的调节作用》，《心理学报》2009 年第 94 期。

赵慧军：《中关村科技园区企业员工离职行为的探析》，《首都经济贸易大学学报》2004 年第 17 期。

赵君、廖建桥、张永军：《绩效考核目的对员工反伦理行为的影响：研究综述与未来展望》，《管理评论》2011 年第 23 期。

赵黎明、李振华：《对企业员工绩效考核问题的探讨》，《科技管理研究》2001 年第 5 期。

仲理峰、时勘：《家族企业高层管理者胜任特征模型》，《心理学报》2004 年第 36 期。

周浩、龙立荣：《公平敏感性研究述评》，《心理科学进展》2007 年第 15 期。

朱少英、齐二石、徐渝：《变革型领导、团队氛围、知识共享与团队创新绩效的关系》，《软科学》2008 年第 11 期。

陈宁：《寿险业个人险营销员组织公民行为与任务绩效的关系研究》，硕士学位论文，山东大学，2006 年。

戴金珠：《我国 IT 企业员工心理契约及对相关因素的影响》，硕士学位论文，大连理工大学，2010 年。

独凤稳:《魅力型领导行为与组织公民行为关系研究:成就动机的中介作用》,硕士学位论文,苏州大学,2009年。

李原:《员工心理契约的结构及相关因素研究》,博士学位论文,首都师范大学,2002年。

刘文彬:《组织伦理气氛与员工越轨行为间关系的理论与实践研究》,博士学位论文,厦门大学,2009年。

二 英文文献

Amabile, Teresa M., "Motivational Synergy: Toward New Conceptualizations of Intrinsic and Extrinsic Motivation in the Workplace", *Human Resource Management Review*, Vol. 3, No. 3, September 1993.

Anastasions, "Is It Art or Science? Chef's Competencies for Success", *International Journal of Hospitality Management*, Vol. 29, No. 3, September 2010.

Anders Drejer, "How Can We Define and Understand Competencies and Their Development?" *Technovation*, Vol. 21, No. 3, March 2001.

Andrew C., Simon W., Paul L., "Ethical Beliefs of Chinese Consumers in Hong Kong", *Journal of Business Ethics*, Vol. 17, No. 11, August 1998.

Ann Denvir and Mcmahon F., "Labour Turnover in London Hotels and the Cost Effectiveness of Preventative Measures", *International Journal of Hospitality Management*, Vol. 11, No. 2, May 1992.

Aryee, Samuel, et al., "Abusive Supervision and Contextual Performance: The Mediating Role of Emotional Exhaustion and the Moderating Role of Work Unit Structure", *Management & Organization Review*, Vol. 4, No. 3, October 2008.

Avolio B. J., Zhu W., Koh W., et al., "Transformational Leadership and Organizational Commitment: Mediating Role of Psychological Empowerment and Moderating Role of Structural Distance", *Journal of Organizational Behavior*, Vol. 25, No. 8, December 2004.

Banerjee D., Paul T., Cronan, Jones T. W., "Modeling IT Ethics: A Study in Situational Ethics", *Management Information Systems Quarterly*, Vol. 22, No. 1, March 1998.

Bardsley J. J., Rhodes S. R., "Using the Steers-Rhodes (1984) Framework to Identify Correlates of Employee Lateness", *Journal of Business & Psychology*, Vol. 10, No. 3, March 1996.

Baron R. M., Kenny D. A., "The Moderator-mediator Variable Distinction in Social Psychological Research: Conceptual, Strategic, and Statistical Considerations", *Journal of Personality & Social Psychology*, Vol. 51, No. 6, July 1986.

Barrett, G. V., and R. L. Depinet, "A Reconsideration of Testing for Competence rather than for Intelligence", *American Psychologist*, Vol. 46, No. 10, October 1991.

Bass B. M., Avolio B. J., "Developing Transformational Leadership: 1992 and Beyond", *Journal of European Industrial Training*, Vol. 14, No. 5, December 1990.

Bass B. M., "Does the Transactional-transformational Leadership Paradigm Transcend Organizational and National Boundaries?", *American Psychologist*, Vol. 52, No. 2, February 1997.

Benner M. J., Tushman M., "Process Management and Technological Innovation: A Longitudinal Study of the Photography and Paint Industries", *Administrative Science Quarterly*, Vol. 47, No. 47, December 2002.

Benner M. J., Tushman M. L., "Exploitation, Exploration, and Process Management: The Productivity Dilemma Revisited", *Academy of Management Review*, Vol. 28, No. 2, April 2003.

Bolton L. M. R., Becker L. K., Barber L. K., "Big Five Trait Predictors of Differential Counterproductive Work Behavior Dimensions", *Personality & Individual Differences*, Vol. 49, No. 5, October 2010.

Bordia P., Restubog S. L., Tang R. L., "When Employees Strike Back: Investigating Mediating Mechanisms between Psychological Contract

Breach and Workplace Deviance", *Journal of Applied Psychology*, Vol. 93, No. 5, October 2008.

Borman W. C., Motowidlo S. J., "Task Performance and Contextual Performance: The Meaning for Personnel Selection Research", *Human Performance*, Vol. 10, No. 2, June 1997.

Boswell W. R., Boudreau J. W., "Employee Satisfaction with Performance Appraisals and Appraisers: The Role of Perceived Appraisal Use", *Human Resource Development Quarterly*, Vol. 11, No. 3, September 2000.

Boswell W. R., Boudreau J. W., "Separating the Developmental and Evaluative Performance Appraisal Uses", *Journal of Business & Psychology*, Vol. 16, No. 3, March 2002.

Boswell W. R., Olson-Buchanan J. B., Lepine M. A., "Relations between Stress and Work Outcomes: The Role of Felt Challenge, Job Control, and Psychological Strain", *Journal of Vocational Behavior*, Vol. 64, No. 1, February 2004.

Britt T. W., Castro C. A., Adler A. B., "Self-engagement, Stressors, and Health: A Longitudinal Study", *Personality & Social Psychology Bulletin*, Vol. 31, No. 11, December 2005.

Buunk A. P., Gibbons F. X., "Social Comparison: The End of a Theory and the Emergence of a Field", *Organizational Behavior & Human Decision Processes*, Vol. 102, No. 1, February 2007.

Buunk B. P., Nauta A., Molleman E., "In Search of the True Group Animal: the Effects of Affiliation Orientation and Social Comparison Orientation upon Group Satisfaction", *European Journal of Personality*, Vol. 19, No. 1, January 2005.

Buunk B. P., Ybema J. F., Gibbons F. X., et al., "The Affective Consequences of Social Comparison as Related to Professional Burnout and Social Comparison Orientation", *European Journal of Social Psychology*, Vol. 31, No. 4, July 2001.

Buunk, A. P., Groothof, H. A., Siero, F. W., "Social Comparison and

Satisfaction with One's Social Life", *Journal of Social & Personal Relationships*, Vol. 24, No. 2, April 2007.

Carmeli A., Weisberg J., Shalom R., "Considerations in Organizational Career Advancement: What Really Matters", *Personnel Review*, Vol. 36, No. 2, February 2007.

Cavanaugh, M. A., et al., "An Empirical Examination of Self-reported Work Stress among U. S. Managers", *Journal of Applied Psychology*, Vol. 85, No. 1, March 2000.

Chen Z. X., Tsui A. S., Farh J. L., "Loyalty to Supervisor vs. Organizational Commitment: Relationships to Employee Performance in China", *Journal of Occupational & Organizational Psychology*, Vol. 75, No. 3, September 2002.

Chiu S. F., Peng J. C., "The Relationship between Psychological Contract Breach and Employee Deviance: The Moderating Role of Hostile Attributional Style", *Journal of Vocational Behavior*, Vol. 73, No. 3, December 2008.

Cleveland, J. N., Murphy K. R., and Williams R. E., "Multiple Uses of Performance Appraisal: Prevalence and Correlates", *Journal of Applied Psychology*, Vol. 74, No. 1, February 1989.

Cogliser C. C., Schriesheim C. A., "Exploring Work Unit Context and Leader-member Exchange: a Multi-level Perspective", *Journal of Organizational Behavior*, Vol. 21, No. 5, August 2000.

Cole M. S., Frank W., Heike B., "Affective Mechanisms Linking Dysfunctional Behavior to Performance in Work Teams: A Moderated Mediation Study", *Journal of Applied Psychology*, Vol. 93, No. 5, October 2008.

Conway J. M., "Analysis and Design of Multitrait-multirater Performance Appraisal Studies", *Journal of Management*, Vol. 22, No. 1, February 1996.

Cullen J. B., Victor B., "The Effects of Ethical Climates on Organizational

Commitment: A Two-Study Analysis", *Journal of Business Ethics*, Vol. 46, No. 2, January 2003.

Dalal R. S., "A Meta-Analysis of The Relationship between Organizational Citizenship Behaviors and Counterproductive Work Behavior", *Journal of Applied and Psychology*, Vol. 90, No. 6, December 2005.

Demerouti E., Bakker A. B., Jonge J. D., et al., "Burnout and Engagement at Work as a Function of Demands and Control", *Scandinavian Journal of Work Environment and Health*, Vol. 27, No. 4, September 2001.

Deshpande S. P., "The Impact of Ethical Climate Types on Facets of Job Satisfaction: An Empirical Investigation", *Journal of Business Ethics*, Vol. 15, No. 6, June 1996.

Dess G. G., Picken J. C., "Changing Roles: Leadership in the 21st Century", *Organizational Dynamics*, Vol. 28, No. 3, October 2000.

Detert J. R., Treviño L. K., Burris E. R., et al., "Managerial Models of Influences and Counterproductive in Organizations: a Longitudinal Business-Unit-Level Investigation", *Journal of Applied and Psychology*, Vol. 92, No. 4, August 2007.

Dineen B. R., Lewicki R. J., Tomlinson E. C., "Supervisory Guidance and Behavioral Integrity: Relationships with Employee Citizenship and Deviant Behavior", *Journal of Applied Psychology*, Vol. 91, No. 3, June 2006.

Dirks K. T., Ferrin D. L., "Trust in Leadership: Mea-analytic Findings and Implications for Research and Practice", *Journal of Applied Psychology*, Vol. 87, No. 4, September 2002.

Dyuti S. B., Gaston N., "Labour Market Signaling and Job Turnover Revisited", *Labour Economics*, Vol. 11, No. 5, October 2004.

Eisenberger R., Armeli S., Pretz J., "Can the Promise of Reward, Increase Creativity?" *Journal of Personality and Social Psychology*, Vol. 74, No. 3, March 1998.

Eisenberger R., Rhoades L., "Incremental Effects of Reward on Creativity", *Journal of Personality and Social Psychology*, Vol. 81, No. 4, November 2001.

Elizabeth C. P., Capka M. B., "Building a Successful Risk-based Competency Assessment Model", *Aron Journal*, Vol. 66, No. 6, December 1997.

Elliott E. S., Dweck C. S., "Goals: An Approach to Motivation and Achievement", *Journal of Personality & Social Psychology*, Vol. 54, No. 1, February 1998.

Eric Chong, "Managerial Competencies and Career Advancement: A Comparative Study of Managers in Two Countries", *Journal of Business Rescerch*, Vol. 66, No. 3, March 2013.

Ferris D. L., Brown D. J., Heller D., "Organizational Supports and Organizational Deviance: The Mediating Role of Organization-Based Self-Esteem", *Organizational Behavior and Human Decision Processes*, Vol. 108, No. 2, March 2009.

Fiedler F. E., "The Contingency Model and The Dynamics of the Leadership Process", *MEMO*, No. 17, December 1978.

Fine S., Horowitz I., Weigler H., et al., "Is Good Character Good Enough? The Effects of Situational Variables on the Relationship between Integrity and Counterproductive Work Behaviors", *Human Resource Management Review*, Vol. 20, No. 1, March 2010.

Fletcher C., "Performance Appraisal and Management: The Developing Research Agenda", *Journal of Occupational and organizational psychology*, Vol. 74, No. 2, November 2001.

Ford L. R., Seers A., "Relational Leadership and Team Climates: Pitting Differentiation Versus Agreement", *Leadership Quarterly*, Vol. 17, No. 3, June 2006.

Fox S., Spector P. E., Brunrsema G. A., "Does Your Coworker Know What You're Doing? Convergence of Self-peer-reports of Counterproductive Work Behavior", *International Journal of Stress Management*, Vol. 14, No. 1, February 2007.

Graen G. B., Uhlbien M., "Relationship-based Approach to Leadership: Development of Leader-member Exchange (LMX) Theory of Leadership over 25 Years: Applying a Multi-level Multi-domain Perspective", *The Leadership Quarterly*, Vol. 6, No. 2, June 1995.

Griffeth R. W., Hom P. W., Gaertner S., "A Meta-Analysis of Antecedents and Correlates of Employee Turnover: Update, Moderator Tests, and Research Implications for the Next Millennium", *Journal of Management*, Vol. 26, No. 3, May 2000.

Grojean M. W., Resick C. J., Dickson M. W., et al., "Leaders, Values and Organizational Climate: Examining Leadership Strategies for Establishing an Organizational Climate Regarding Ethics", *Journal of Business Ethics*, Vol. 55, No. 3, December 2004.

Guzzo R. A., Noonan K. A., Elron E., "Expatriate managers and the psychological contract", *Journal of Applied Psychology*, Vol. 12, No. 4, August 1994.

He Z. L., Wong P. K., "Exploration vs. Exploitation: An Empirical Test of the Ambidexterity Hypothesis", *Organization Science*, Vol. 15, No. 4, August 2004.

Henderson D. J., Liden R. C., Glibkowski B. C., et al., "LMX Differentiation: A Multilevel Review and Examination of Its Antecedents and Outcomes", *Leadership Quarterly*, Vol. 20, No. 4, August 2009.

Herriot P., Manning W. E. G., Kidd J. M., "The Content of the Psychological Contract", *British Journal of Management*, Vol. 22, No. 8, June 1997.

Hobfoll S. E., Freedy J., "Conservation of Resource: A General Stress Theory Applied to Burnout", in Schanfeli W B et al. *Professional Burnout: Recent Developments in Theory and Research*, Washington, DC: Taylor & Francis, 1993.

Hobfoll S. E., "Conservation of Resources: A New Attempt at Conceptualizing Stress", *American Psychologist*, Vol. 44, No. 3, April 1989.

Hobfoll S. E., "The Influence of Culture, Community, and the Nested-Self in the Stress Process: Advancing Conservation of Resources Theory", *Applied Psychology*, Vol. 50, No. 3, July 2001.

House R. J., "A Path Goal Theory of Leader Effectiveness", *Administrative Science Quarterly*, Vol. 16, No. 3, September 1971.

Howell J. M., Avolio B. J., "Transformational Leadership, Transactional Leadership, Locus of Control and Support for Innovation: Key Predators of Consolidated-Business-Unit Performance", *Journal of Applied Psychology*, Vol. 78, No. 6, December 1993.

Jan M. B., Groenland E., Swagerman D. M., "An Empirical Test of Birkett's Competency Model for Management Accountants: Survey Evidence from Dutch Practitioners", *Journal of Accounting Education*, Vol. 27, No. 1, March 2009.

Jansen, Frans A. J., Van D. B., Henk W. Volberda., "Exploratory Innovation, Exploitative Innovation, and Performance: Effects of Organizational Antecedents and Environmental Moderators", *Management Science*, Vol. 52, No. 11, November 2006.

Janssen O., "Job Demands, Perceptions of Effort-Reward Fairness and Innovative Work Behavior", *Journal of Occupational and Organizational Psychology*, Vol. 73, No. 3, September 2000.

Jones D. A., "Getting even with One's Supervisor and One's Organization: Relationships Among Types of Injustice, Desires for Revenge, and Counterproductive Work Behaviors", *Journal of Organizational Behavior*, Vol. 30, No, 4, October 2009.

Judge T. A., Piccolo R. F., "Transformational and Transactional Leadership: A Meta-analytic Test of Their Relative Validity", *Journal of Applied Psychology*, Vol. 89, No. 5, October 2004.

J. Bruce Tracy, Michael J. Tews, "Training Effectiveness: Accounting for

Individual Characteristics and the Work Environment", *The Cornell Hotel and Restaurant Administration Quarterly*, Vol. 36, No. 6, December 1995.

Karasek R. A. , "Job Demands, Job Decision Latitude and Mental Strain: Implications for Job Redesign", *Administrative Science Quarterly*, Vol. 24, No. 2, June 1979.

Karasek R. , "The Political Implications of Psychosocial Work Redesign: A Model of The Psychosocial Class Structure", *International Journal of Health Services*, Vol. 19, No. 3, January 1989.

Kevin B. Lowe, K. Galen Kroeck, Nagaraj Sivasubramaniam. , "Effectiveness Correlates of Transformational and Transactional Leadership: A Meta-analytic Review of the MLQ Literature", *The Leadership Quarterly*, Vol. 7, No. 3, September 1996.

Lee Y. , Chang H. , "Leadership Style and Inonvation Ability: An Empirical Study of Taiwanese and Cable Companies", *Journal of American Academy of Business Cambridge*, Vol. 9, No. 2, June 2006.

Liden R. C. , Erdogan B. , Wayne S. J. , et al. , "Leader-member Exchange, Differentiation, and Task Interdependence: Implications for Individual and Group Performance", *Journal of Organizational Behavior*, Vol. 27, No. 6, September 2006.

Llorens S. , Schaufeli W. , Bakker A. , et al. , "Does a Positive Gain Spiral of Resources, Efficacy Beliefs and Engagement Exist", *Computers in Human Behavior*, Vol. 23, No. 1, January 2007.

Lynn Jeffrey, Brunton M. , "Identifying Conpetencies for Communication Practice: A Needs Assessment for Curriculum Development and Selection in New Zealand", *Public Reltions Review*, Vol. 36, No. 6, June 2010.

Mackenzie S. B. , Podsakoff P. M. , "Organizational Citizenship Behaviors: A Critical Review of the Theoretical and Empirical Literature and Suggestions for Future Research", *Journal of Management*, Vol. 26, No. 3, April 2000.

Mayer D. M., Kuenzi M., Greenbaum R., Bardes M., Salvador R., "How Low Does Ethical Leadership Flow? Test of a Trickle-Down Model", *Organizational Behavior and Human Decision Processes*, Vol. 108, No. 1, January 2009.

Maynard D. C., Thorsteinson T. J., Parfyonova N. M., "Reasons for Working Part-Time: Subgroup Differences in Job Attitudes and Turnover Intentions", *Career Development International*, Vol. 11, No. 2, January 2006.

Miller K., "Gendered Nature of Manageralism? Case of the National Health Service", *International Journal of Sector Management*, Vol. 22, No. 22, February 2009.

Millward L. J., Hopkins L. J., "Psychological Contracts, Organizational and Job Commitment", *Journal of Applied Social Psychology*, Vol. 28, No. 16, August 1998.

Mount M., Ilies R., Johnson E., "Relationship of Personality Traits and Counterproductive Work Behaviors: The Mediating Effects of Job Satisfaction", *Personal Psychology*, Vol. 59, No. 3, September 2006.

Mucahinsky P. M., Morrow P. C., "A Multidisciplinary Model of Voluntary Turnover", *Journal of Vocational*, Vol. 17, No. 3, December 1980.

Oldham G. R., Cummings A., "Employee Creativity: Personal and Contextual Factors at Work", *Academy of Management Journal*, Vol. 39, No. 3, June 1996.

Organ D. W., "Organizational Citizenship Behavior: It's Construct Clean-Up Time", *Human Performance*, Vol. 10, No. 2, June 1997.

O'Brien K. E., Tammy D., "The Relative Importance of Correlates of Organizational Citizenship Behavior and Counterproductive Work Behavior Using Multiple Sources of Data", *Human Performance*, Vol. 21, No. 1, January 2008.

Penner L. A., Midili A. R., Kegelmeyer J., "Beyond Job Attitudes: A Personality and Social Psychology Perspective on Thecauses or Organizational Citizenship Behavior", *Human Performance*, Vol. 2, No. 10, June 1997.

Piyasuda T., Kulthida T., "Core Competency for Information Professionals of Tai Academic Libraries in the Next Decade", *The International Information & Library Review*, Vol. 43, No. 3, September 2011.

Rodell J. B., "Can 'Good' Stressors Spark 'Bad' Behavior? The Mediating Role of Emotions in Links of Challenge and Hindrance Stressors with Citizenship and Counterproductive Behaviors", *Journal of Applied Psychology*, Vol. 94, No. 6, June 2009.

Rosemary M. L., James W. A., "Beyond Initial Certification: The Assessment and Maintenace of Competency in Professions", *Evaluation and Program Planning*, Vol. 23, No. 1, February 2000.

Rowold J., Heinitz K., "Transformational and Charismatic Leadership: Assessing the Convergent, Divergent and Criterion Validity of the MLQ and the CKS", *The Leadership Quarterly*, Vol. 18, No. 2, April 2007.

Sackett P. R., Devore C. J., "Counterproductive Behaviors at Work", in N. Anderson, D. Ones, H. Sinangil, & C. Viswesvaran (Eds.), *Handbook of industrial, work and organizational psychology*, London: Sage, 2001.

Salanova M., Agut S., Peiró J. M., "Linking Organizational Resources and Work Engagement to Employee Performance and Customer Loyalty: The Mediation of Service Climate", *Journal of Applied Psychology*, Vol. 90, No. 6, December 2005.

Salgado J. F., "The Big Five Personality Dimensions and Counterproductive Behaviors", *International Journal of Selection and Assessment*, Vol. 10, No. 1, January 2002.

Schein E. H., *Organizational Psychology*, New Jersey: Prentiee Hall, 1980.

Schriesheim C. A., Castro S. L., Yammarino F. J., "Investigating Contingencies: An Examination of the Impact of Span of Supervision and Upward Controllingness on Leader-member Exchange Using Traditional and Multivariate and Between-entities Analysis", *Journal of Applied Psychology*, Vol. 85, No. 5, November 2000.

Schriesheim C. A., Neider L. L., Scandura T. A., "Delegation and Leader-member Exchange: Main Effects, Moderators, and Measurement Issues", *Academy of Management Journal*, Vol. 41, No. 3, June 1998.

Scott S. G., Bruce R. A., "Determinants of Innovative Behavior: A Path Model of Individual Innovation in the Workplace", *Academy of Management Journal*, Vol. 37, No. 3, March 1994.

Shin S. J., Zhou J., "Transformational Leadership, Conservation, and Creativity: Evidence from Korea", *Academy of Management Joumal*, Vol. 46, No. 6, December 2003.

Sias P. M., Jablin F. M., "Differential Superior-subordinate Relations, Perceptions of Fairness, and Coworker Communication", *Human Communication Research*, Vol. 22, No. 1, September 1995.

Smith C. A., Organ D. W., Near J. P., "Organizational Citizenship Behavior: Its Nature and Antecedents", *Journal of Applied Psychology*, Vol. 68, No. 8, November 1983.

Sonnentag S. Recovery, "Work Engagement, and Proactive Behavior: A New Look at the Interface between Non-work and Work", *Journal of Applied Psychology*, Vol. 88, No. 3, July 2003.

Tai W. T., Liu S. C., "An Investigation of the Influences of Job Autonomy and Neuroticism on Job Stress-strain Relations. Social Behavior & Personality", *An International Journal*, Vol. 35, No. 8, January 2007.

Tang L. P., Chen Y. J., Sutarso T., "Bad Apples in Bad Barrels: The Love of Money, Machiavellianism, Risk Tolerance, and Unethical Behavior", *Management Decision*, Vol. 46, No. 2, January 2008.

Tett, Robert P., Meyer, John P., "Job Satisfaction, Organizational Commitment, Turnover Intention, and Turnover: Path Analyses Based On meta Analytic Findings", *Personnel Psychology*, Vol. 31, No. 4, June

1993.

Todd C. M., Deeryschmitt D., "Factors Affecting Turnover among Family Child Care Providers: A Longitudinal Study", *Early Childhood Research Quarterly*, Vol. 11, No. 3, December 1996.

Victor B., Cullen J. B., "An Ethical Weather Report-Assessing the Organizations Ethical Climate", *Organizational Dynamics*, Vol. 18, No. 2, September 1990.

Wang H., Hartwell C. A., "Servant Leadership, Procedural Justice Climate, Service Climate, Employee Attitudes and Organizational Citizenship Behavior: ACross-Level Investigation", *Journal of Applied Psychology*, Vol. 95, No. 3, May 2010.

Wright T. A., Hobfoll S. E., "Commitment, Psychological Well Beingand Job Performance: An Examination of Conservation of Resources (COR) Theory and Job Burnout", *Journal of Business and Management*, Vol. 9, No. 4, January 2004.

Yammarino F. J., Dubinsky A. J., "Transformational Leadership Theory: Using Levels of Analysis to Determine Boundary Conditions", *Personnel Psychology*, Vol. 47, No. 4, December 1994.

Yu Ting Lee, "Exploring High-performers' Required Competencies", *MEMO*, No. 31, January 2010.

Zeffane R. M., "Understanding Employee Turnover: The Need for a Contingency Approach", *International Journal of Manpower*, Vol. 23, No. 15, September 2009.

Zhou J., George J. M., "When Job Dissatisfaction Leads to Creativity: Encouraging the Expression of Voice", *Academy of Management Journal*, Vol. 44, No. 4, August 2001.

Zoogah D. B., Peng M. W., "What Determines the Performance of Strategic Alliance Managers? Two Lens Studies", *Asia Pacific Journal of Management*, Vol. 28, No. 3, September 2011.

后 记

随着经济信息化、全球化进程的加快,企业面临的市场环境越来越复杂,竞争日益激烈。现代企业想要始终保持旺盛的生命力,继续保持和扩大自身的核心竞争优势,实现经济效益目标最大化,必须建立起以人为本的发展战略。员工作为企业成功发展的关键和基本动力,是企业最大的生产力。

伟大的管理学家卡耐基大师曾经说过:"如果把我的工人带走,把工厂留下,那么不久后工厂就会生满杂草;如果把我的工厂带走,把我的员工留下,那么不久后我们就会拥有一个更好的工厂。"意思是员工是企业的生命,员工的成长意味着企业的壮大。企业管理的一个重要目标就是要促进员工积极行为增加,并尽力避免员工消极行为出现,要实现企业与员工共同发展,坚持以人为本,正确认识企业发展与员工个人发展的辩证关系,要把员工发展作为企业战略目标的重要内容之一。

当今,企业核心竞争力的主体是企业员工。企业的发展与成功离不开员工全方位的参与,企业的决策、经营方略要得到员工的支持,开发人力资源,对于企业而言至关重要。员工的行为将决定企业的命运,企业应对员工的行为予以足够的重视。而本书中有关于员工创新行为、组织公民行为、员工反伦理行为、反生产行为以及员工绩效工作行为和流动行为等的所有研究,归根结底就是为了综合理解影响员工行为的多层影响因素,改变员工的行为,提高员工的满意度,以实现企业和员工双赢的结果。

员工行为作为近几十年来的理论研究热点受到关注,可从组织特

员工的积极行为强化与消极行为抑制机制研究

征角度将其划分为正式行为和非正式行为；根据员工的动机与取向，可划分为工具理性行为、价值理性行为、情感性行为、传统行为；从心理学的角度分析，人的行为分为外显行为和内隐行为，而内隐行为主要指人的个性、知觉、需要、动机、意识等心理活动，内隐行为从很大程度上决定着外显行为。首先，员工行为是个人与环境互动的结果，其受到个体因素及情境因素相当大程度的影响，如个体的心理状态（动机、心理授权、自我效能感等）、组织环境、团队情境、领导风格及行为等。其次，员工是具有理解力与创造性的主体，他们反过来可以对组织行为及环境造成影响，如提高或降低劳动效率等。最后，员工的行为是可干预的，在掌握了员工人性的假设以及其行为变化规律之后，可以以科学的方法为依据，对劳动者的行为予以预测并使用相应的方法予以干预，使之发生塑性改变，使劳动者的行为朝着更有利于生产力水平提高以及符合自身长远利益的方向发展。

本书最大的特点就是，通过对员工在某些特定管理情境中行为变化进行研究，探索企业员工可能受到的关于领导风格、关系状况、个体压力体验、社会地位、组织管理制度及关系状况等的影响，找寻员工积极行为的强化路径及消极行为的抑制策略。其目的就是激发动机，推动行为，增强企业与员工之间的协调，创造一种良好的企业发展及员工成长环境，使员工能够持久地在激发状态下工作，保持饱满的情绪、高涨的兴致、充足的干劲、舒畅的心情，主观能动性得到充分的发挥，从而进一步提高劳动生产率和企业的经济效益，最终实现企业发展与员工成长的双赢目标。

最后，我的硕士研究生夏鹏、杜明飞、马丽亚、王梦秋、张曦蕊、吴玮、杜大有、朱双、汪李根积极参与了本专著部分章节的编写工作，在此对他们表示感谢。此外，非常感谢我的硕士研究生张哲源和张超参与了本书的编辑工作。